3 096 JOURS

Natascha Kampusch

Avec la collaboration de
Heike Gronemeier et Corinna Milborn

3 096 JOURS

Traduit de l'allemand
par Olivier Mannoni et Leïla Pellissier

ÉDITIONS FRANCE LOISIRS

Titre de l'édition originale : *3096 Tage*
Publiée par List, une maison du groupe Ullstein Buchverlage GmbH

Édition du Club France Loisirs,
avec l'autorisation des Éditions Jean-Claude Lattès

Éditions France Loisirs,
123, boulevard de Grenelle, Paris.
www.franceloisirs.com

Le Code de la propriété intellectuelle n'autorisant, aux termes des paragraphes 2 et 3 de l'article L. 122-5, d'une part, que les « copies ou reproductions strictement réservées à l'usage privé du copiste et non destinées à une utilisation collective » et, d'autre part, sous réserve du nom de l'auteur et de la source, que les « analyses et les courtes citations justifiées par le caractère critique, polémique, pédagogique, scientifique ou d'information », toute représentation ou reproduction intégrale ou partielle, faite sans le consentement de l'auteur ou de ses ayants droit ou ayants cause, est illicite (article L. 122-4). Cette représentation ou reproduction, par quelque procédé que ce soit, constituerait donc une contrefaçon sanctionnée par les articles L. 335-2 et suivants du Code de la propriété intellectuelle.

© 2010 by Ullstein Buchverlage GmbH, Berlin. Tous droits réservés.
© 2010, éditions Jean-Claude Lattès pour la traduction française.
ISBN : 978-2-298-03967-2

« Le traumatisme psychique est la souffrance des impuissants. Le traumatisme apparaît à l'instant où un pouvoir écrasant place la victime en situation d'impuissance. Si ce pouvoir est un élément naturel, nous parlons d'une catastrophe. Si ce sont d'autres humains qui exercent ce pouvoir, nous parlons d'actes de violence. Les événements traumatiques éliminent le réseau social qui, d'ordinaire, donne à l'homme le sentiment du contrôle, de l'appartenance à un système de relations, ce qui lui fournit un sens. »

Judith Hermann,
Les cicatrices de la violence

Cher lecteur,

Pour plus d'informations sur ma biographie, vous trouverez un QR Code à la fin de chaque chapitre. En scannant le QR Code avec un téléphone portable, vous accéderez à des vidéos, des articles, des photos et des entretiens sur mon enfance et ma captivité. N'hésitez pas à me poser des questions (en allemand svp).

Amitiés,
Natascha Kampusch

Cadrer sur le code   Photographier   Décoder   Accès au contenu

Questions   Mon site

Note de l'éditeur : ces codes donnent accès à des liens dont le contenu n'est pas contrôlé. L'éditeur n'est pas responsable de leur utilisation ni de leur contenu.

1

Un univers friable

Mon enfance dans la banlieue de Vienne

Ma mère alluma une cigarette et en inspira une profonde bouffée.

— Il fait déjà sombre dehors. Il aurait pu t'arriver quelque chose ! dit-elle avec un geste désapprobateur de la tête.

C'était en 1998. Mon père et moi avions passé en Hongrie le dernier week-end de février. Il y avait acheté une résidence secondaire dans un petit village, non loin de la frontière. C'était un vrai taudis aux murs humides et au crépi effrité. Au fil des années, il l'avait rénovée et aménagée avec de beaux meubles anciens, ce qui la rendait presque habitable. Je n'aimais pourtant pas spécialement les séjours que nous y faisions. Mon père avait en Hongrie beaucoup d'amis qu'il fréquentait assidûment et avec lesquels le taux de change avantageux lui permettait de faire la fête un peu plus qu'il ne l'aurait fallu. Dans les bistrots et les restaurants où nous nous rendions le soir, j'étais la seule enfant du groupe et je m'ennuyais, assise à côté des adultes.

Comme les fois précédentes, j'y étais allée à contrecœur. Le temps s'était écoulé au ralenti, et j'étais agacée d'être encore trop petite et trop peu autonome pour décider de mes faits et gestes. Même quand nous nous étions rendus aux thermes, le dimanche, mon enthousiasme avait été limité. Je traînais ma mauvaise humeur dans l'enceinte de la piscine, un dimanche après-midi, lorsqu'une dame que je connaissais m'interpella :

— Tu ne veux pas prendre une limonade avec moi ?

J'acceptai d'un hochement de tête et la suivis jusqu'au café. C'était une comédienne qui vivait à Vienne. J'admirais le mélange de nonchalance et de confiance qui émanait de sa personne. Et puis elle exerçait précisément le métier dont je rêvais en secret. Je marquai une pause avant d'inspirer profondément et de lancer :

— Tu sais, moi aussi j'aimerais bien être comédienne. Tu crois que je pourrais ?

Elle m'adressa un sourire rayonnant.

— Bien sûr que tu le peux, Natascha ! Tu feras une comédienne magnifique, si tu le veux vraiment !

Je sentis mon cœur bondir. J'étais persuadée qu'elle ne me prendrait pas au sérieux, qu'elle me rirait peut-être même au nez – comme cela m'arrivait si souvent.

— L'heure venue, je t'aiderai, me promit-elle en passant un bras sur mes épaules.

Sur le chemin qui me ramenait à la piscine, je sautillais dans la prairie en me disant : « Je peux tout faire pourvu que je le veuille et que je croie suffisamment en moi. » Je ne m'étais pas sentie aussi légère et insouciante depuis longtemps.

Mais mon euphorie ne dura pas longtemps. Bien que l'après-midi fût déjà largement entamé, mon père n'avait pas l'air de vouloir quitter la piscine. Même lorsque nous fûmes enfin revenus dans la maison de vacances, il ne manifesta aucune hâte. Au contraire, il voulut faire un petit somme avant de partir. Je jetais des coups d'œil nerveux à ma montre. Nous avions promis à ma mère d'être rentrés à 7 heures – j'avais classe le lendemain matin. Si nous arrivions en retard à Vienne, j'assisterais à une nouvelle et violente dispute. Tandis que mon père ronflait sur le canapé, le temps s'écoulait inexorablement. Lorsqu'il se réveilla enfin et que nous prîmes le chemin du retour, le soir était déjà tombé. Assise sur la banquette arrière, je boudais. Nous n'y serions pas à temps, ma mère serait furieuse – tout ce que j'avais vécu de bien cet après-midi-là s'était dissipé d'un seul coup. Comme toujours, je serais prise entre deux feux. Les adultes abîmaient tout. Lorsque mon père s'arrêta dans une station-service et acheta du chocolat, j'en engloutis d'un seul coup une tablette entière.

C'est vers 8 heures et demie, seulement, que nous arrivâmes à proximité de la cité. Nous avions une heure et demie de retard.

— Je te laisse ici, cours vite à la maison, dit mon père en m'embrassant.

— Je t'aime bien, marmonnai-je, comme chaque fois que nous nous séparions.

Puis je traversai la cour sombre où donnait notre escalier, et j'ouvris la porte. Je trouvai dans le couloir, à côté du téléphone, un petit mot de ma mère : « Je suis au cinéma, je reviens. » Je posai mon sac et hésitai un moment. Puis je rédigeai à mon tour un message à ma mère : je l'attendais chez la voisine du dessous. Lorsqu'elle vint m'y chercher, au bout d'un certain temps, elle était hors d'elle :

— Où est ton père ? me lança-t-elle d'une voix agressive.

— Il n'est pas là, il m'a déposée un peu avant l'immeuble, dis-je à voix basse.

Je n'étais pas responsable de ce retard, je ne pouvais rien non plus au fait qu'il ne m'ait pas accompagnée jusqu'à la porte de l'immeuble. Et malgré tout, je me sentais coupable.

— Mais c'est insensé ! Vous avez des heures de retard, et moi je suis là à me ronger les sangs. Comment peut-il te laisser traverser la cour toute seule ? Au beau milieu de la nuit ? Il aurait pu t'arriver quelque chose ! C'est décidé : tu ne verras plus ton père. J'en ai assez, je ne tolérerai plus cela.

À ma naissance, le 17 février 1988, ma mère, âgée de trente-huit ans, avait déjà deux filles adultes du même père. Ma première demi-sœur était venue au monde alors qu'elle avait tout juste dix-huit ans, la deuxième naquit une bonne année après. C'était à la fin des années 1960. Ma mère était débordée par ces deux enfants en bas âge et ne pouvait compter que sur elle-même – elle avait divorcé peu après sa deuxième grossesse. Elle avait eu du mal à trouver de quoi faire vivre sa petite famille. Elle avait dû se battre, faire preuve de pragmatisme et d'une certaine dureté envers elle-même, et faisait tout pour que ses enfants surnagent. Il n'y avait pas eu de place dans sa vie pour le sentimentalisme et la timidité, l'oisiveté et la légèreté d'esprit. Mais arrivée à trente-huit ans, alors que les deux petites filles étaient devenues adultes, elle était, pour la première fois depuis longtemps, libérée des devoirs et des soucis liés à l'éducation des enfants. C'est à ce moment précis que ma venue s'annonça. Ma mère ne s'attendait plus à retomber un jour enceinte. La famille au sein de laquelle je vis le jour était en réalité en train de se décomposer à son tour. Je mis tout sens dessus dessous : il fallut aller fouiller les cartons pour en ressortir des vêtements de bébé et régler son emploi du temps sur le rythme d'un nourrisson. Même si j'avais été accueillie dans la joie, même si tout le monde m'avait gâtée comme une petite princesse, il m'arriva, au cours de mon enfance, de me sentir comme la cinquième roue du carrosse. Je dus me battre pour conquérir ma place dans un monde où les rôles étaient déjà distribués.

Le jour où je suis née, mes parents vivaient en couple depuis trois ans. Ils avaient fait connaissance par le biais d'une cliente de ma mère ; couturière diplômée, Maman gagnait sa vie pour elle-même et pour ses deux filles en faisant des ouvrages et des retouches pour les femmes des environs. L'une de ses clientes, originaire de Süssenbrunn, près de Vienne, tenait avec son mari et son fils une boulangerie et une petite boutique d'alimentation. Ludwig Koch Junior l'avait parfois accompagnée aux essayages et était toujours resté un peu plus longtemps que nécessaire, afin de bavarder avec ma mère. Celle-ci était bientôt tombée amoureuse de ce jeune boulanger à la carrure imposante, qui la faisait rire avec ses histoires. Au bout d'un certain temps, il était venu la voir de plus en plus souvent, elle et ses deux petites filles, dans le grand immeuble municipal où elles vivaient à la lisière nord de Vienne. Ici, les rues se mêlent aux champs du Marchfeld et semblent ne pas vouloir vraiment choisir entre la ville et la campagne. C'est un secteur qui paraît avoir été jeté là au hasard, dépourvu de centre et sans visage, un endroit où tout semble possible et où le hasard règne en maître. Zones d'activité et usines s'étendent au milieu de terrains en friche où les chiens des cités jouent en meute dans l'herbe haute. Entre ces blocs, les cœurs des anciens villages luttent pour conserver leur identité, qui s'effrite exactement de la même manière que le crépi des petites maisons du début du XIXe siècle. Des reliques d'époques révolues, relayées par d'innombrables immeubles construits par la ville, ces utopies de la construction de logements sociaux, plantés à la diable comme des billots sur la verte prairie où on les a abandonnés à eux-mêmes. C'est dans l'une des plus grandes cités de ce secteur que j'ai grandi.

L'immeuble municipal du Rennbahnweg avait été dessiné et édifié dans les années 1970 ; c'était la matérialisation de la vision d'urbanistes qui voulaient créer un environnement nouveau pour des hommes nouveaux : les familles heureuses et travailleuses de l'avenir, logées dans des villes-satellites modernes aux lignes claires, dotées de centres commerciaux et d'un bon réseau de transports en commun pour se rendre à Vienne.

Au premier regard, l'expérience semblait avoir réussi. Le complexe est constitué de deux mille quatre cents logements habités par plus de sept mille personnes. Les cours qui séparent les tours d'habitation ont des dimensions généreuses et sont ombragées par de grands arbres, les terrains de jeu alternent avec des arènes en béton et de grandes pelouses. On imagine facilement les urbanistes disposant sur leur maquette des figurines d'enfants en train de jouer et de mères poussant leur landau, on comprend qu'ils aient pu être persuadés d'avoir créé un espace capable d'héberger une toute nouvelle espèce de coexistence sociale. Par comparaison avec les immeubles de rapport de la ville, des logements à l'air confiné et qui ne respectaient aucune norme, ces habitations neuves et empilées en tours pouvant atteindre quinze étages étaient aérées et bien dessinées, pourvues de balcons et équipées de salles de bains modernes.

Mais dès le début, la cité était devenue un réceptacle pour de nouveaux venus qui voulaient aller vivre en ville et n'arrivaient jamais tout à fait jusque-là : les ouvriers provenant de la province autrichienne, la Basse-Autriche, le Burgenland et la Styrie. Peu à peu s'y ajoutèrent les immigrés, avec lesquels les autres habitants se livraient à de petites escarmouches quotidiennes autour des odeurs de cuisine, des jeux des enfants et des appréciations divergentes sur le volume sonore. L'ambiance du quartier devint plus agressive, on vit fleurir sur les murs des slogans nationalistes et xénophobes. Des boutiques bon marché s'installèrent au centre commercial, et dès cette époque, des jeunes désœuvrés et des chômeurs venaient noyer leur frustration dans l'alcool, sur les grands parvis au pied des immeubles.

Aujourd'hui, la cité est rénovée, les tours d'habitation brillent de leurs couleurs vives et le métro est enfin terminé. Mais lorsque j'y ai passé mon enfance, le Rennbahnweg était l'exemple même du quartier à problèmes. On disait qu'il était dangereux de le traverser la nuit, et même dans la journée on n'aimait guère rencontrer ces groupes de petits voyous qui passaient leur temps à traîner entre les immeubles et à lancer des obscénités dans le dos des filles. Ma mère franchissait toujours d'un pas rapide les cours et les cages d'escalier, en me serrant fort la main. Elle avait beau être une femme résolue et ne pas manquer de repartie, elle ne supportait pas les grossièretés auxquelles elle était exposée dans le Rennbahnweg. Elle tentait de me protéger autant que possible, m'expliquait pourquoi elle n'aimait pas me voir jouer dehors et pourquoi elle trouvait les voisins vulgaires. J'avais du mal à le comprendre, je n'étais encore qu'une enfant, mais la plupart du temps je respectais ses instructions.

C'est un souvenir encore vif : je me revois, petite fille, prendre régulièrement la décision de descendre tout de même jouer dans la cour. Je m'y préparais pendant des heures, je me demandais ce que je dirais aux autres enfants, je me rhabillais, je me changeais. Je choisissais des jouets pour le bac à sable, et les rangeais de nouveau peu après ; je passais beaucoup de temps à me demander quelle poupée je pourrais bien emporter pour nouer le contact avec les autres. Mais lorsque je descendais effectivement dans la cour, je n'y restais jamais que quelques minutes : je ne pouvais pas surmonter le sentiment de ne rien avoir à y faire. J'avais tellement intériorisé l'attitude de refus de mes parents que ma propre cité restait pour moi un univers étranger. Je préférais aller me coucher sur mon lit d'enfant et me perdre dans mes rêveries. Ma chambre, cette pièce peinte en rose, avec sa moquette claire et ses rideaux à motifs que ma mère avait cousus et que l'on n'ouvrait même pas dans la journée, était pour moi comme une enveloppe protectrice. C'est là que je forgeais mes grands projets et que je passais des heures à me demander quel objectif je pourrais bien atteindre dans la vie. En tout cas, je le savais, je ne prendrais pas racine ici, dans cette cité.

Au cours des premiers mois de mon existence, je fus le centre de notre famille. Mes sœurs pouponnaient le nouveau bébé comme si elles voulaient s'entraîner pour l'avenir. La première me nourrissait et me changeait, l'autre me glissait dans un porte-bébé pour aller flâner avec moi au centre-ville et me promenait dans les rues commerçantes où les passants s'arrêtaient pour admirer mon grand sourire et mes jolis vêtements. Ma mère était aux anges lorsqu'elles le lui racontaient. Elle faisait tous les efforts possibles pour que j'aie belle allure et me pourvut, dès ma toute petite enfance, de superbes robes qu'elle passait de longues soirées à me coudre. Elle choisissait des tissus originaux, feuilletait les revues à la mode pour y trouver les derniers patrons en date ou m'achetait des babioles dans les boutiques. Tout était assorti, jusqu'aux chaussettes. Au cœur d'un quartier où beaucoup de femmes traînaient la savate au supermarché avec leurs bigoudis, et où la plupart des hommes portaient des pantalons de survêtement en toile, j'étais habillée comme un petit mannequin. Insister à ce point sur les apparences n'exprimait pas seulement une volonté de nous démarquer de notre environnement, c'était aussi le moyen pour ma mère de me montrer son amour.

Avec le courage et la détermination qui la caractérisaient, il lui était difficile d'admettre les sentiments, chez elle comme chez les autres. Elle n'était pas femme à pouponner à longueur de journée. Elle n'aimait pas plus les larmes que les déclarations d'amour débordantes. Ma mère, que sa grossesse précoce avait si tôt forcée à devenir adulte, avait fini par avoir la peau dure. Elle ne se passait aucune faiblesse, et ne les supportait pas chez les autres. Enfant, je l'ai souvent vue combattre des refroidissements par la seule force de sa volonté, je l'ai observée avec fascination prendre à mains nues et sans broncher des couverts brûlants dans le lave-vaisselle. « Un Indien ne connaît pas la douleur », tel était son credo – une certaine dureté ne nuit pas, elle aide même à tenir bon dans ce monde.

Sous cet angle, mon père était son parfait opposé. Il me recevait à bras ouverts quand je voulais me blottir contre lui et s'amusait follement avec moi – quand il était éveillé. Mais à cette époque, lorsqu'il était encore chez nous, je le voyais le plus souvent endormi. Mon père aimait sortir la nuit, il buvait de bon cœur avec ses amis, et ne s'en privait pas. Il était par conséquent peu fait pour son métier. Il avait hérité la boulangerie de son père mais n'avait jamais éprouvé le moindre enthousiasme pour cet artisanat. Ce qui le torturait le plus, c'était de se lever de bonne heure. Il faisait la tournée des bars jusqu'à minuit, et lorsque le réveil sonnait à 2 heures du matin, on avait le plus grand mal à le réveiller. Quand il avait fini de livrer les petits pains aux clients, il restait des heures à ronfler sur le canapé. Son gigantesque ventre en forme de globe se levait et s'abaissait avec force devant mes yeux d'enfant éblouis. Je jouais avec ce grand homme endormi, je lui posais des nounours sur la joue, je le décorais de rubans et de nœuds, je lui mettais de petits chapeaux sur la tête et du vernis aux ongles. Lorsqu'il se réveillait, l'après-midi, il m'envoyait tournoyer en l'air et faisait jaillir de ses manches des petites surprises. Puis il repartait dans les bars et les cafés de la ville.

À cette époque, c'est ma grand-mère qui devint mon principal point de repère. Auprès d'elle, qui tenait la boulangerie avec mon père, je me sentais chez moi, à l'abri. Quelques minutes de voiture seulement séparaient notre logement du sien, et elle vivait pourtant dans un autre monde. Süssenbrunn est l'un des vieux villages des faubourgs nord de Vienne, un site dont l'avancée constante de la ville n'a pu mettre à mal le caractère rural. Dans les ruelles tranquilles s'alignaient de vieilles maisons dont les jardins hébergeaient encore des potagers. La maison de ma grand-mère, dans laquelle se trouvaient une petite épicerie et le fournil, avait encore exactement le même aspect qu'au temps de la monarchie.

Ma grand-mère était originaire de la Wachau, une région pittoresque de la vallée du Danube où des vignobles recouvrent les coteaux ensoleillés. Ses parents étaient vignerons et, comme souvent à l'époque, elle n'attendit pas d'être devenue une grande fille pour participer aux travaux de la ferme. Elle parlait avec mélancolie et nostalgie de sa jeunesse dans cette région. Et ce, bien que leur vie dans ce paysage pictural ait été entièrement organisée autour du travail. Lorsqu'elle rencontra un boulanger de Spitz sur le bac qui permettait aux gens de traverser le Danube, elle saisit cette occasion d'échapper à une existence toute tracée et se maria. Ludwig Koch Senior avait vingt-quatre ans de plus qu'elle, et il est difficilement concevable que l'amour ait été le seul motif de ce mariage. Cela ne l'empêcha pas de parler toute sa vie avec une grande tendresse de ce mari que je n'ai jamais connu – il est mort peu après ma naissance.

Pendant toutes ces années passées en ville, ma grand-mère est toujours restée une campagnarde un peu lunatique. Elle portait des jupes de laine recouvertes de tabliers à fleurs, elle mettait des bigoudis et il émanait d'elle une odeur de cuisine et de baume camphré qui m'enveloppait lorsque je serrais mon visage dans ses jupes. J'aimais jusqu'à cette légère aura d'alcool qui l'entourait toujours.

Cette fille de vignerons buvait à chaque repas un grand verre de vin comme si c'était de l'eau, et sans jamais donner le moindre signe d'ivresse. Fidèle à ses habitudes, elle cuisinait sur un vieux fourneau à bois et nettoyait les casseroles avec une brosse métallique, à l'ancienne. Elle s'occupait de ses fleurs avec un singulier dévouement. Dans la grande cour située à l'arrière de la maison, d'innombrables pots de terre, des jardinières et un vieux pétrin tout en longueur, posés sur des plaques de béton gravillonné, se transformaient, au printemps et en été, en petites îles accueillant des fleurs violettes, jaunes, blanches et roses. Dans le verger attenant poussaient des abricots, des cerises, des quetsches et des tonnes de groseilles. On aurait difficilement pu imaginer plus grand contraste avec notre cité du Rennbahnweg.

Au cours des premières années de ma vie, ma grand-mère fut pour moi un havre. Je passais souvent la nuit chez elle, je me faisais gâter avec du chocolat et je me blottissais contre elle sur le vieux canapé. L'après-midi, j'allais rendre visite à une amie qui vivait dans le bourg et dont les parents avaient une petite piscine dans leur jardin, je faisais du vélo dans le village et j'explorais avec curiosité cet environnement dans lequel on pouvait se déplacer librement. Plus tard, lorsque mes parents ouvrirent une boutique à proximité, il m'arriva de faire à bicyclette les quelques minutes de trajet qui me séparaient de la maison de ma grand-mère, afin de lui faire une visite surprise. Je la revois encore assise sous son casque séchoir, incapable de m'entendre sonner et frapper à la porte. Alors j'escaladais la clôture, je me faufilais par-derrière dans la maison et je me réservais le plaisir de la faire sursauter. Elle me courait après dans la cuisine en riant, les bigoudis dans les cheveux – « Tu vas voir si je t'attrape ! » –, et en guise de « punition », m'enrôlait pour les travaux de jardinage. J'aimais aller cueillir avec elle les cerises rouge foncé ou pincer prudemment sur leurs tiges les grappes remplies de groseilles.

Mais ma grand-mère ne m'offrit pas seulement un fragment d'enfance insouciante et protégée – j'appris aussi, chez elle, comment on peut réserver une place aux sentiments dans un monde qui ne les admet pas. Lorsque j'étais chez elle, je l'accompagnais presque quotidiennement au petit cimetière situé un peu à l'extérieur, au milieu des grands champs. La tombe de mon grand-père, avec sa pierre noire reluisante, se trouvait juste derrière, près d'un chemin que l'on avait empierré récemment, à proximité du mur d'enceinte. Le soleil tape fort, l'été, sur les tombes, et hormis une voiture qui passe de temps en temps dans la rue centrale, on n'entend que le crissement des grillons et les vols d'oiseaux au-dessus des champs. Ma grand-mère posait des fleurs fraîches sur la tombe et pleurait doucement. Quand j'étais petite, j'essayais toujours de la consoler : « Ne pleure pas, Mamie, Papy veut te voir sourire ! » Plus tard, quand j'étais écolière, j'ai compris que les femmes de ma famille, qui ne voulaient pas laisser paraître la moindre faiblesse dans leur vie quotidienne, avaient besoin d'un lieu où laisser libre cours à leurs sentiments. Un lieu protégé qui n'appartiendrait qu'à elles.

Lorsque j'ai été plus âgée, les après-midi que nous passions si souvent chez les amies de ma grand-mère après la visite au cimetière commencèrent à m'ennuyer. Autant j'avais aimé, petite, être gavée de gâteaux et questionnée par de vieilles dames, autant je n'avais plus envie désormais de rester assise dans ces séjours démodés, avec leurs meubles sombres et leurs petits napperons en dentelles, ces pièces où l'on ne pouvait rien toucher tandis que ces dames se pavanaient avec leurs petits-enfants. Ma grand-mère prit très mal, à l'époque, ce « reniement ». « Dans ce cas, je vais me chercher une autre petite-fille », m'annonça-t-elle un jour. Et je fus très profondément blessée lorsqu'elle commença effectivement à offrir de la glace et des sucreries à une autre fillette, plus petite que moi, qui venait régulièrement dans sa boutique.

Cette dissension se dissipa certes bientôt, mais à partir de ce jour, mes visites à Süssenbrunn se firent plus rares. Ma mère avait de toute façon des relations tendues avec sa belle-mère : que je ne passe plus si souvent la nuit là-bas n'était donc pas pour lui déplaire. Même si notre relation se distendit un peu après mon entrée à l'école, ce qui arrive à la plupart des petits-enfants à l'égard de leurs grand-mères, elle resta toujours mon rocher dans la tempête. Car elle m'a donné les réserves de confiance et de sécurité dont je manquais chez moi.

Trois ans avant ma naissance, mes parents ouvrirent une petite boutique d'alimentation avec coin café – un *Stüberl*, dit-on en allemand – dans la cité Marco-Polo, à environ un quart d'heure en voiture du Rennbahnweg. En 1988, ils reprirent encore une épicerie à Süssenbrunn, Pröbstelgasse, sur la rue principale du village, à quelques centaines de mètres seulement de la maison de ma grand-mère. Dans un immeuble de plain-pied qui faisait l'angle entre deux rues, doté d'une façade vieux rose, d'un portail à l'ancienne et d'un comptoir des années 1960, ils vendaient des pâtisseries, des plats cuisinés, des journaux et des revues spécialisées pour les routiers qui faisaient une dernière halte ici, près de la route de Vienne. Sur les étagères s'accumulaient les petits objets répondant aux besoins quotidiens, ceux que l'on continue à aller chercher chez l'épicier du coin, le *Greissler*, même si l'on fait depuis longtemps ses courses au supermarché : petits paquets de lessive, nouilles, sachets de soupe et, surtout, sucreries. Dans l'arrière-cour étroite se trouvait une vieille chambre froide peinte en rose.

Avec la maison de ma grand-mère, ces deux boutiques sont devenues plus tard les points centraux de mon enfance. Après mes matinées à l'école maternelle ou primaire, je passai d'innombrables après-midi dans le commerce de la cité Marco-Polo, tandis que ma mère s'occupait de la comptabilité ou servait des clients. Je jouais à cache-cache avec d'autres enfants, ou je dévalais la petite colline que la commune avait aménagée en piste de luge. La cité était plus petite et plus tranquille que la nôtre, je pouvais m'y déplacer librement et n'avais pas de mal à nouer le contact avec les autres. Depuis la boutique, je pouvais observer les clients du bistrot : des ménagères, des hommes revenant du travail, d'autres qui venaient boire leur première bière accompagnée d'un toast dès la fin de la matinée. Toutes ces échoppes disparaissent lentement des villes aujourd'hui ; avec leurs horaires tardifs, leur coin à boissons alcoolisées et les relations humaines qu'elles entretiennent, elles sont pourtant un refuge important pour de nombreuses personnes.

Mon père était chargé de la boulangerie et de la livraison des pâtisseries ; ma mère s'occupait de tout le reste. Lorsque j'eus à peu près cinq ans, il commença à m'emmener dans ses tournées. Dans notre petite fourgonnette, nous parcourions les vastes étendues des faubourgs et des villages, nous nous arrêtions dans des restaurants, des bars, des cafés, devant des stands de hot dogs et dans de petites boutiques. Je connaissais sans doute mieux le secteur situé au nord du Danube qu'aucun autre enfant de mon âge – et séjournais plus dans les bars et les cafés qu'il ne l'aurait peut-être fallu. Passer autant de temps avec mon père me rendait folle de joie, je me sentais adulte, j'avais l'impression d'être prise au sérieux. Mais les tournées des bistrots avaient aussi leur côté désagréable.

« En voilà une jolie petite fille ! » Cette phrase, j'ai dû l'entendre mille fois. Ce n'est pas un bon souvenir, même si l'on me faisait des compliments et si je focalisais l'attention. Je ne connaissais pas les gens qui me pinçaient la joue et m'offraient des chocolats. Et puis je détestais me retrouver sous les feux de la rampe sans l'avoir recherché, cela ne m'inspirait qu'un profond sentiment de gêne.

Dans ce cas précis, c'était mon père qui se servait de moi pour se mettre en valeur devant ses clients.

C'était un homme jovial, qui aimait faire son cinéma – sa fillette en robe bien repassée était un accessoire idéal. Il avait des amis partout – ils étaient si nombreux que, même enfant, je comprenais bien que tous ces gens ne pouvaient pas vraiment être proches de lui. La plupart se faisaient offrir un verre, ou bien lui empruntaient de l'argent. Assoiffé de reconnaissance, il payait de bon cœur.

Dans ces bistrots de banlieue enfumés, j'étais assise sur des chaises trop hautes et j'écoutais des adultes qui ne s'intéressaient plus à moi au bout de quelques minutes. Une bonne partie d'entre eux étaient des chômeurs, des épaves qui passaient leurs journées à jouer aux cartes en buvant de la bière et du vin. Beaucoup d'entre eux avaient jadis eu un métier, avaient été enseignants ou fonctionnaires, et avaient fait une sortie de route à un moment de leur existence. Aujourd'hui, on appelle ça le *burnout*. À l'époque, c'était la normalité de la banlieue.

Il était rare que quelqu'un demande ce que je venais faire dans ces bistrots. La plupart l'acceptaient comme si cela allait de soi et faisaient preuve à mon égard d'une amabilité forcée. « Ma grande petite fille », disait alors mon père, admiratif, en me cajolant la joue. Lorsque quelqu'un m'offrait des sucreries ou une limonade, il demandait une contrepartie : « Fais un bisou à tonton. Fais un bisou à tatie. » Je refusais ce contact étroit avec des étrangers, auxquels je reprochais de capter l'attention de mon père, alors que c'est à moi qu'elle revenait de droit. Ces tournées étaient un chaud et froid permanent : à un moment donné, j'étais l'objet de tous les égards, on me présentait fièrement et l'on me donnait des friandises. L'instant d'après, on m'avait oubliée au point que j'aurais pu passer sous une voiture sans que nul ne s'en rende compte. Ainsi ballottée entre attention et négligence dans un monde où tout était superficiel, je sentais ma confiance en moi se désagréger peu à peu. J'appris à jouer la comédie pour occuper la première place et la conserver aussi longtemps que possible. Aujourd'hui seulement, j'ai compris que ce goût de la scène, ce rêve de théâtre que je nourrissais depuis ma petite enfance ne venaient pas de ma propre personnalité. C'était ma manière d'imiter mes parents extravertis – et une méthode pour survivre dans un monde où l'on ne vous prêtait aucune attention si l'on ne vous admirait pas.

Un peu plus tard, cette succession imprévisible d'attention et de négligence qui me déstabilisait tellement s'étendit à mon entourage immédiat. Le monde de ma petite enfance se fissurait peu à peu. Lorsque les failles commencèrent à se dessiner dans mon univers familier, elles étaient tellement fines et imperceptibles que je pouvais encore les ignorer et me considérer comme responsable de ces petites contrariétés. Mais elles se creusèrent ensuite jusqu'à ce que tout l'édifice familial s'effondre. Lorsque mon père comprit qu'il avait trop tiré sur la corde, il était déjà trop tard : ma mère avait décidé depuis belle lurette de se séparer de lui. Il continuait à mener son existence flamboyante de roi de la banlieue, écumant les bistrots et rachetant sans arrêt, à crédit, de grandes voitures tape-à-l'œil, des Mercedes ou des Cadillac avec lesquelles il voulait impressionner ses « amis ». Même lorsqu'il me donnait un peu d'argent de poche, il me demandait peu après de le lui prêter pour aller s'acheter des cigarettes ou boire un café. Il prit tellement d'hypothèques sur la maison de ma grand-mère qu'elle finit par être saisie. Au milieu des années 1990, les dettes qu'il avait accumulées mirent en péril la famille tout entière. Dans le cadre d'une conversion de créances, ma mère reprit l'épicerie de la Pröbstelgasse et la boutique de la cité Marco-Polo. Mais la brèche ne se limitait pas à l'aspect financier des choses. Ma mère finit par se lasser de cet homme qui aimait tant faire la fête et n'avait même pas idée de ce que pouvait signifier l'expression « être fiable ».

La séparation progressive de mes parents transforma toute mon existence. Moi qui étais jusqu'alors entourée de soins et d'affection, on me mit à l'écart. Mes parents se disputaient bruyamment pendant des heures. Ils s'enfermaient chacun leur tour dans la chambre à coucher tandis que l'autre continuait à vociférer dans le séjour. Lorsque je tentais de demander ce qui se passait, ils m'envoyaient dans ma chambre, claquaient la porte et reprenaient leurs chamailleries. Je me sentais isolée, je ne comprenais plus le monde autour de moi. L'oreiller sur la tête, je tentais d'oublier ces batailles de mots tonitruantes et de replonger dans ce temps de l'insouciance qu'avait été mon enfance. J'y arrivais rarement. Je ne saisissais pas pourquoi mon père, si rayonnant d'habitude, paraissait désormais désemparé, pourquoi il avait cessé de m'amuser en faisant surgir des babioles de ses manches. Son inépuisable réserve de bonbons semblait s'être subitement tarie.

Un jour, après une violente querelle, ma mère alla jusqu'à quitter l'appartement et ne reparut pas avant plusieurs jours. Elle voulait montrer à mon père ce que cela représentait de ne plus avoir aucune nouvelle de l'autre – pour lui, passer une ou deux nuits à l'extérieur n'avait rien d'inhabituel. Mais j'étais beaucoup trop petite pour comprendre ce qui était réellement en jeu, et j'avais peur. À cet âge-là, on n'a pas la même notion du temps et l'absence de ma mère me parut interminable. J'ignorais si elle reviendrait un jour. Une profonde sensation d'abandon et de rejet s'enracina en moi. Débuta alors une phase de mon enfance où je ne trouvais plus ma place, où je ne me sentais plus aimée. Une petite personne sûre d'elle-même se transforma peu à peu en une jeune fille inquiète ayant perdu confiance en son entourage le plus proche.

C'est au cours de cette période difficile que j'entrai à l'école maternelle. Une époque à laquelle l'ingérence dans ma vie personnelle, qui me gênait tellement dans mon enfance, atteignit un point culminant.

Ma mère m'avait inscrite dans une école maternelle privée située non loin de notre cité. Je me sentis d'emblée incomprise et si peu aimée que je me mis à haïr cette école. Tout se joua dès le premier jour, sur un incident. J'étais dehors, dans le jardin, avec les autres enfants, et je trouvai une tulipe qui me fascina. Je me penchai au-dessus de la fleur et la tirai prudemment vers moi pour en sentir le parfum. La puéricultrice[1] crut sans doute que je m'apprêtais à la cueillir et me frappa brutalement le dos de la main. Je criai, indignée : « Je le dirai à ma mère ! » Mais le soir venu, je fus bien forcée de constater que ma mère ne me soutenait plus dès lors qu'elle avait délégué à quelqu'un d'autre le soin de m'éduquer. Lorsque je lui racontai l'épisode – persuadée qu'elle se montrerait solidaire, prendrait ma défense et ferait le lendemain des remontrances à la puéricultrice –, elle se contenta de m'expliquer que c'était comme cela à l'école maternelle, et qu'il fallait respecter les règles. Elle ajouta : « Je ne me mêle pas de ça, je n'y étais pas. » Cette phrase devint sa réponse standard chaque fois que j'avais des problèmes avec les puéricultrices. Et lorsque je lui parlais des brimades que me faisaient subir les autres enfants, elle répondait, lapidaire : « Eh bien, tu n'as qu'à faire pareil. » Je dus apprendre à faire face toute seule aux difficultés. Ce fut ma traversée du désert. Je détestais les règles rigoureuses. J'avais beau être fatiguée, l'obligation d'aller me reposer en salle de sieste après le déjeuner, avec les autres

---

1. Les écoles maternelles (*Kindergarten*, littéralement : « jardins d'enfants ») autrichiennes, tenues par des puéricultrices, tiennent plus de nos crèches que de l'enseignement préparatoire dispensé en France par des institutrices aux enfants de cet âge, c'est-à-dire, en Autriche, de plus de deux ans et demi (*N.d.T.*).

enfants, me hérissait. Les puéricultrices accomplissaient leur travail de manière routinière, sans s'intéresser particulièrement à nous. Elles se contentaient de nous surveiller d'un œil en lisant des romans et des revues, en papotant et en se vernissant les ongles.

Je mis du temps à établir le contact avec d'autres enfants ; je me sentais plus solitaire parmi ceux de mon âge que je ne l'avais été auparavant.

« Les facteurs de risque, notamment dans le cas de l'énurésie secondaire, sont liés aux pertes, dans l'acception la plus large de ce terme, comme la séparation, le divorce, les décès, la naissance d'un frère ou d'une sœur, la pauvreté extrême, la délinquance des parents, la carence affective, la négligence, un manque de soutien lors du franchissement des différents stades de développement. » C'est ainsi que l'encyclopédie décrit les causes d'un problème auquel j'eus à faire face à cette époque. L'enfant précoce que j'avais été, et qui s'était très vite débarrassée des couches, devint une petite fille qui faisait pipi au lit. Et ce stigmate me gâcha bientôt l'existence. Les taches humides que je laissais la nuit sur mes draps furent bientôt une source de réprimandes et de moqueries sans fin.

Lorsque l'incident se répéta à plusieurs reprises, ma mère réagit comme elle le faisait à l'époque. Elle considéra qu'il s'agissait d'un comportement délibéré, dont on pouvait faire perdre le goût à un enfant par la force et la sanction. Elle me donna la fessée et me demanda, furieuse : « Pourquoi me fais-tu ça ? » Elle se mit en colère, resta désemparée. Et je continuais à tremper mon lit pendant la nuit. Ma mère acheta des alèses en caoutchouc pour protéger mon matelas. Ce fut une humiliation. Je savais, pour avoir entendu les amies de ma grand-mère en discuter, que ces ustensiles et le linge de lit spécial étaient destinés aux personnes âgées et malades. Or moi, je voulais qu'on me traite comme une grande fille.

Et pourtant cela ne s'arrêta pas. Ma mère me réveillait en pleine nuit pour m'asseoir sur les toilettes. Quand je mouillais mon lit tout de même, elle changeait en maugréant mes draps et mon pyjama. Parfois, je me réveillais sèche le matin, et j'en étais toute fière, mais elle tempérait aussitôt ma joie : « J'ai encore été obligée de te changer cette nuit, tu ne t'en rappelles pas, c'est tout, jappait-elle, regarde donc quel pyjama tu portes. » Je n'avais rien à opposer à ces reproches. Elle me punissait par le mépris et la moquerie. Le jour où je lui demandai des draps à motifs de Barbie, elle se contenta de me rire au nez : de toute façon, je les tremperais comme les autres. La honte me fit presque rentrer sous terre.

Elle finit par contrôler ma consommation de liquides. J'avais toujours été une enfant qui buvait beaucoup et souvent. Elle régenta alors avec précision mes habitudes dans ce domaine. Elle ne me donnait pas grand-chose à boire dans la journée, et plus rien le soir. Plus l'eau ou les jus de fruits étaient interdits, plus ma soif grandissait. Il m'arrivait de ne plus pouvoir penser à autre chose. Elle observait et commentait chacune de mes gorgées, chaque passage aux toilettes – mais uniquement lorsque nous étions seules. Qu'en diraient les gens ?

À l'école maternelle, le problème prit une nouvelle ampleur : je me mouillais désormais aussi dans la journée. Les enfants se moquaient de moi, les éducatrices en rajoutaient encore et me ridiculisaient devant le groupe. Elles pensaient sans doute que ces railleries m'amèneraient à mieux contrôler ma vessie. Mais les choses empiraient à chaque nouvelle humiliation. Aller aux toilettes ou prendre un verre d'eau devinrent des tortures. On me forçait à l'un comme à l'autre au moment où je ne le voulais pas, et on me le refusait lorsque j'en avais un besoin urgent. Car à l'école, nous devions demander la permission pour aller aux toilettes. Dans mon cas, lorsque je posais la question, elle me valait des commentaires du type : « Tu viens juste d'y aller. Quel besoin as-tu d'y retourner déjà ? » À l'inverse, avant chaque sortie, avant le repas, avant la sieste, on m'obligeait à m'y rendre et l'on m'y surveillait. L'une des puéricultrices me soupçonnant une fois de plus de m'être mouillée, elles allèrent un jour jusqu'à exiger que je montre ma culotte devant tous les enfants.

Lorsque je quittais la maison avec ma mère, elle prenait toujours un rechange. Ce ballot de vêtements renforçait ma honte et mon incertitude : cela signifiait que les adultes étaient sûrs que je recommencerais. Et plus ils s'y attendaient, plus ils me grondaient et se moquaient de moi, plus mon comportement leur donnait raison. C'était un cercle vicieux auquel je ne trouvai pas non plus d'issue à l'école primaire. Je restais une petite fille qui mouillait son lit, humiliée et éternellement assoiffée.

Après deux années de querelles et quelques tentatives de réconciliation, mon père s'en alla définitivement. Alors âgée de cinq ans, je n'aimais plus la vie et j'avais différentes manières de protester. Tantôt je me mettais à l'écart, tantôt je criais, vomissais, prise de crises de larmes dues à la douleur et à l'incompréhension. Une gastrite me fit souffrir pendant plusieurs semaines.

Ma mère, que la séparation avait elle aussi beaucoup affectée, transféra sur moi sa manière de réagir. De la même façon qu'elle assimilait la peine et l'incertitude, elle me demandait de serrer les dents. Elle ne se rendait pas compte qu'à mon âge, cela m'était strictement impossible. Lorsque je manifestais trop clairement mes émotions, elle réagissait d'une manière proche de l'agressivité. Elle me reprochait de m'apitoyer sur moi-même. Tantôt elle me faisait miroiter des récompenses si je me tenais bien, tantôt elle me menaçait de punitions si je n'arrêtais pas.

La rage que m'inspirait cette situation que je ne comprenais pas se focalisa peu à peu sur la personne restée sur place après le départ de mon père : ma mère. Il m'arriva plus d'une fois d'éprouver une telle colère à son égard que je décidais de partir. J'entassais quelques affaires dans mon sac de gymnastique et lui faisais mes adieux. Mais elle savait que je n'irais pas au-delà du seuil de la porte et se contentait de commenter mon comportement en disant : « D'accord, bonne chance. » Une autre fois, je sortis de ma chambre toutes les poupées qu'elle m'avait offertes et les alignai dans le couloir pour lui signifier que j'étais déterminée à l'expulser de ce petit royaume qu'était ma chambre d'enfant. Mais, bien entendu, cette manœuvre dirigée contre ma mère n'apporta aucune solution à mon véritable problème. La séparation de mes parents m'avait fait perdre mes points cardinaux, je ne pouvais plus construire ma vie sur les personnes qui avaient jusqu'alors toujours été là pour moi.

La négligence à mon égard détruisit peu à peu le sentiment que j'avais de ma propre valeur. Lorsque l'on parle de violence exercée sur les enfants, on s'imagine des coups systématiques provoquant des blessures corporelles. Je n'ai rien vécu de tel dans mon enfance. La violence, c'était ce mélange fatal de répression verbale et de gifles « ordinaires » censé me rappeler que j'étais une enfant, et donc la plus faible.

Ce n'était pas la colère ou un calcul froid qui animait ma mère, mais une agressivité qui se ranimait sans cesse, qui jaillissait d'elle comme une flamme soudaine et s'éteignait tout aussi rapidement. J'y avais droit lorsqu'elle n'était pas à la hauteur de la situation. J'y avais droit lorsque j'avais fait quelque chose qui n'allait pas. Elle détestait que je pleurniche, que je pose des questions ou que je remette en cause ses propos – rien que cela justifiait une gifle.

Il n'était pas exceptionnel de traiter les enfants ainsi, à cette époque et dans ce secteur. Je menais au contraire une existence beaucoup plus « facile » que bien des enfants du voisinage. Dans la cour, il m'arrivait régulièrement de voir des mères hurler sur leur progéniture, les jeter par terre et les rouer de coups. Cela, ma mère ne l'aurait jamais fait, et sa manière de me gifler en passant ne choquait pas. Même lorsqu'elle me frappait le visage en public, personne ne s'en mêlait jamais. Mais la plupart du temps, ma mère était trop grande dame pour s'exposer au risque d'être observée lors d'une dispute. La violence visible, c'était pour les autres femmes de notre quartier. Moi, en revanche, on me demandait de sécher mes larmes ou de me rafraîchir les joues avant de quitter la maison ou de descendre de voiture.

Ma mère cherchait cependant à apaiser sa mauvaise conscience en me faisant des cadeaux. Elle s'était lancée dans une véritable compétition avec mon père : c'était à qui m'achèterait les plus belles robes, à qui ferait avec moi les plus belles sorties du week-end. Mais je ne voulais pas de cadeaux. La seule et unique chose dont j'aurais eu besoin au cours de cette phase de mon existence, c'était de quelqu'un qui m'aurait apporté un soutien inconditionnel et de l'amour. Mes parents n'étaient pas en mesure de le faire.

Une expérience remontant à l'école primaire montre à quel point j'avais intégré, à cette époque, le fait que l'on ne pouvait attendre aucune aide des adultes. J'avais environ huit ans, et j'étais partie avec mes camarades pour une semaine de classe verte en Styrie. Peu sportive, je ne me hasardais guère à participer aux activités débridées des autres. Mais je voulais au moins faire une tentative sur le terrain de jeux.

La douleur me transperça le bras lorsque je tombai de la cage à écureuils et atterris sur le sol. Je voulus m'asseoir, mais mon bras flancha et je partis à la renverse. Le rire joyeux des enfants qui s'amusaient autour de moi résonnait sourdement dans mes oreilles. Je voulus crier, des larmes me coulèrent sur les joues, mais aucun son ne sortit de ma gorge. C'est seulement au moment où une camarade de classe vint me voir que je réussis à lui demander, à voix basse, d'aller chercher la maîtresse. La petite fille traversa la cour pour la rejoindre. Mais l'institutrice la renvoya et me fit savoir que si je voulais quelque chose, je n'avais qu'à venir moi-même.

Je tentai de me hisser sur mes jambes, mais le moindre mouvement ravivait la douleur. Je restai couchée, impuissante. Il me fallut attendre un certain temps pour que l'enseignante d'une autre classe vienne à mon secours. Je serrai les dents, ne pleurai pas, ne me plaignis pas. Je ne voulais causer de problèmes à personne. Plus tard, mon institutrice remarqua elle aussi que j'avais peut-être un vrai problème. Elle supposa que je m'étais fait un gros hématome en tombant et m'autorisa à passer l'après-midi dans la salle de télévision.

La nuit venue, allongée sur mon lit, au dortoir, la douleur m'empêchait presque de respirer. Mais je ne demandai pas d'aide pour autant. C'est seulement le lendemain, à une heure tardive, que ma maîtresse comprit que je m'étais sérieusement blessée et me conduisit chez le médecin. Lequel m'envoya immédiatement à l'hôpital de Graz. J'avais le bras cassé.

Ma mère vint me chercher à la clinique avec son compagnon. Je connaissais bien le nouvel homme qui partageait sa vie : c'était mon parrain. Je ne l'aimais pas. Le chemin du retour fut une longue torture. L'ami de ma mère passa trois heures à grogner : c'est ma maladresse, disait-il, qui l'avait forcé à faire un si long trajet en voiture. Ma mère tenta bien de détendre l'atmosphère, mais ce fut en pure perte, les reproches ne cessaient pas. Assise sur le siège arrière, je pleurais en silence. J'avais honte d'être tombée, honte du mal que je donnais à tout le monde. Ne fais pas d'histoires. Ne fais pas tant de foin. Ne sois pas hystérique. Les grandes filles ne pleurent pas. Ces principes censés guider mon enfance, entendus mille fois, m'avaient fait supporter pendant une journée et demie la douleur de mon bras cassé. À présent, pendant le trajet sur l'autoroute, entre les tirades de l'ami de ma mère, c'est une voix intérieure qui la répétait dans ma tête.

Mon enseignante fut soumise à une procédure disciplinaire pour ne pas m'avoir conduite tout de suite à l'hôpital. Il est vrai, bien entendu, qu'elle avait négligé son devoir de surveillance. Mais c'est moi qui avait été à l'origine de la plus grande part de cette négligence. J'avais tellement peu confiance en moi que, même avec une fracture du bras, je n'avais pas eu le sentiment d'être en droit de demander de l'aide.

Je ne voyais plus désormais mon père que le week-end, ou bien lorsqu'il m'emmenait dans l'une de ses tournées, ce qu'il faisait de temps en temps. Lui aussi avait refait sa vie après s'être séparé de ma mère. Son amie était gentille, mais gardait ses distances. Elle me dit un jour, l'air songeur : « Je sais à présent pourquoi tu es si difficile. Tes parents ne t'aiment pas. » Je protestai bruyamment – mais cette phrase s'accrocha à mon âme blessée d'enfant. Peut-être avait-elle raison ? Après tout, c'était une adulte, et les adultes ne se trompaient jamais.

En tout cas, cette pensée m'obséda pendant plusieurs jours.

Lorsque j'eus neuf ans, je me mis à compenser ma frustration par la nourriture. Je n'avais jamais été mince, et j'avais grandi dans une famille où la nourriture jouait un grand rôle. Ma mère était de ce type de femmes qui peuvent manger autant qu'elles le veulent sans prendre un gramme. Cela tenait peut-être à une hyperthyroïdie, ou simplement à son naturel actif : elle ingurgitait tartines et gâteaux, rôtis au cumin, sandwichs au jambon : « Je peux manger ce que je veux », fanfaronnait-elle souvent, une tartine abondamment garnie à la main. C'est elle qui m'a donné le goût de la démesure alimentaire – mais pas la capacité de brûler par moi-même les calories que j'absorbais.

Mon père, au contraire, était tellement gros qu'enfant, j'étais gênée qu'on me voie avec lui. Son ventre gigantesque était aussi rebondi que celui d'une femme au huitième mois de grossesse. Lorsqu'il était couché sur le canapé, cette protubérance s'élevait comme une montagne. Toute petite, il m'était souvent arrivé de taper dessus et de demander : « Quand est-ce que le bébé arrive ? », ce qui provoquait le rire bienveillant de mon père. Sur son assiette s'amoncelaient des morceaux de viande garnis de pommes de terre, le tout nageant dans une mer de sauce. Il dévorait des portions gigantesques et continuait à manger alors qu'il n'avait plus faim depuis longtemps.

Le week-end, lors de nos promenades familiales – d'abord avec ma mère, puis avec la nouvelle compagne de mon père –, tout tournait autour de la nourriture. Alors que d'autres familles organisent des randonnées en montagne, des balades à bicyclette ou des visites de musées, nous choisissions quant à nous des objectifs culinaires. Nous allions tester un nouveau petit bar à vins, nous nous rendions dans une auberge rurale près d'un château, pour participer non pas à la visite guidée, mais au repas des chevaliers : des montagnes de viande et de boulettes que l'on mangeait avec les mains et que l'on arrosait avec des chopes de bière – voilà le genre de sorties qui plaisait à mon père. Dans les deux boutiques, celle de Süssenbrunn et celle de la cité Marco-Polo, que ma mère avait reprise après s'être séparée de mon père, j'étais également entourée de nourriture. Lorsque ma mère venait me chercher, après la garderie, et m'emmenait dans le magasin, je combattais mon ennui en prenant des friandises : une glace, des nounours, un carré de chocolat, un concombre au vinaigre. Le plus souvent, ma mère laissait faire – elle était trop occupée pour surveiller ce que j'ingurgitais.

Je me mis alors systématiquement à manger plus qu'il ne le fallait. J'avalais un paquet entier de Bounty, l'accompagnais d'une grande bouteille de soda suivie d'un morceau de chocolat, jusqu'à ce que la peau de mon ventre soit tendue à en craquer. Mais à peine étais-je de nouveau capable de glisser quelque chose dans ma bouche que je recommençais à me goinfrer. L'année qui précéda mon enlèvement, je grossis tellement que l'enfant potelée que j'avais toujours été se transforma en une véritable obèse. Je devins encore moins sportive, les autres enfants me houspillaient encore plus, et je compensais cette solitude en mangeant toujours plus. Le jour de mon dixième anniversaire, je pesais quarante-cinq kilos.

Ma mère contribua à entretenir mes frustrations. « Je t'aime quel que soit ton aspect », répétait-elle. Ou encore : « Un enfant laid, on ne peut l'habiller que d'une belle robe. » Lorsqu'elle voyait qu'elle m'avait blessée, elle riait et disait : « Ne prends pas ça pour toi, trésor. Ne sois pas si sensible. » Sensible – c'était le pire : ça, on n'avait pas le droit de l'être. Je suis toujours étonnée, aujourd'hui, de voir à quel point l'on emploie ce mot positivement. Dans mon enfance, c'était un terme péjoratif servant à désigner des gens trop tendres pour ce monde. À l'époque, j'aurais souhaité être encore plus tendre. Par la suite, la dureté à laquelle me soumit, notamment, ma mère m'a vraisemblablement sauvé la vie.

Entourée de sucreries à volonté, je passais des heures seule devant le téléviseur, ou encore dans ma chambre, un livre à la main. Face à une réalité qui ne me valait qu'humiliations, je me réfugiais dans d'autres mondes. Nous recevions tous les programmes de télévision et personne ne faisait vraiment attention à ce que je regardais. Je passais indistinctement d'une chaîne à l'autre, d'une émission pour enfants aux informations ou à des séries policières qui me faisaient peur mais dont j'absorbais le contenu comme une éponge. Au cours de l'été 1997, les médias ne parlaient plus que d'une chose : dans la région du Salzkammergut, on avait démantelé un réseau pédophile. J'entendis avec effroi que sept hommes avaient attiré un nombre indéterminé d'enfants, en leur offrant de petites sommes d'argent, dans les chambres spécialement aménagées d'une maison, pour abuser d'eux et tourner des vidéos qu'ils vendaient dans le monde entier. Le 24 janvier 1998, une autre affaire secoua la Haute-Autriche. On avait diffusé, via une boîte postale, des vidéos sur lesquelles on pouvait voir le viol de fillettes âgées de six à sept ans. Sur l'un de ces films, un criminel avait attiré dans sa mansarde une enfant de sept ans, qui vivait non loin de chez lui, et lui avait fait subir de graves sévices.

Je fus encore plus frappée par les récits de meurtres de petites filles qui se succédaient alors en Allemagne. Dans mon souvenir, il ne s'écoula pratiquement pas un mois, au cours de la période où j'étais à l'école primaire, sans que je n'entende parler de cas de fillettes enlevées, violées ou assassinées. Les informations ne nous épargnaient guère de détails sur le déroulement dramatique des recherches et des enquêtes policières. J'assistais à des battues en forêt avec chiens policiers, je voyais des plongeurs chercher dans les lacs et les étangs les cadavres des disparues. Et j'entendais toujours les récits bouleversants de leurs proches, qui racontaient que les petites s'étaient volatilisées alors qu'elles jouaient dehors, ou qu'elles n'étaient pas rentrées de l'école. Que les parents les avaient cherchées, désespérés, jusqu'à ce qu'ils aient la terrible certitude qu'ils ne reverraient plus leur enfant vivant.

Les affaires dont parlaient les médias à l'époque avaient une telle présence que nous en discutions aussi à l'école. Les instituteurs nous racontaient comment nous pouvions nous protéger contre les attaques. Nous regardions des films dans lesquels des petites filles étaient importunées par leur frère aîné, d'autres où des petits garçons apprenaient à dire « non » à leur père abusif. Et les enseignants répétaient les mises en garde que l'on ne cessait de nous faire à la maison : « Ne suivez jamais un inconnu ! Ne montez pas dans une voiture si vous ne connaissez pas son conducteur. N'acceptez pas de bonbons ! Et changez de trottoir si quelque chose vous semble bizarre. »

Lorsque je regarde aujourd'hui la liste des cas survenus pendant que j'étais à l'école primaire, je suis aussi bouleversée qu'à l'époque :

Yvonne, douze ans, assassinée en juillet 1995 près du lac de Pinnow (Brandebourg) pour avoir résisté à un homme qui la violait.

Annette, quinze ans, de Mardorf, près des lacs de Steinhud, retrouvée en 1995 déshabillée dans un champ de maïs, après avoir fait l'objet d'abus sexuels, et assassinée. Son meurtrier n'a pas été arrêté.

Maria, sept ans, enlevée, victime de sévices et jetée dans un étang en novembre 1995 à Haldensleben (Saxe-Anhalt).

Elmedin, six ans, enlevée, victime de sévices et étouffée en février 1996 à Siegen.

Claudia, onze ans, enlevée, victime de sévices et brûlée en mai 1996 à Grevenbroich.

Ulrike, treize ans, n'est pas rentrée d'une promenade avec sa calèche à poney, le 11 juin 1996. Son cadavre a été retrouvé deux ans plus tard.

Ramona, dix ans, a disparu sans laisser de traces le 15 août 1996 d'un grand magasin à Iéna. Son cadavre a été découvert en janvier 1997 près d'Eisenach.

Natalie, sept ans, a été enlevée sur le trajet de l'école, victime de sévices et assassinée le 20 septembre 1996 à Epfach, en Haute Bavière, par un homme de vingt-neuf ans.

Kim, dix ans, de Varel, en Frise, a été enlevée, victime de sévices et assassinée en janvier 1997.

Anne-Katrin, huit ans, a été trouvée assassinée le 9 juin 1997 près de la maison de ses parents à Seebeck, dans le Brandebourg.

Loren, neuf ans, a été victime de sévices et assassinée en juillet 1997 par un homme de vingt ans dans la cave de sa maison familiale à Prenzlau.

Jennifer, onze ans, a été attirée par son oncle dans la voiture de celui-ci, qui a abusé d'elle et l'a étranglée, le 13 janvier 1998, à Versmold.

Carla, douze ans, a été agressée le 22 janvier 1998 à Wilhermsdorf, près de Fürth, victime de sévices et jetée dans un étang, inconsciente. Elle est morte après cinq jours de coma.

Les cas de Jennifer et de Carla m'ont particulièrement émue. Après son arrestation, l'oncle de Jennifer avoua qu'il comptait abuser sexuellement de la petite fille dans sa voiture. Comme elle se défendait, il l'avait étranglée et avait caché le cadavre dans une forêt. Ces informations me serraient la gorge. Les psychologues interrogés par la télévision conseillaient à l'époque de ne pas se défendre contre les agressions afin de ne pas risquer sa vie. Les émissions de télévision consacrées à la mort de Carla étaient encore plus effrayantes. Je garde aujourd'hui en mémoire l'image des reporters debout, micro à la main, devant l'étang de Wilhermsdorf, expliquant que les traces laissées dans la terre montraient combien la jeune fille s'était débattue. Sa messe d'enterrement fut retransmise à la télévision. J'étais devant l'écran, les yeux écarquillés par la terreur. Toutes ces petites filles avaient mon âge. Une seule chose me tranquillisait lorsque je voyais leurs photos aux informations : je n'étais pas la fillette tendre et blonde que ces bourreaux semblaient préférer. Je n'imaginais pas à quel point je me trompais.

2

Que veux-tu qu'il m'arrive ?

Le dernier jour de mon ancienne vie

J'ai tenté de crier. Mais il ne sortait pas un son de ma gorge. Mes cordes vocales ne fonctionnaient pas. Tout en moi n'était qu'un cri. Un cri muet que personne ne pouvait entendre.

Le lendemain, au réveil, j'étais triste et furieuse. L'idée que ma mère avait épanché sur moi une colère inspirée par mon père me plongeait dans une rage étouffante. Mais je souffrais encore plus du fait qu'elle m'avait interdit de le revoir un jour. C'était l'une de ces décisions lancées à la va-vite sur un coup de tête ou de mauvaise humeur, que les adultes prennent sans se soucier de l'avis de leurs enfants. Ils oublient qu'il ne s'agit pas seulement d'eux, mais que leur verdict touche aux besoins les plus profonds de ceux qui s'y retrouvent soumis sans rien pouvoir y faire.

Je détestais ce sentiment d'impuissance qui me rappelait mon statut d'enfant. Je voulais devenir enfin adulte, espérant que, ce jour-là, les confrontations avec ma mère ne m'atteindraient plus autant. Je voulais apprendre à ravaler mes sentiments, et avec eux cette angoisse profonde que déclenche chez les enfants toute dispute avec leurs parents.

À dix ans j'avais vécu la première phase de mon existence, la plus indépendante. La date magique qui attesterait aussi de mon indépendance sur un plan légal approchait : d'ici huit ans, je déménagerais et chercherais un travail. Alors je ne dépendrais plus des décisions d'adultes qui accordaient moins d'attention à mes besoins qu'à leurs petites querelles et à leurs rivalités mesquines. Huit années encore, que je comptais utiliser pour préparer la vie que j'aurais moi-même choisie.

J'avais déjà fait un pas important vers l'autonomie quelques semaines plus tôt : j'avais convaincu ma mère de me laisser aller seule à l'école. J'étais déjà en cours moyen, et pourtant elle continuait à me déposer en voiture devant l'établissement. Le trajet ne prenait même pas cinq minutes. Chaque jour, j'avais honte que les autres enfants me voient descendre du véhicule et embrasser ma mère. Cela faisait déjà un certain temps que j'avais entamé des négociations avec elle : l'heure était désormais venue pour moi de parcourir seule le chemin de l'école. Je voulais ainsi montrer à mes parents, mais aussi à moi-même, que je n'étais plus une gamine : j'étais capable de maîtriser ma peur. Mon incertitude me tourmentait profondément. Elle s'emparait de moi dès la cage d'escalier, se répandait en moi dans la cour, et je n'étais plus qu'angoisse lorsque je marchais dans les rues de la cité du Rennbahn. Je me sentais minuscule et sans défense – et je me haïssais pour cela. Ce jour-là, j'étais bien décidée à me montrer forte. Ce serait le premier jour de ma nouvelle vie, et le dernier de l'ancienne. L'existence que j'avais vécue jusqu'alors prit effectivement fin ce jour-là. Mais j'étais loin d'imaginer comment cela allait se produire.

J'écartai d'un geste déterminé la couverture de mon lit et me levai. Comme toujours, ma mère avait préparé mes habits : une robe avec le haut en jean et le bas en flanelle grise. Je m'y sentais informe, boudinée, j'avais l'impression que cette tenue me confinait à un stade auquel je voulais échapper depuis longtemps.

Je m'y glissai à contrecœur avant de passer à la cuisine. Ma mère avait posé sur la table mon goûter emballé dans des serviettes en papier qui portaient le logo du petit bistrot de la cité Marco-Polo et son nom à elle. Lorsqu'il fut l'heure, je passai mon anorak rouge et mis sur le dos mon cartable multicolore. D'une caresse, je dis au revoir aux chats. Puis j'ouvris la porte de l'escalier et sortis. Je m'arrêtai sur la première marche et hésitai en me répétant cette phrase que ma mère avait prononcée devant moi des dizaines de fois : « Il ne faut jamais se séparer fâchés. On ne sait pas si on se reverra ! » Elle pouvait se mettre en colère, elle était impulsive et avait souvent la main leste. Mais au moment de se quitter, elle était toujours très gentille. Devais-je vraiment partir sans un mot ? Je tournai les talons, mais le sentiment de déception que m'avait laissé la soirée précédente finit tout de même par l'emporter. Je n'irais pas l'embrasser, et je la punirais par mon silence. Et puis, de toute façon, qu'est-ce qui pouvait bien m'arriver ?

« Que veux-tu qu'il m'arrive ? » murmurai-je sans m'adresser à personne en particulier. Mes mots résonnèrent sur le carrelage gris de l'escalier. Je fis à nouveau demi-tour et descendis les marches. « Que veux-tu qu'il m'arrive ? » Cette phrase se transforma en une sorte de mantra pour la sortie dans la rue et la traversée des blocs d'immeubles menant à l'école. Il devait me protéger de la peur et de la mauvaise conscience que m'inspirait le fait de ne pas lui avoir dit au revoir.

Je quittai l'immeuble, longeai son interminable mur et m'arrêtai au passage piéton. Le tram passa devant moi en brinquebalant, rempli de gens qui se rendaient au travail. Je sentis mon courage diminuer. Tout ce qui m'entourait semblait d'un seul coup beaucoup trop grand pour moi. La dispute que j'avais eue avec ma mère m'obsédait, et j'étais apeurée par la sensation de ne plus exister dans ce réseau de relations qui se tissait entre mes parents en bisbille et leurs nouveaux partenaires, qui ne m'acceptaient pas. J'avais voulu aborder cette journée comme un nouveau départ, mais cette résolution fit place à la certitude qu'une fois de plus j'allais devoir me battre dans ce maquis. Et que je ne parviendrais pas à changer ma vie si la seule vue d'un passage protégé me faisait l'effet d'un obstacle insurmontable.

Je me mis à pleurer et me sentis envahie par l'envie de disparaître, de me dissoudre dans les airs. Je laissai le trafic s'écouler devant moi en m'imaginant que j'allais mettre un pied sur la chaussée et me faire happer par une voiture. Elle me traînerait sur quelques mètres, et je serais morte. Mon cartable resterait par terre à côté de moi, ma veste rouge serait comme un signal criard inscrit sur l'asphalte : « Regardez ce que vous avez fait de cette petite fille ! » Ma mère se précipiterait hors de la maison, pleurerait ma mort et comprendrait toutes ses erreurs. Oui, elle le ferait. Sans aucun doute.

Bien entendu, je ne me jetai ni sous les roues d'une voiture, ni sous celles du tramway. Je n'aurais jamais voulu attirer à ce point l'attention sur moi. Je pris mon courage à deux mains, traversai la rue et remontai le Rennbahnweg en direction de mon école, située Brioschiweg. Le trajet me faisait emprunter quelques rues latérales tranquilles, jalonnées de petits pavillons des années 1950 aux modestes jardinets. Dans un secteur où dominaient les bâtiments industriels et les immeubles en béton, ils paraissaient à la fois anachroniques et rassurants. En arrivant dans la Melangasse, je m'essuyai les dernières larmes du visage, puis je repris mon chemin en trottant, tête basse.

Je ne sais plus ce qui m'incita à lever les yeux. Un bruit ? Un oiseau ? En tout cas mon regard tomba sur une voiture de livraison blanche. Garée à une place de parking sur le côté droit de la rue, elle paraissait étrangement déplacée dans cet environnement sans activités. Devant la fourgonnette, je vis un homme, debout. Il était mince, pas très grand, et semblait observer les environs sans objectif précis, comme s'il attendait quelque chose sans vraiment savoir quoi.

Je ralentis le pas et sentis mon corps se raidir. Ma peur, que j'étais si peu capable de maîtriser, était revenue d'un seul coup et me donnait la chair de poule. J'eus aussitôt le réflexe de changer de trottoir. Images et bribes de phrases défilèrent à toute vitesse dans mon esprit : *Ne parle pas aux inconnus... Ne monte pas dans une voiture que tu ne connais pas...* Les enlèvements, les sévices sexuels, toutes ces histoires que j'avais vues à la télévision à propos des petites filles kidnappées. Mais si je voulais vraiment devenir adulte, je ne devais pas céder à cette impulsion. Je devais faire face. Je décidai de continuer. Qu'est-ce qui pouvait bien m'arriver ? Le chemin de l'école était mon examen. Je le réussirais sans reculer.

Je suis incapable d'expliquer pourquoi la vue de cette fourgonnette me mit aussitôt en alerte. C'était peut-être une intuition, peut-être aussi le flot d'informations sur les sévices sexuels auxquels nous étions exposés à l'époque, depuis « l'affaire Groër ». En 1995, ce cardinal fut accusé d'avoir abusé d'adolescents ; la réaction du Vatican fit un bruit considérable dans les médias et déclencha une pétition des fidèles autrichiens. À tout cela s'ajoutèrent les reportages des journaux télévisés allemands sur les fillettes enlevées et assassinées. Mais n'importe quel homme que j'aurais rencontré dans la rue dans un contexte inhabituel m'aurait vraisemblablement causé la même peur. Pour l'enfant que j'étais, être enlevée était un risque plausible – mais au plus profond de moi, je considérais tout de même que ce genre de choses n'arrivait qu'à la télévision, et pas à deux pas de chez moi.

Lorsque je fus arrivée à deux mètres environ de lui, il me regarda dans les yeux. À cet instant précis, ma peur diminua. Il avait des yeux bleus et ses cheveux un peu trop longs lui donnaient l'allure d'un étudiant dans un vieux téléfilm des années 1970. Il avait le regard bizarrement perdu. C'est un pauvre homme, me dis-je ; il émanait de lui un tel besoin de protection que j'eus spontanément envie de lui apporter mon aide. Cela peut paraître étrange, comme une volonté de s'en tenir coûte que coûte à la foi puérile en la bonté de l'être humain. Mais lorsqu'il me dévisagea pour la première fois, ce matin-là, il semblait égaré et très fragile.

Oui, pensai-je, je vais surmonter cette épreuve. Je vais marcher devant cet homme sur l'espace étroit que me laisse le trottoir. Je n'aimais pas croiser d'autres personnes, et j'avais l'intention de passer suffisamment au large pour ne pas entrer en contact avec lui.

Ensuite, tout alla très vite.

À l'instant même où, le regard baissé, je m'apprêtais à passer devant cet homme, il m'attrapa par la taille, me souleva et me poussa par la portière ouverte à l'intérieur de la fourgonnette. Tout cela se fit d'un seul geste, comme s'il s'était agi d'une chorégraphie que nous aurions répétée ensemble. Un ballet de la terreur.

Ai-je crié ? Je ne le crois pas. Et pourtant tout en moi n'était qu'un cri – il monta en moi et resta coincé dans ma gorge : un cri muet, comme dans ces rêves où l'on veut hurler mais où l'on n'arrive pas à émettre le moindre son ; dans lequel on veut courir mais où les jambes sont comme enfoncées dans des sables mouvants.

Me suis-je défendue ? Ai-je tenté de perturber sa mise en scène parfaite ? Je me suis certainement rebiffée, car le lendemain j'avais un œil au beurre noir. Je ne me rappelle cependant plus avoir ressenti la douleur causée par un coup, ni le sentiment de paralysie lié à une perte de connaissance. Mon bourreau avait la tâche facile. Il mesurait un mètre soixante-douze, moi un mètre cinquante. J'étais grosse et pas particulièrement rapide ; mon lourd cartable limitait en outre ma liberté de mouvement. Tout cela n'avait duré que quelques secondes.

Je sus que j'avais été enlevée et que j'allais vraisemblablement mourir au moment même où la portière du véhicule se referma derrière moi. Je vis passer devant moi, dans un scintillement, les images de la messe d'enterrement de Jennifer, violée et assassinée au mois de janvier dans une voiture, alors qu'elle avait tenté de s'échapper. Les images de la peur des parents de Carla, victime de sévices sexuels, trouvée inconsciente dans un étang et morte une semaine plus tard. À l'époque, je me suis demandé ce que pouvait être la mort et ce qui lui succédait. Si l'on avait mal juste avant. Et si l'on voyait vraiment une lumière.

Les images s'agrégeaient à des pensées qui me traversaient la tête en ordre dispersé. Tout cela est-il réel ? Est-ce à moi que cela arrive ? demandait une voix. Quelle idée idiote, kidnapper un enfant, ça ne marche jamais, s'exclamait une autre. Pourquoi moi ? Je suis petite et grosse, je n'ai aucune des qualités propres aux proies des voleurs d'enfants, implorait une troisième. La voix du bourreau me ramena à moi. Il m'ordonna de m'asseoir sur le plancher de la fourgonnette et de ne pas bouger. Si je ne respectais pas ses ordres, je verrais ce que je verrais. Puis il passa à l'avant en escaladant le fauteuil et démarra.

Comme il n'y avait pas de séparation entre la zone du conducteur et l'espace réservé au chargement, je pouvais le voir de derrière. Et je pouvais l'entendre pianoter avec frénésie sur son téléphone de voiture. Mais manifestement, personne ne répondait.

Pendant ce temps-là, les questions continuaient à me marteler l'esprit : va-t-il demander une rançon ? Qui la paiera ? Où me conduit-il ? Qu'est-ce que c'est que cette voiture ? Quelle heure est-il à présent ? Les vitres de la fourgonnette étaient teintées, mis à part une petite bande translucide au sommet. Depuis le sol, je ne pouvais pas voir précisément où nous nous rendions, et je n'osais pas lever suffisamment la tête pour regarder à travers le pare-brise. Le voyage me parut interminable et sans but, je perdis rapidement le sens de l'espace et du temps. Mais les cimes des arbres et les poteaux électriques qui défilaient devant moi me donnaient l'impression que nous tournions en rond dans le quartier.

Parler. Il faut que tu lui parles. Mais comment ? Comment s'adresse-t-on à un criminel ? Les criminels ne méritent aucun respect, et le vouvoiement me paraissait déplacé. Je le tutoyai donc, ce que je réservais d'ordinaire aux gens qui m'étaient proches.

Aussi absurde que cela paraisse, je commençai par lui demander quelle était sa pointure. C'était un souvenir d'un magazine policier autrichien où l'on tente de retrouver des personnes disparues. Il faut pouvoir décrire le criminel avec précision, chaque détail, aussi minime soit-il, a son importance. Mais il ne me répondit pas, bien entendu. Au lieu de cela, l'homme m'ordonna d'une voix rogue de rester tranquille, et rien ne m'arriverait. Aujourd'hui encore, j'ignore comment j'ai trouvé le courage de ne pas respecter ses instructions. Peut-être étais-je sûre que j'allais mourir de toute façon – que ça ne pouvait pas être pire.

— On va abuser de moi ? commençai-je par demander.

Cette fois, il me répondit :

— Tu es beaucoup trop jeune pour ça, dit-il. Je ne ferais jamais une chose pareille.

Puis il recommença à téléphoner. Lorsqu'il eut raccroché, il déclara :

— Maintenant, je vais te conduire dans un bois et te remettre aux autres. Et je n'aurai plus rien à voir avec cette histoire.

Il répéta cette phrase à plusieurs reprises, d'une voix rapide et nerveuse :

— Je te livre, ensuite je n'ai plus rien à voir avec toi. Nous ne nous reverrons plus jamais.

S'il avait voulu me faire peur, il avait trouvé exactement le mot qu'il fallait : l'entendre m'annoncer qu'il allait me remettre à « d'autres » me coupa le souffle, la terreur me pétrifia. Il n'était pas nécessaire qu'il dise un mot de plus, je savais ce que cela signifiait : depuis des mois, les médias parlaient de réseaux pédophiles qui tournaient des films pornographiques. Depuis l'été précédent, pas une semaine ne s'était écoulée sans que l'on parle de criminels qui enlevaient des enfants et les filmaient au moment où ils abusaient d'eux. J'imaginais tout cela très précisément : des groupes d'hommes qui m'entraînent dans une cave et me touchent partout pendant que d'autres prennent des photos. Jusqu'à cet instant, j'étais persuadée que j'allais bientôt mourir. Ce qui me menaçait à présent me paraissait bien pire.

Je ne sais plus combien de temps nous avons roulé. Lorsque nous nous sommes arrêtés, nous étions dans une forêt de pins comme on en trouve de nombreuses à l'extérieur de Vienne. Mon ravisseur coupa le moteur et se remit à téléphoner. Quelque chose semblait être allé de travers. « Ils ne viennent pas, ils ne sont pas là ! » grommelait-il. Il paraissait anxieux, comme un homme traqué. Mais peut-être cela aussi n'était-il qu'un truc : peut-être voulait-il que je me solidarise avec lui, contre ces « autres » auxquels il devait me livrer et qui le laissaient en plan. Peut-être s'était-il aussi contenté de les inventer pour aviver ma peur et me tétaniser.

Le ravisseur descendit de voiture et m'ordonna de ne pas bouger. J'obéis sans rien dire. Jennifer n'avait-elle pas voulu s'enfuir, elle aussi, d'un véhicule de ce genre ? Comment s'y était-elle prise ? Et quelle erreur avait-elle commise ? Tout se mélangeait dans ma tête. S'il n'avait pas verrouillé la portière, je pourrais peut-être la faire coulisser et l'ouvrir. Mais ensuite ? Deux pas lui suffiraient pour me rejoindre. Je ne courais pas très vite. Je n'avais aucune idée non plus de la forêt dans laquelle nous nous trouvions et de la direction à prendre. Et puis il y avait « les autres », ceux qui devaient venir me chercher et qui pouvaient être n'importe où. Je les vis comme s'ils étaient déjà là, courant derrière moi, m'attrapant et me jetant au sol. Et puis je me vis cadavre dans ce bois, enterrée sous un pin.

Je pensai à mes parents. L'après-midi, ma mère viendrait me chercher à la garderie, et l'animatrice lui dirait : « Mais Natascha n'est pas venue aujourd'hui ! » Ma mère allait se faire du souci, et je n'avais aucune possibilité de le lui éviter. L'imaginer à la garderie sans m'y trouver me déchirait le cœur.

Qu'est-ce qui pouvait m'arriver ? Ce matin-là, j'étais partie sans un mot d'adieu, sans un baiser. « On ne sait jamais si l'on se reverra. »

Les mots du ravisseur me firent sursauter. « Ils ne viennent pas. » Puis il remonta, démarra et repartit.

Cette fois, les pignons et les toits des maisons que je pouvais tout juste apercevoir par la bande étroite des vitres latérales me permirent de comprendre dans quelle direction roulait la voiture : nous revînmes vers les faubourgs de la ville, puis nous prîmes la route menant à Gänserndorf.

— Où allons-nous ? demandai-je.

— À Strasshof, répondit l'homme, en toute franchise.

Une profonde tristesse s'empara de moi lorsque nous traversâmes Süssenbrunn. Nous passâmes devant l'ancienne boutique de ma mère, celle qu'elle avait abandonnée peu de temps auparavant. Trois semaines plus tôt, à la même heure, elle aurait été assise au bureau, à traiter la paperasse. Je la voyais comme si elle était devant moi, je voulus crier mais n'émis qu'un faible gémissement lorsque je reconnus la ruelle menant à la maison de ma grand-mère. C'est ici que j'avais vécu les moments les plus heureux de mon enfance.

La voiture s'immobilisa dans un garage. L'homme m'ordonna de rester assise sur le plancher de la fourgonnette et coupa le moteur. Puis il descendit, alla chercher une couverture bleue, me la jeta dessus et la noua fermement. Je n'arrivais pratiquement plus à respirer, une pénombre absolue régnait autour de moi. Lorsqu'il me souleva comme un paquet ficelé et me sortit de la voiture, je fus prise de panique. Il fallait que je sorte de sous cette couverture. Et que j'aille aux toilettes.

Ma voix était sourde et déformée sous le tissu lorsque je lui demandai de me poser et de me laisser aller aux WC. Il marqua un temps d'arrêt, puis me fit sortir de la couverture et me guida, par un vestibule, jusqu'à de petites toilettes pour invités. Depuis le couloir, je pus jeter un rapide regard dans les pièces attenantes. L'aménagement paraissait propret et coûteux – ce qui me confirmait que j'étais vraiment la victime d'un crime : dans les séries policières que je voyais à la télévision, les criminels avaient toujours des maisons aménagées à grands frais.

L'homme resta devant la porte et attendit. Je fermai aussitôt le verrou et respirai. Mais mon soulagement ne dura que quelques secondes : la pièce n'avait pas de fenêtre, j'étais prisonnière. La seule issue était la porte et je ne pourrais pas rester éternellement enfermée. D'autant qu'il n'aurait aucun mal à la forcer.

Lorsque je finis par sortir des toilettes, l'homme m'enveloppa de nouveau dans la couverture, et je me remis à étouffer dans l'obscurité. Il me souleva, et je sentis qu'il me faisait descendre plusieurs marches : une cave ? Arrivé en bas, il me posa par terre, me tira un peu en avant par la couverture, me reprit sur son épaule et continua son chemin. J'eus l'impression qu'une éternité s'écoulait avant qu'il ne me repose. Puis j'entendis ses pas s'éloigner.

Je retins mon souffle et tendis l'oreille. Rien. On ne percevait pas le moindre bruit. Il me fallut malgré tout un certain temps avant d'oser m'extraire prudemment de la couverture. Il faisait totalement noir. L'air étrangement chaud semblait chargé de poussière. Je sentais sous moi le sol froid et nu. Je me laissai rouler dessus et gémis doucement. Ma voix paraissait tellement bizarre, dans ce silence, que je me fis peur et me tus. J'ignore aujourd'hui combien de temps je restai ainsi allongée. Au début, je tentai encore de compter les secondes et les minutes. Vingt et une, vingt-deux, marmonnai-je au fur et à mesure que s'écoulaient les secondes. Quant aux minutes, j'essayai de les dénombrer avec les doigts. Mais je me trompais tout le temps dans mes calculs, et c'était la dernière des choses à faire ! Il fallait que je me concentre, que je note le moindre détail ! En réalité, je perdis très rapidement toute notion du temps. L'obscurité, l'odeur écœurante, tout cela se déposa sur moi comme un drap noir.

Lorsque l'homme revint, il apporta une ampoule qu'il vissa sur une douille, contre la paroi. La lumière crue qui se répandit subitement m'aveugla et ne m'apaisa pas du tout, car je voyais désormais l'endroit où je me trouvais. C'était une petite pièce vide et lambrissée ; une couchette sans literie était fixée au mur à l'aide de crochets. Le sol était en stratifié blanc. Dans un coin se trouvaient des toilettes sans couvercle, contre une paroi un double lavabo en inox.

Était-ce à cela que ressemblait le repaire secret d'une bande de criminels ? Un club d'amateurs de sexe ? Les murs couverts de bois clair me rappelaient un sauna, déclenchant en moi une série d'associations d'idées : sauna dans la cave – pédophiles – criminels. J'imaginai de gros hommes en sueur se pressant autour de moi dans cette pièce étroite. Mais on ne voyait ni le poêle, ni les baquets en bois que l'on trouve normalement dans les saunas.

L'homme m'ordonna de me lever, de me placer à une certaine distance de lui et de ne pas bouger. Puis il commença à démonter la banquette et à dévisser du mur les crochets auxquels elle était fixée. Pendant ce temps-là, il me parlait de la voix douce et apaisante que les gens réservent généralement à leur animal domestique. Je ne devais pas avoir peur, me dit-il, tout irait bien pourvu que je respecte ses consignes. En prononçant ces mots, il me regardait comme un fier propriétaire contemple son nouveau chat – ou pire encore : comme un enfant regarde son nouveau jouet. En s'en réjouissant à l'avance, mais en se demandant tout de même un peu ce qu'il va pouvoir en faire.

Au bout d'un certain temps, ma panique finit par se calmer, et j'osai lui adresser la parole. Je le suppliai :

— Je ne raconterai rien à personne. Si tu me laisses partir maintenant, personne ne remarquera rien. Je dirai juste que j'ai fait une fugue. Si tu ne me gardes pas toute la nuit, il ne t'arrivera rien.

Je tentai de lui expliquer qu'il commettait une lourde erreur, que l'on était déjà à ma recherche et qu'on me trouverait à coup sûr. Je fis appel à son sens des responsabilités, j'implorai sa pitié. Cela ne servit à rien. Il me fit comprendre sans la moindre équivoque que je passerais la nuit dans ce cachot.

J'ignore comment j'aurais réagi si j'avais pressenti que cette pièce serait, pour trois mille quatre-vingt seize nuits, à la fois mon refuge et ma prison. Je le comprends bien aujourd'hui : savoir que je devrais passer cette première nuit dans la cave déclencha un mécanisme qui me sauva sans doute la vie, mais n'allait pas sans danger. Ce qui paraissait encore impensable un peu plus tôt était désormais un fait : j'étais enfermée dans la cave d'un criminel et je ne serais en tout cas pas libérée ce jour-là. Mon monde subit une secousse, la réalité se décala un peu. J'acceptai ce qui était arrivé, et au lieu d'affronter cette situation nouvelle dans le désespoir et la colère, je m'y pliai. Lorsqu'on est adulte, on sait que l'on perd une partie de soi-même quand il faut tolérer des faits que l'on n'aurait jamais imaginés avant leur survenue. Le sol sur lequel on s'est construit se fissure alors. Et pourtant, l'unique bonne réaction est de s'adapter, car c'est ce qui garantit la survie. Lorsqu'on est enfant, on agit de manière plus intuitive. J'étais intimidée, je ne me défendais pas, je commençais au contraire à m'installer dans cette situation – pour une seule nuit, dans un premier temps.

Il me paraît presque déconcertant, aujourd'hui, que ma panique ait fait place à un certain pragmatisme. Je ne comprends pas comment j'ai pu savoir aussi vite que mes implorations étaient vaines et qu'elles glisseraient sur cet homme comme n'importe quelle autre parole. Je ne comprends pas non plus quel instinct m'a poussée à accepter la situation pour supporter cette nuit interminable dans la cave.

Une fois la banquette dévissée du mur, il me demanda de quoi j'avais besoin. Une situation absurde : on aurait dit que j'allais passer la nuit à l'hôtel et que j'avais oublié mon nécessaire.

— Une brosse à cheveux, une brosse à dents, du dentifrice et un gobelet. Mais un pot de yaourt fera l'affaire.

Mon cerveau fonctionnait normalement. L'homme annonça qu'il devait aller chercher un matelas dans son appartement à Vienne.

— C'est ta maison ? demandai-je sans obtenir de réponse. Pourquoi ne peux-tu pas me loger là-bas ?

Il m'expliqua que ce serait beaucoup trop dangereux : des parois minces, des voisins attentifs, je pourrais crier. Je lui promis de me tenir tranquille si seulement il me conduisait à Vienne. Mais cela ne servit à rien.

Au moment où il quitta la pièce à reculons et ferma la porte à clef, ma stratégie de survie se mit à vaciller. J'aurais tout fait pour qu'il reste ou me prenne avec lui : tout fait pour ne pas être seule.

Je restai accroupie sur le sol, mes bras et mes jambes étaient bizarrement engourdis, ma langue collait lourdement à mon palais. Mes réflexions se focalisaient sur l'école, comme si je cherchais un appui dans des points de repère temporels – alors que je les avais déjà perdus depuis longtemps. Quel cours donne-t-on à cette heure-là ? La grande récréation est-elle déjà terminée ? Quand ont-ils remarqué que je n'étais pas là ? Quand vont-ils comprendre que je ne viendrai pas du tout ? Vont-ils informer mes parents ? Comment vont-ils réagir ?

Penser à mes parents me fit monter les larmes aux yeux. Mais je n'avais pas le droit de pleurer. Je devais être forte et garder le contrôle. Un Indien ne connaît pas la douleur – et puis demain, certainement, tout cela serait terminé. Alors tout irait bien. Le choc de m'avoir presque perdue pousserait mes parents à se réconcilier et à me traiter gentiment. Je les imaginai assis ensemble à table, pendant le repas, me demandant dans un mélange de fierté et d'admiration comment j'avais surmonté tout cela. J'imaginai le premier jour à l'école. Me rirait-on au nez ? Ou bien me célébrerait-on comme un enfant prodige, moi qui en étais sortie libre alors que tous ceux à qui arrivaient des choses de ce genre terminaient en cadavres dans un étang ou une forêt ? J'imaginai mon triomphe – et la petite gêne qui l'accompagnerait –, je les voyais tous rassemblés autour de moi, posant inlassablement les mêmes questions : « Est-ce la police qui t'a libérée ? » Et d'ailleurs, la police pourrait-elle me libérer ? Comment me retrouverait-elle ? « Comment as-tu pu t'enfuir ? » « Où as-tu trouvé le courage de t'évader ? » En aurais-je seulement le courage ?

La panique me regagna : je n'avais aucune idée de la manière dont je pourrais sortir d'ici. À la télévision, on se contentait de « maîtriser » les criminels. Mais comment ? Je serais peut-être même obligée de le tuer ? Je savais qu'on meurt d'un coup de couteau au foie, je l'avais lu dans le journal. Mais où se trouve précisément le foie ? Trouverais-je le bon endroit ? Et avec quoi devais-je frapper ? En étais-je seulement capable ? Tuer quelqu'un, moi, une petite fille ? Je ne pus m'empêcher de penser à Dieu. Dans ma situation, était-il permis de tuer quelqu'un, même si l'on n'avait pas d'autre choix ? Tu ne tueras point. Je tentai de me rappeler si nous avions parlé de ce commandement au cours d'instruction religieuse, et s'il existait des exceptions à cette règle. Aucune ne me vint à l'esprit.

Un bruit sourd m'arracha à mes pensées. L'homme était de retour.

Il avait apporté un étroit matelas en mousse d'environ huit centimètres d'épaisseur, qu'il posa par terre. L'objet semblait venir d'un surplus militaire, ou bien avoir garni une balancelle. Lorsque je m'y assis, l'air s'échappa aussitôt du mince tissu, et je sentis la dureté du sol. Le ravisseur avait apporté tout ce que je lui avais demandé. Et même des gâteaux. Des petits-beurre couverts d'une épaisse couche de chocolat. Mes préférés, auxquels je n'avais d'ailleurs plus droit parce que j'étais trop grosse. Ces gâteaux firent monter en moi une nostalgie irrésistible et une suite de souvenirs humiliants. Ce regard, lorsque quelqu'un me disait : « Mais tu ne vas pas manger ça ! Tu es déjà bien assez ronde. » La honte lorsque tous les enfants tendaient la main et qu'on retenait la mienne. Et ce sentiment de bonheur quand le chocolat fondait lentement dans ma bouche.

Lorsque l'homme ouvrit l'emballage des gâteaux, mes mains se mirent à trembler. Je voulais qu'il m'en donne, mais la nervosité et la peur m'avaient desséché la bouche. Je savais que je ne les avalerais pas. Il me tint le paquet sous le nez jusqu'à ce que j'en sorte un que je découpai en petits morceaux. Quelques éclats de chocolat s'en détachèrent, et je les glissai dans ma bouche. Je ne pouvais pas manger plus que cela.

Au bout d'un moment, l'homme s'éloigna de moi et se dirigea vers mon cartable, posé dans un coin, sur le sol. Lorsqu'il le souleva et s'apprêta à repartir, je le suppliai de me le laisser – perdre mes seules affaires personnelles dans cet environnement perturbant me donnait le sentiment de marcher dans le vide. Il me regarda avec une expression confuse.

— Tu pourrais y avoir caché un émetteur et t'en servir pour appeler à l'aide, dit-il. Tu me mènes en bateau, tu joues l'idiote ! Tu es bien plus intelligente que tu ne veux le montrer !

Ce changement d'humeur subit m'inquiéta. Avais-je fait quelque chose de travers ? Et quel genre d'émetteur pouvais-je bien avoir dans mon sac qui ne contenait, hormis quelques livres et crayons, que mon goûter matinal ? Je ne comprenais rien à son comportement étrange. Aujourd'hui, cette phrase m'apparaît comme le premier indice du fait que ce criminel était un malade mental paranoïde. On ne connaissait à l'époque aucun émetteur qui aurait permis de localiser les enfants à distance – et même aujourd'hui, alors que cette possibilité existe, on y a très rarement recours. Mais en 1998, mon ravisseur craignait vraiment que je n'aie dissimulé des moyens de communication aussi futuristes. Au point que, dans sa folie, il pensait qu'un petit enfant pouvait provoquer l'effondrement d'un monde qui n'existait que dans sa tête.

Le rôle qu'il m'attribuait dans cet univers mental changeait à la vitesse de l'éclair : à un moment, il semblait vouloir rendre aussi agréable que possible mon séjour forcé dans sa cave. Et l'instant d'après, il voyait en moi, fillette sans force, sans armes et *a fortiori* sans émetteur radio, un ennemi qui en voulait à sa vie. J'étais la victime d'un fou, j'étais devenue un personnage dans le théâtre de son esprit malade. Mais je ne le compris pas à l'époque. Je ne savais rien des maladies psychiques, des obsessions et des bouffées délirantes qui font naître une nouvelle réalité dans l'imagination des personnes concernées. Je le traitais comme un adulte normal – je n'avais de toute façon jamais compris non plus les réflexions et les motivations des grandes personnes.

Mes implorations n'aboutirent à rien : l'homme prit le cartable et se dirigea vers la porte. Elle s'ouvrait vers l'intérieur et n'avait pas de poignée du côté du cachot, juste un petit bouton rond planté dans le bois d'une manière tellement lâche qu'on pouvait l'en retirer.

Lorsque la porte se referma, je me mis à pleurer. J'étais seule, enfermée dans une pièce vide, quelque part sous la terre. Sans mon cartable, sans les tartines que m'avait préparées ma mère quelques heures plus tôt. Sans les serviettes dans lesquelles elles étaient enveloppées. J'avais l'impression qu'il m'avait arraché une partie de moi-même, qu'il avait coupé le lien avec ma mère et la vie que je menais jusqu'alors.

Je m'accroupis sur le matelas et me mis à gémir dans mon coin. Les murs lambrissés semblaient se rapprocher, le plafond s'effondrait sur moi. J'avais le souffle faible et rapide, je respirais à peine, l'angoisse me prenait peu à peu en étau. C'était un sentiment atroce.

Adulte, je me suis souvent demandé comment j'ai surmonté ce moment-là. Les événements étaient tellement angoissants que j'aurais pu me briser dès le début de ma captivité. Mais l'esprit humain peut réaliser d'étonnantes prouesses en se créant ses propres illusions, en se retirant pour ne pas capituler devant une situation qu'il est incapable d'appréhender de manière logique.

Je sais aujourd'hui que j'ai subi à cette époque une régression mentale. L'intelligence de la jeune fille de dix ans s'atrophia pour revenir à celle d'un petit enfant de quatre ou cinq ans. Un enfant qui accepte le monde autour de lui comme un état de fait donné, dont les points de repère indispensables pour percevoir une normalité et ne pas s'écrouler ne sont pas la représentation logique de la réalité, mais les petits rituels du quotidien enfantin. Mon sort était tellement éloigné de ce à quoi l'on pouvait s'attendre que je régressai malgré moi à ce palier de conscience : je me sentais petite, exemptée de toute responsabilité. Cet homme qui m'avait enfermée dans sa cave était le seul adulte présent, et donc la seule personne d'autorité qui saurait ce qu'il fallait faire. Je n'aurais qu'à me conformer à ses exigences, et tout irait bien. Ensuite, tout se déroulerait comme à l'habitude : le rituel du soir, la main de ma mère sur la couverture, le baiser du soir, une personne aimée à laquelle je pourrais me référer, qui laisserait encore une petite lampe allumée et se faufilerait discrètement hors de la pièce.

Ce retour intuitif au comportement d'un enfant en bas âge fut la deuxième transformation importante au cours de cette première journée de captivité. C'était la tentative désespérée de créer un îlot familier dans des circonstances sans issue. Lorsque l'homme revint dans mon cachot, je lui demandai de rester auprès de moi, de border mon lit et de me raconter une histoire pour m'endormir. Je souhaitai même qu'il me donne un baiser de bonne nuit comme le faisait ma mère avant de refermer doucement la porte de ma chambre d'enfant. Tout pour préserver l'illusion de la normalité. Et il joua le jeu. Il alla chercher dans mon cartable, qu'il avait posé quelque part devant mon cachot, un petit manuel où l'on trouvait des contes et des histoires brèves, il m'allongea sur le matelas, me recouvrit d'une mince couverture et s'assit par terre. Puis il se mit à lire : « La princesse au petit pois, deuxième partie ».

Au début, il s'arrêtait tout le temps, il me racontait à voix basse, presque timidement, ces histoires de prince et de princesse. À la fin, il m'embrassa sur le front. L'espace d'un instant, j'eus l'impression d'être couchée dans mon lit moelleux, dans la sécurité de ma chambre d'enfant. Il laissa même la lumière allumée.

C'est seulement lorsqu'il sortit et referma la porte que cette illusion protectrice éclata comme une bulle de savon.

Je ne dormis pas cette nuit-là. Je roulai d'un côté à l'autre du matelas, vêtue de ma robe que je n'avais pas voulu enlever. Cette robe qui me donnait une allure tellement informe était la dernière chose qui me restait.

3

Un vain espoir de salut

Les premières semaines de cachot

« *Les autorités autrichiennes enquêtent actuellement sur la disparition d'une fillette, Natascha Kampusch, dix ans. C'est le 2 mars que la petite fille a été vue pour la dernière fois. Le trajet qui la menait à l'école et où l'on a perdu sa trace est assez long. On aurait vu une fillette en anorak rouge poussée dans une fourgonnette blanche.* »

Émission de télévision
Aktenzeichen XY ungelöst,
27 mars 1998

Le lendemain, j'entendis pendant un certain temps les bruits du ravisseur avant de le voir entrer dans mon cachot. Je ne savais pas à l'époque combien de précautions il avait prises pour rendre impossible l'ouverture de ma prison, mais les bruits qui se rapprochaient lentement me permettaient déjà de constater qu'il lui fallait se livrer à beaucoup de manipulations pour y accéder.

J'étais debout dans le coin, le regard rivé à la porte, lorsqu'il entra dans cette pièce de cinq mètres carrés. Il me paraissait plus jeune que le jour de l'enlèvement : un homme fluet aux traits juvéniles, une coiffure brune bien rangée des deux côtés d'une raie, comme l'élève modèle d'un lycée de banlieue. Son visage était doux et, à première vue, n'annonçait rien de mauvais. Il fallait l'observer longuement pour remarquer l'ombre de folie tapie derrière cette façade de petit-bourgeois bien rangé. Mais cette façade se fissurerait profondément par la suite.

Je l'assaillis aussitôt de questions : « Quand vas-tu me libérer ? Pourquoi me retiens-tu ici ? Qu'est-ce que tu veux me faire ? »

Il répondait par monosyllabes et enregistrait le moindre de mes gestes de la manière dont on garde à l'œil un animal captif : il ne me tournait jamais le dos et je devais toujours rester à environ un mètre de lui.

Je tentai de le menacer : « Si tu ne me laisses pas partir tout de suite, tu vas avoir de gros problèmes ! La police me cherche depuis très longtemps, elle va me trouver et elle sera bientôt ici ! Après tu iras en prison ! Tu n'en as pas envie, si ? » « Laisse-moi partir, et tout ira bien. » « Allez, s'il te plaît, tu me laisses partir ? »

Il promit de me libérer rapidement. Puis il se retourna, retira le bouton de la porte et la verrouilla de l'extérieur, comme s'il avait ainsi répondu à toutes mes questions.

Je tendis l'oreille, accablée, espérant qu'il ferait demi-tour. Rien. J'étais complètement coupée du monde extérieur. Aucun son ne pénétrait, on ne voyait pas le moindre filet de lumière filtrer par les fentes du lambris. L'air sentait le renfermé et se déposait sur moi comme un film humide qu'il m'était impossible d'ôter. L'unique bruit qui m'accompagnât était le cliquetis du ventilateur qui, par un tuyau installé au plafond, soufflait dans le garage, puis dans ma prison, de l'air venu des combles. Ce bruit était une pure et simple torture : jour et nuit, il ronronnait dans mon réduit, jusqu'à devenir irréel et strident, me forçant à me couvrir les oreilles des mains pour ne plus l'entendre. Lorsque le ventilateur chauffait, il se mettait à empester et ses pales se courbaient. Le bruit lancinant ralentissait, mais se doublait d'un deuxième. Toc. Toc. Toc. Et entre les deux, de nouveau, le frottement. Il y avait des jours où ce bruit obsédant n'emplissait pas seulement le moindre recoin de la pièce, mais aussi le plus petit espace dans ma tête.

Pendant mes premières journées dans ce cachot, l'homme laissait la lumière allumée vingt-quatre heures sur vingt-quatre. Je le lui avais demandé parce que j'avais peur de la solitude dans l'obscurité complète. Mais cette clarté scintillante et permanente était presque aussi pénible. Elle me faisait mal aux yeux et me plongeait dans un état de veille artificiel d'où je ne parvenais plus à sortir : même lorsque je tirais la couverture sur ma tête pour atténuer la lumière, mon sommeil était agité et superficiel. La peur et la lumière vive n'admettaient jamais qu'une légère somnolence d'où je m'éveillais à chaque fois en sursaut, avec le sentiment d'être en plein jour. Mais dans l'éclairage artificiel de cette cave hermétiquement fermée, rien ne séparait plus le jour et la nuit.

Je sais aujourd'hui qu'exposer des prisonniers à un éclairage artificiel constant était une méthode de torture répandue, et qu'elle l'est sans doute restée jusqu'à ce jour dans certains pays. Sous l'effet d'une lumière extrêmement puissante et constante, les plantes se fanent et les animaux meurent. Pour les humains, c'est une torture perfide, plus efficace que la violence physique : le biorythme et le sommeil en sont tellement perturbés que le corps fonctionne comme s'il était paralysé par un profond épuisement et qu'au bout de quelques jours le cerveau ne réagit déjà plus correctement. Tout aussi cruelle et efficace, la torture par exposition permanente à des sons auxquels on ne peut échapper. Par exemple, le bourdonnement et le frottement d'un ventilateur.

J'avais l'impression d'être conservée vivante dans une salle aux trésors souterraine. Ma prison n'était pas tout à fait carrée : environ deux mètres soixante-dix de long, un mètre quatre-vingts de large et un peu moins de deux mètres quarante en hauteur. Onze mètres cube et demi d'air vicié. Moins de cinq mètres carrés de surface au sol, sur lesquels je faisais des va-et-vient comme un tigre dans sa cage, toujours d'un mur à l'autre. Six pas aller, six pas retour dans le sens de la longueur. Quatre pas aller, quatre pas retour en largeur. Je pouvais faire le tour de mon cachot en vingt pas.

Marcher apaisait à peine ma panique. Dès que je m'arrêtais, dès que le bruit de mes pieds sur le sol se taisait, elle remontait en moi. J'avais la nausée, je craignais de devenir folle. Que veux-tu qu'il t'arrive ? Vingt et un, vingt-deux... soixante. Six en avant, quatre à gauche. Quatre à droite, six en arrière.

Le sentiment d'être dans une impasse m'accablait de plus en plus. Je savais, dans le même temps, que je n'avais pas le droit de me laisser écraser par ma peur, que je devais faire quelque chose. Je pris l'une des bouteilles d'eau minérale dans lesquelles l'homme m'avait apporté de l'eau du robinet fraîche, et m'en servis pour frapper de toutes mes forces contre le revêtement mural. D'abord en rythme et avec énergie, jusqu'à en avoir le bras paralysé. À la fin, ce n'était plus qu'un tambourinement désespéré auquel se mêlaient mes appels au secours. Et la bouteille finit par me glisser de la main.

Personne ne vint. Personne ne m'avait entendue, peut-être même pas mon ravisseur. Épuisée, je m'effondrai sur mon matelas et me roulai en boule comme un petit animal. Mon cri se transforma en sanglot. Pleurer dissipa au moins le désespoir pour un bref instant et me tranquillisa. Cela me rappelait mon enfance, quand je fondais en larmes pour un rien, et en oubliais rapidement le motif.

Ma mère avait prévenu la police la veille au soir. Ne me voyant pas revenir à la maison à l'heure convenue, elle avait d'abord appelé la garderie, puis l'école. Personne ne pouvait expliquer ma disparition. Le lendemain, la police lança une opération pour me retrouver. Je sais, pour l'avoir lu dans des journaux de l'époque, que des centaines de policiers accompagnés de chiens passèrent au peigne fin les environs de mon école et de ma cité. Ils ne trouvèrent pas le moindre point de repère susceptible de réduire le périmètre des recherches. On alla vérifier dans les arrière-cours, les petites rues, les jardins publics, on inspecta la rive du Danube. On fit appel à des hélicoptères, on colla des affiches dans toutes les écoles. Chaque heure qui passait voyait arriver des appels de personnes qui prétendaient m'avoir vue dans des lieux différents. Mais aucune de ces pistes ne mena jusqu'à moi.

Au cours des premiers jours de ma captivité, je tentai constamment d'imaginer ce que ma mère était en train de faire. Je la voyais me chercher partout, je voyais son espoir s'amenuiser jour après jour. Elle me manquait tant que le sentiment de la perte menaçait de me dévorer de l'intérieur. J'aurais tout donné pour l'avoir auprès de moi, avec son énergie et sa force. Je suis étonnée, après coup, de voir quel poids les médias ont accordé à notre dernière dispute dans l'interprétation qu'ils faisaient de mon affaire. Comme si mon départ sans dire au revoir avait révélé quelque chose de mes relations avec ma mère. Même si je m'étais sentie rejetée et méprisée pendant la séparation éprouvante de mes parents, tout le monde devait tout de même bien comprendre que, dans une situation extrême, un enfant appelle presque automatiquement sa mère en son for intérieur. Sans elle, sans mon père, j'étais sans défense, et savoir qu'ils n'avaient pas de nouvelles de moi me plongeait dans une terrible tristesse. Il y avait des jours où l'inquiétude que je ressentais pour mes parents était un fardeau bien plus lourd à porter que la peur. Je passai des heures à me demander comment je pourrais au moins leur faire savoir que j'étais en vie. Pour qu'ils ne désespèrent pas totalement. Et qu'ils ne renoncent pas à me rechercher.

Au début, j'espérais encore chaque jour, chaque heure, que la porte allait s'ouvrir et que quelqu'un viendrait me sauver. L'espoir qu'on ne me laisse pas disparaître aussi simplement que cela m'aida à supporter ces heures interminables passées dans la cave. Mais les journées se succédaient et personne ne venait. Sauf mon ravisseur.

Après coup, il semble évident qu'il avait préparé l'enlèvement depuis longtemps : pourquoi, autrement, aurait-il consacré des années à construire une geôle que l'on ne pouvait ouvrir que de l'extérieur et qui était juste assez grande pour qu'une personne puisse y survivre ? Mais, j'en fis à maintes reprises l'expérience au cours de mes années de captivité, cet homme était un anxieux, un paranoïaque persuadé que le monde était méchant et que des gens le traquaient. Il est tout aussi possible qu'il ait construit ce réduit comme bunker, pour se préparer à un bombardement nucléaire ou à une troisième guerre mondiale : un refuge contre tous ceux qui le poursuivaient secrètement.

Quelle version est la bonne ? On ne peut plus répondre aujourd'hui à cette question. Les propos de son ancien collègue de travail, Ernst Holzapfel, autorisent les deux interprétations. Lors de son audition, il a expliqué que mon ravisseur lui avait un jour demandé comment on pouvait assurer dans une pièce une isolation phonique suffisante, le bruit d'une perceuse à percussion étant audible dans toute la maison.

Envers moi, en tout cas, mon ravisseur ne se comporta jamais comme un homme qui s'est préparé pendant des années à enlever un enfant et dont le vœu longtemps caressé s'est enfin exaucé. Au contraire : il faisait l'effet de quelqu'un auquel une vague relation aurait confié sans le prévenir un enfant mal aimé, et qui ne saurait plus quoi faire de cette petite créature dont il était incapable de satisfaire les besoins.

Pendant les premiers jours, le ravisseur me traita comme un tout petit enfant. Cela répondait en partie à mes attentes, puisque j'avais mentalement régressé au stade émotionnel d'une fillette de maternelle : il apportait à manger tout ce que je voulais, et je me comportais comme si j'étais venue passer la nuit chez une lointaine grand-tante à laquelle on pouvait faire accroire que le chocolat était un petit déjeuner adéquat. Je demandai de la tisane aux fruits et des croissants. Il revint effectivement au bout d'un certain temps avec un thermos plein de tisane de cynorhodon et un croissant brioché acheté dans la boulangerie la plus connue de la ville. L'impression sur le sac en papier confirma ma supposition : j'étais bien retenue quelque part à Strasshof. Une autre fois, je lui demandai des bretzels avec de la moutarde et du miel. Cette commande fut aussitôt satisfaite. J'avais du mal à comprendre que cet homme qui m'avait tout pris exauce tous mes vœux.

Mais sa tendance à me traiter comme un enfant en bas âge avait aussi de mauvais côtés. Lorsqu'il me donnait une orange, il l'épluchait et me glissait chaque morceau dans la bouche comme si je ne pouvais pas manger toute seule. Un jour où je voulais du chewing-gum, il refusa par crainte que je ne m'étouffe. Le soir, il me forçait à ouvrir la bouche et me lavait les dents comme si j'avais trois ans et étais incapable de tenir ma brosse. Au bout de quelques jours, il m'attrapa brutalement la main, la serra et me coupa les ongles.

Je me sentis rabaissée, comme s'il m'avait ôté le reste de dignité que je tentais encore de conserver dans cette situation. Je savais, dans le même temps, que j'avais fait moi-même une partie du chemin vers ce stade qui m'assurait une certaine protection. Car j'avais pu ressentir dès le premier jour à quel point cet homme, dans sa paranoïa, hésitait entre me traiter comme si j'étais trop petite ou comme si j'étais trop indépendante.

Je me pliai au rôle qui m'était assigné. La fois suivante, lorsque l'homme entra dans le cachot pour m'apporter à manger, je fis tout pour qu'il reste. J'implorai. Je quémandai. J'essayai de capter son attention pour qu'il s'occupe de moi, pour qu'il joue avec moi. Le temps que je passais seule dans ce réduit me rendait folle.

C'est ainsi qu'au bout de quelques jours je me retrouvai dans ma prison à jouer avec mon ravisseur aux dames et aux petits chevaux. La situation me paraissait irréelle, j'avais l'impression d'être dans un film absurde. Personne, dans le monde extérieur, ne croirait que la victime d'un enlèvement ait pu faire des pieds et des mains pour jouer aux petits chevaux avec son kidnappeur. Mais le monde extérieur n'était plus le mien. J'étais un enfant, j'étais seule, et il n'y avait qu'une personne capable de me sauver de cette solitude accablante : celle qui m'y avait plongée.

J'étais assise sur mon matelas avec le ravisseur, je jetais les dés et faisais avancer mes pions. Je regardais fixement le motif de l'échiquier et les petites figures colorées, je tentais de faire abstraction de l'espace qui m'entourait et de me représenter ce criminel comme un ami paternel qui prenait généreusement de son temps pour jouer avec un enfant. Plus j'arrivais à me laisser captiver par le jeu, plus ma panique s'apaisait. Lorsque j'étais à deux doigts de gagner une partie, je commettais discrètement une erreur pour repousser le moment où je serais seule.

La présence de l'homme me parut être la garantie que l'horreur finale me serait épargnée. Car à toutes ses visites, il parlait de ses prétendus donneurs d'ordre avec lesquels il avait frénétiquement communiqué ou tenté de le faire le jour de mon enlèvement, ces hommes qui m'avaient « commandée ». Je continuais à penser qu'il s'agissait d'un réseau de pédo-pornographie. Lui-même ne cessait de tenir à voix basse des propos sur les gens qui viendraient me photographier et « faire d'autres choses avec moi », ce qui confirmait mes craintes. Il m'arrivait certes de penser que l'histoire qu'il me servait ne collait pas, que ces mystérieux commanditaires n'existaient sans doute pas du tout. Il avait vraisemblablement inventé ces hommes de l'ombre pour m'intimider. Mais je ne pouvais pas en être certaine, et tout imaginaires qu'ils fussent, ils remplissaient leur objectif : je vivais dans l'angoisse permanente de voir d'un instant à l'autre une horde de brutes entrer dans mon cachot et s'abattre sur moi.

Les images et les bribes de reportages que j'avais grappillées dans les médias au cours des mois précédents se condensaient pour former des scénarios de plus en plus effrayants. Je tentais de les refouler – tout en m'imaginant ce que les criminels pourraient faire de moi. Comment cela fonctionnerait avec un enfant. Quels objets ils utiliseraient. S'ils feraient ça tout de suite, ici, dans le cachot, ou bien m'emmèneraient dans une villa, un sauna, ou une mansarde comme dans le dernier cas évoqué aux informations.

Lorsque j'étais seule, j'essayais toujours de me placer de telle sorte que je gardais la porte en ligne de mire. La nuit, je dormais comme un animal traqué, d'un seul œil, sur le qui-vive en permanence : je ne voulais pas que les hommes auxquels j'étais censée devoir être remise me prennent par surprise et sans défense dans mon sommeil. J'étais sous tension à chaque seconde, toujours sous adrénaline, poussée par une angoisse à laquelle je ne pouvais pas échapper dans cet espace réduit. La peur des prétendus « destinataires véritables » me faisait prendre celui qui affirmait m'avoir enlevée à leur demande pour un soutien attentif et amical : tant que j'étais auprès de lui, l'horreur attendue ne surviendrait pas.

Au cours des journées qui suivirent mon enlèvement, mon cachot commença à se remplir de toutes sortes de choses. L'homme m'apporta d'abord des vêtements frais : je ne possédais plus que ce que je portais sur moi. Mon linge, mes collants, ma robe, mon anorak. Il avait brûlé mes chaussures pour détruire des traces éventuelles. C'étaient celles aux épaisses semelles compensées que j'avais reçues pour mon dixième anniversaire. Ce jour-là, lorsque j'étais entrée dans la cuisine, un gâteau m'attendait sur la table, avec dix bougies, à côté d'un carton emballé dans du papier brillant aux couleurs vives. J'inspirai profondément et soufflai les bougies. Puis j'ôtai le ruban adhésif et le papier. Pendant des semaines, j'avais susurré à l'oreille de ma mère qu'il fallait m'acheter des chaussures semblables à celles que portaient toutes les autres. Elle avait catégoriquement refusé. Pour des enfants, avait-elle dit, ça ne valait rien, on ne pouvait pas marcher normalement avec ça. Et voilà qu'elles étaient devant moi : des ballerines noires en daim, avec une courroie fine au-dessus du cou-de-pied, et en dessous une grosse semelle ondulée en caoutchouc. J'étais aux anges ! Ces chaussures qui me faisaient grandir d'un seul coup de trois centimètres allaient très certainement faciliter mon entrée dans ma nouvelle vie de jeune fille sûre d'elle.

C'était le dernier cadeau de ma mère. Et il l'avait brûlé. Cet homme ne m'avait pas seulement ôté ainsi un lien supplémentaire avec mon ancienne vie, mais aussi un symbole : celui de la force que j'avais espéré puiser dans ces chaussures.

Le ravisseur me donna alors un de ses vieux pull-overs et des tee-shirts vert kaki, sans doute un souvenir de son service militaire. Les nuits, ils atténuèrent le froid qui venait de l'extérieur. Mais contre celui qui s'emparait de l'intérieur de moi-même, j'avais gardé en réserve mes habits personnels. Au bout de deux semaines, pour remplacer mon mince matelas en mousse, il m'apporta une chaise longue de jardin. L'assise était suspendue à des ressorts de métal qui couinaient discrètement à chaque mouvement. Ce bruit allait m'accompagner jour et nuit au cours des six mois suivants. J'avais tellement froid – il faisait sans doute à peine plus de quinze degrés – que le ravisseur installa dans cette pièce minuscule un gros radiateur électrique qui pesait très lourd. Et il me rendit mes affaires d'écolière. Il me raconta qu'il avait brûlé le cartable en même temps que les chaussures.

Ma première idée fut de faire passer un message à mes parents. Je sortis un crayon et du papier et me mis à leur écrire une lettre. Je pris plusieurs heures pour la formuler avec prudence – et je trouvai même une possibilité de leur communiquer le lieu où je me trouvais : je savais que j'étais prisonnière quelque part à Strasshof, où vivaient aussi les beaux-parents de ma sœur. J'espérais qu'une allusion à sa famille suffirait pour mettre mes parents – et la police – sur la bonne piste. Pour prouver que j'avais écrit cette lettre moi-même, j'y joignis une photo que j'avais dans ma trousse. On m'y voyait faisant du patin à glace l'hiver précédent, enveloppée dans une combinaison épaisse, le sourire aux lèvres et les joues rouges. J'eus l'impression de voir un cliché en provenance d'un monde très éloigné : un monde plein de rires d'enfants, de musique pop résonnant dans des haut-parleurs au son métallique et d'une quantité immense d'air froid. Un monde dans lequel on avait le droit, après un après-midi sur la glace, de rentrer chez soi prendre un bain avant de regarder la télévision en buvant un chocolat chaud. Je passai plusieurs minutes à étudier cette photo en gravant chaque détail dans ma mémoire, pour ne jamais oublier le sentiment que j'associais à cette sortie. Je pressentais sans doute que j'allais devoir conserver le moindre souvenir heureux pour y avoir recours dans les moments sombres. Puis je glissai le cliché avec la lettre et bricolai une enveloppe avec une autre feuille de papier.

J'attendis le ravisseur, aussi naïve que confiante.

Lorsqu'il arriva, je m'efforçai de me montrer calme et aimable.

— Il faut que tu envoies cette lettre à mes parents, pour qu'ils sachent que je suis en vie !

Il ouvrit l'enveloppe, lut ce que j'avais écrit et refusa. Je le suppliai de ne pas laisser mes parents plus longtemps dans l'incertitude. Je fis appel à sa conscience, certaine qu'il en avait une lui aussi :

— Ne sois pas aussi méchant ! lui lançai-je.

Il avait certes commis un mauvais acte, ajoutai-je, mais faire souffrir mes parents était encore bien pire. Je cherchai constamment de nouveaux arguments et lui garantis que rien ne pourrait arriver à cause de cette lettre. Après tout, il l'avait lue lui-même et savait bien que je ne l'y avais pas trahi... L'homme refusa longtemps, puis céda d'un seul coup. Il m'assura qu'il allait l'envoyer par la poste à mes parents.

C'était d'une naïveté totale, mais je voulais y croire. Je m'allongeai sur ma chaise longue et m'imaginai que mes parents allaient ouvrir la lettre, découvrir l'indice que j'y avais caché et venir me libérer. De la patience, il suffisait que j'aie un peu de patience et ce cauchemar serait terminé.

Mais le lendemain, mon bel édifice mental s'effondra comme un château de cartes. L'homme revint dans mon cachot avec un doigt blessé et affirma que « quelqu'un » lui avait arraché ma lettre au cours d'une dispute et l'avait blessé alors qu'il s'efforçait de la garder. Il laissa entendre que c'étaient ses commanditaires, qui ne voulaient pas que je prenne contact avec mes parents. Les méchants du réseau pédophile imaginaire prenaient ainsi une réalité menaçante. Et dans le même temps, mon ravisseur se plaçait en position de protecteur : il avait voulu exaucer mon vœu, et avait même été blessé en essayant de le faire.

Je sais aujourd'hui qu'il n'avait jamais eu l'intention d'envoyer cette lettre et qu'il l'a vraisemblablement brûlée, comme tous les autres objets qu'il m'avait pris. Mais à l'époque, je voulais y croire.

Au cours des premières semaines, l'homme fit tout pour ne pas nuire à l'image du prétendu protecteur. Il exauça même le plus grand de mes souhaits en m'apportant un ordinateur. C'était un vieux Commodore C64, sans grande capacité de stockage, mais accompagné de quelques disques souples avec des jeux qui me permettaient de me distraire. Dans le jeu que je préférais, on faisait évoluer un petit bonhomme à travers un labyrinthe souterrain où il devait éviter des monstres et avaler des bonus – une version un peu sophistiquée du Pacman. Je passai des heures à amasser les points. Lorsque l'homme entrait dans le cachot, nous jouions parfois l'un contre l'autre sur un écran divisé. Il me laissait souvent gagner, moi, la petite. Je vois bien aujourd'hui l'analogie avec ma propre situation dans cette cave où des monstres que je devrais éviter pouvaient faire irruption à n'importe quel instant. Mes bonus étaient des récompenses, tout comme cet ordinateur « gagné » grâce à un comportement « irréprochable ».

Lorsque je me lassai de ce jeu, je passai au Space-Pilote, qui consistait à voler dans l'espace en tirant sur des vaisseaux étrangers. Le troisième logiciel de mon C64 était un jeu de stratégie nommé « Empereur » où des souverains s'affrontent pour devenir empereur. C'est ce jeu qu'il appréciait le plus. Il envoyait ses peuples en guerre avec enthousiasme, ou bien les faisait mourir de faim et les condamnait aux travaux forcés si cela lui permettait de mieux asseoir son pouvoir et si cela ne décimait pas ses légions.

Tout cela se produisait encore dans le monde virtuel. Mais il ne fallut pas longtemps avant qu'il ne me montre son autre visage.

« Si tu ne fais pas ce que je te dis, je te couperai la lumière. »

« Si tu n'es pas gentille, je vais devoir te ligoter. »

Dans ma situation, je n'avais aucune possibilité de ne pas être « gentille », et je ne savais pas ce qu'il voulait dire. Il suffisait parfois que je fasse un mouvement un peu brusque pour qu'il change radicalement d'humeur. Ou que je le regarde alors qu'il voulait que j'aie les yeux baissés. Tout ce qui, dans mon comportement, ne correspondait pas au schéma qu'il s'était fixé, entretenait sa paranoïa. Alors il me grondait et m'accusait à chaque fois de le mener en bateau, de lui jouer la comédie. C'est sans doute l'incertitude sur le point de savoir si je ne pouvais pas, tout de même, communiquer avec le monde extérieur, qui le poussait à commettre ces dérapages verbaux. Il n'aimait pas que je m'obstine à dire qu'il me portait tort. Il voulait m'entendre témoigner de la reconnaissance lorsqu'il m'apportait quelque chose. Il souhaitait que je le remercie pour les efforts qu'il avait dû produire afin de traîner jusqu'à mon cachot le radiateur massif, ce qu'il avait fait uniquement pour moi. Dès cette époque, il commença à exiger au moins un début de gratitude. Et dès cette époque, je tentai de la lui refuser autant que possible : « Je ne suis ici que parce que tu m'as enfermée ». En secret, je ne pouvais bien entendu que me réjouir lorsqu'il m'apportait de la nourriture et ce dont j'avais un besoin urgent.

Aujourd'hui, devenue adulte, je suis étonnée que mon angoisse et ma panique récurrente n'aient pas été alimentées par la personnalité du ravisseur. C'était peut-être une réaction à son apparence anodine, à son incertitude ou à sa stratégie, qui consistait à me faire croire que j'étais en sécurité, autant que l'on pouvait l'être dans cette situation insupportable, en se transformant en un indispensable référent. Ce qu'il y avait de menaçant, dans ma situation, c'était ce cachot souterrain, les parois et les portes closes, les prétendus commanditaires. Le ravisseur lui-même donnait parfois l'impression que son crime n'était qu'une pose sans lien réel avec sa personnalité. Dans mon imagination puérile, il avait, à un moment, décidé de devenir un criminel et de commettre un acte malveillant. Je ne doutai jamais que son acte fût un crime qui devait être puni. Mais je le dissociai clairement de la personne qui l'avait commis. Ce personnage de méchant n'était certainement qu'un rôle qu'il se donnait.

— À partir de maintenant, il va falloir que tu te fasses la cuisine toi-même.

Un matin de la première semaine, l'homme entra dans mon cachot avec une petite caisse en contreplaqué sombre. Il la posa contre le mur, y déposa une plaque de cuisson et un four de petite taille, et les brancha sur la prise de courant. Puis il ressortit. Il revint les bras chargés d'une casserole en inox et d'une pile de plats en conserve : des boîtes de haricots et de goulasch, et un assortiment de préparations rapides à réchauffer au bain-marie, présentées dans de petites barquettes en plastique blanc entourées d'un carton aux couleurs vives. Il m'expliqua ensuite comment fonctionnait la plaque de cuisson.

J'étais heureuse de retrouver une minuscule fraction d'autonomie. Mais lorsque je versai le contenu de la première boîte de haricots dans la petite casserole, je ne savais pas sur quelle position je devais la régler ni combien de temps il faudrait pour que le plat soit prêt. Je ne m'étais encore jamais rien préparé à manger, je me sentais seule et dépassée par les événements. Ma mère me manquait.

Je m'étonne aujourd'hui qu'il ait laissé à une fille de dix ans le soin de faire la cuisine, alors qu'il tenait tant, pour le reste, à ne voir en moi que le petit enfant sans défense. Mais désormais, je me faisais réchauffer moi-même un repas par jour sur la plaque de cuisson. L'homme venait toujours le matin, puis revenait ou bien à midi, ou bien le soir. Le matin, il m'apportait une tasse de thé ou de chocolat, un morceau de gâteau ou un bol de céréales. À midi, le soir – tout dépendait de son emploi du temps –, il venait avec de la salade de tomate, des sandwichs au pâté ou un repas chaud qu'il partageait avec moi. Des nouilles avec de la viande et de la sauce, de la viande cuite avec du riz, des spécialités autrichiennes que sa mère avait préparées pour lui. À l'époque, je n'avais aucune idée de la provenance de cette nourriture ni de la manière dont il vivait. Peut-être avait-il même une famille, mise dans le secret, tranquillement installée avec lui dans le séjour tandis que j'étais allongée sur mon mince matelas, dans la cave. À moins, me disais-je, que ses commanditaires n'aient vécu au-dessus, dans la maison, et ne l'aient envoyé au sous-sol que pour m'approvisionner convenablement. Il veillait effectivement beaucoup à ce que j'aie une alimentation saine. Il m'apportait régulièrement des produits laitiers et des fruits.

Un jour, j'y trouvai quelques citrons découpés en quartiers, qui me donnèrent une idée. C'était un plan naïf et puéril, mais qui me paraissait génial à l'époque : je voulais simuler une maladie qui forcerait mon ravisseur à m'emmener chez un médecin. J'avais très souvent entendu ma grand-mère et ses amies raconter des histoires de l'occupation russe à l'est de l'Allemagne, la manière dont elles avaient échappé aux viols et aux enlèvements qui étaient monnaie courante après la guerre. L'un des trucs était de se couvrir le visage de confiture rouge pour donner l'impression de souffrir d'une grave maladie de peau. L'autre avait un rapport avec les citrons.

Une fois seule, je séparai précautionneusement avec ma règle la fine peau et la chair des agrumes. Puis je me collai soigneusement ces pellicules jaunes sur le bras, avec de la crème. Le résultat était répugnant, on avait vraiment l'impression que je souffrais d'une inflammation purulente. Lorsque l'homme revint, je tendis mon bras dans sa direction et fis mine d'avoir très mal. Je me mis à geindre et lui dis qu'il fallait absolument qu'il me conduise chez un médecin. Il me regarda fixement, puis enleva d'un seul geste les zestes de citron sur mon bras.

Ce jour-là, il m'éteignit la lumière. Allongée dans le noir, je me cassai la tête pour imaginer d'autres possibilités de le forcer à me libérer. Mais je n'en trouvai plus.

Pendant ces journées-là, c'est sur la police que je focalisais tous mes espoirs. À cette époque, je comptais encore fermement être libérée et j'espérais que cela se produirait avant qu'il ne me remette à ces mystérieux hommes de l'ombre, ou ne cherche quelqu'un d'autre qui aurait l'usage d'une petite fille kidnappée. Je m'attendais chaque jour à ce que des agents en uniforme percent le mur de mon cachot. En réalité, à l'extérieur, les recherches avaient été arrêtées le jeudi, au bout de trois jours seulement. La fouille des environs n'avait rien donné ; désormais, la police interrogeait toutes les personnes de mon entourage. Seuls les médias publiaient encore des appels quotidiens avec mon portrait et toujours la même description :

« La petite fille mesure environ un mètre quarante-cinq pour quarante-cinq kilos, elle est d'assez forte corpulence. Elle a les cheveux châtains lisses, une frange et les yeux bleus. Le jour de sa disparition l'enfant de dix ans portait une veste de ski rouge avec capuche, une robe en jean bleue avec une partie supérieure dont les manches ont des carreaux gris et blancs, des collants bleu clair et des chaussures en daim noir de taille 34. Natascha Kampusch porte des lunettes à verre ovale et monture en plastique bleu clair avec des barrettes nasales jaunes. Selon les autorités, elle souffre d'un léger strabisme. L'enfant portait un cartable en plastique bleu à rabat jaune avec des courroies turquoise. »

Je sais par les dossiers qu'au bout de quatre jours, plus de cent trente signalements étaient parvenus à la police. On disait m'avoir vue avec ma mère dans un supermarché viennois, toute seule sur une aire d'autoroute, une fois à Wels et même trois fois dans le Tyrol. La police de Kitzbühel passa des journées à me chercher. Une équipe d'enquêteurs autrichiens se rendit en Hongrie, où quelqu'un prétendait m'avoir dénichée à Sopron. Le petit village hongrois où j'avais encore passé le week-end précédent en compagnie de mon père, dans sa maison de vacances, fut passé au peigne fin par les policiers hongrois, on mit des hommes en poste dans le voisinage, et la maison de mon père sous surveillance – on me soupçonnait d'avoir gardé sur moi, après ce séjour, mon autorisation de sortie du territoire, et de m'être enfuie pour revenir dans cette maison. Un homme appela la police en réclamant une rançon d'un million de schillings – l'un de ces profiteurs et de ces escrocs qui allaient pulluler par la suite. Six jours après l'enlèvement, le responsable de l'enquête informait les médias : « En Autriche comme en Hongrie, où des fonctionnaires en uniforme munis d'avis de recherche sont sur la piste de Natascha, nous ne baissons pas les bras. L'espoir s'amenuise cependant de revoir l'enfant vivante. » Aucun des nombreux indices communiqués à la police ne s'est révélé être une piste fiable. La police n'avait cependant pas exploité le seul qui aurait pu la mener jusqu'à moi : dès le mardi, le lendemain de mon enlèvement, une petite fille de douze ans s'était présentée pour dire qu'un enfant avait été poussé de force dans une fourgonnette blanche aux vitres teintées, dans la Melangasse. Mais dans un premier temps, les autorités ne prirent pas cette information au sérieux.

Dans mon cachot, je ne me doutais pas qu'à l'extérieur, on commençait déjà à se préparer à l'idée que je pouvais être morte. J'étais persuadée que les recherches systématiques étaient encore en cours. Lorsque j'étais allongée sur ma chaise longue et regardais fixement le plafond blanc et bas avec son ampoule nue, je me représentais la police discutant avec chacun de mes condisciples, et j'imaginais les différentes réponses. Je voyais la responsable de ma garderie répétant à d'innombrables reprises quand et où ils m'avaient vue pour la dernière fois. Je me demandais lesquels des nombreux voisins de la cité du Rennbahn avaient pu me voir quitter l'immeuble, et si quelqu'un avait vu l'enlèvement dans la Melangasse et la fourgonnette blanche.

Mon imagination s'emballait franchement lorsque je me figurais que le ravisseur allait tout de même finir par demander une rançon et me libérer lorsqu'elle aurait été versée. Chaque fois que je me faisais réchauffer un repas sur la plaque de cuisson, j'arrachais précautionneusement les petites photos des plats sur l'emballage et je les cachais dans la poche de ma robe. Je savais, pour l'avoir vu dans des films, que les ravisseurs doivent parfois prouver que leur victime est encore en vie afin d'obtenir le versement de la rançon. J'y étais préparée : avec ces vignettes, je pourrais prouver que l'on me donnait régulièrement à manger. Et à moi-même, je pouvais ainsi démontrer que j'étais encore en vie.

Par sécurité, j'ôtai un petit éclat du placage du plan de travail où je faisais réchauffer mon repas et le cachai lui aussi dans ma robe. Ainsi plus rien ne pouvait aller de travers. J'imaginais qu'après le paiement de la rançon, l'homme me déposerait dans un lieu inconnu où il me laisserait seule. Il attendrait ce moment-là pour révéler à mes parents l'endroit où ils pourraient venir me chercher. Nous préviendrions la police et je remettrais aux enquêteurs le petit morceau de placage. Ils n'auraient plus qu'à aller fouiller tous les garages de Strasshof pour y trouver des cachots souterrains. Le plan de travail avec son éclat manquant serait la preuve ultime.

Je collectais dans mon esprit les moindres détails concernant le ravisseur, afin de pouvoir le décrire après ma libération. Mais je devais pour l'essentiel me contenter d'éléments extérieurs qui ne disaient pratiquement rien sur sa personne. Lorsqu'il me rendait visite dans mon cachot, il portait de vieux tee-shirts et des pantalons de sport Adidas – des vêtements pratiques, qui lui permettaient de se frayer un chemin par le boyau menant à ma prison.

Quel âge pouvait-il avoir ? Je le comparais aux adultes de ma famille ; il était plus jeune que ma mère, mais plus âgé que mes sœurs, qui avaient à l'époque la trentaine. Bien qu'il eût paru jeune, je lui dis un jour en face : « Tu as trente-cinq ans. » J'appris bien plus tard, seulement, que je ne me trompais pas.

Je parvins même à découvrir son nom – pour l'oublier immédiatement après.

— Tiens, voilà comment je m'appelle, dit-il un jour, énervé par mes éternelles questions.

Quelques secondes durant, il tint sa carte de visite devant mes yeux. On y lisait « Wolfgang Priklopil ».

— Évidemment, ça n'est pas mon vrai nom, ajouta-t-il aussitôt en riant.

Je le crus. Il me paraissait peu crédible qu'un criminel de cette ampleur porte un prénom aussi banal que « Wolfgang ». Quant à son nom de famille, il me fut difficile de le déchiffrer aussi vite : il était compliqué, et difficile à retenir pour un enfant en proie à l'excitation.

— Je m'appelle peut-être aussi Holzapfel, suggéra-t-il encore avant de sortir et de refermer la porte.

À l'époque, ce nom-là ne me disait rien. Je sais aujourd'hui qu'Ernst Holzapfel était quelque chose comme le meilleur ami de Wolfgang Priklopil.

Plus le 25 mars approchait, plus je devenais nerveuse. Depuis mon enlèvement, j'avais demandé chaque jour à Priklopil la date et l'heure afin de ne pas perdre tout point de repère. Pour moi, il n'y avait ni jours, ni nuits, et bien que le printemps ait commencé à l'extérieur, un froid glacial régnait encore dans mon cachot dès que je coupais le chauffage. Un matin, il me répondit : « Lundi 23 mars. » Voilà trois semaines que je n'avais pas eu le moindre contact avec le monde extérieur. Et deux jours plus tard, ma mère aurait un an de plus. La date avait pour moi une grande portée symbolique : si je devais la laisser passer sans souhaiter un bon anniversaire à ma mère, la captivité aurait quitté son statut de cauchemar provisoire pour celui de réalité indéniable. Jusqu'ici, je n'avais manqué que quelques jours d'école. Mais ne pas être à la maison pour une fête familiale importante, c'était franchir un cap. « C'était lors de cet anniversaire où Natascha n'était pas là », entendais-je déjà ma mère raconter, après coup, à ses petits-enfants.

Ou, pire : « C'était le jour du premier anniversaire sans Natascha. »

J'étais profondément perturbée d'être partie sur une dispute et de ne même pas pouvoir confier à ma mère, pour son anniversaire, que je ne pensais pas ce que je lui avais dit et que je l'aimais malgré tout. Je tentais de retenir le temps dans mon esprit et me demandais, désespérée, comment lui faire parvenir un message enregistré. Peut-être cela fonctionnerait-il cette fois, contrairement à ce qui s'était passé pour ma lettre. Je renoncerais aussi à y glisser des indications secrètes sur le lieu où je me trouvais. Donner un signe de vie pour son anniversaire : c'est tout ce que je voulais.

Lors d'un repas en commun, je suppliai le ravisseur jusqu'à ce qu'il se déclare prêt à apporter, le lendemain, un magnétophone à cassette dans mon cachot. J'étais autorisée à enregistrer un message à ma mère !

Je rassemblai toutes mes forces pour que ma voix, sur la bande, paraisse aussi joyeuse que possible : « Chère Maman, je vais bien. Ne te fais pas de souci pour moi. Je te souhaite un bon anniversaire. Tu ne peux pas imaginer à quel point tu me manques. » Je dus m'y reprendre à plusieurs fois : les larmes me coulaient sur les joues et je ne voulais pas que ma mère m'entende sangloter.

Lorsque j'eus terminé, Priklopil reprit la bande et me garantit qu'il allait appeler ma mère et la lui faire écouter. Je ne voulais rien tant que le croire. C'était pour moi un infini soulagement de savoir que ma mère ne se ferait plus autant de mauvais sang pour moi.

Cette bande, elle ne l'a jamais entendue.

Affirmer que ma mère avait écouté la bande magnétique était un élément important dans le jeu que le ravisseur menait pour me manipuler et me dominer ; car, un peu plus tard, il changea de stratégie et cessa de parler de commanditaires, préférant évoquer un enlèvement crapuleux.

Il répétait qu'il avait contacté mes parents, mais que ceux-ci ne tenaient manifestement pas du tout à ce que je sois libérée : « Tes parents ne t'aiment pas », « Ils ne veulent pas te récupérer », « Ils sont heureux de s'être enfin débarrassés de toi ».

Ces phrases suintaient comme de l'acide dans les plaies ouvertes d'une enfant qui se sentait mal aimée depuis bien longtemps. Je ne crus certes pas une seule fois que mes parents ne voulaient pas verser ce qu'il fallait pour me libérer, comme il l'affirmait. Ils n'avaient pas beaucoup d'argent, certes, mais j'étais absolument persuadée qu'ils feraient tout pour rassembler celui de la rançon.

— Je sais que mes parents m'aiment, ils me l'ont toujours dit, répondais-je bravement aux remarques narquoises de l'homme.

Lequel disait ensuite regretter de ne toujours pas avoir de réponse.

Mais le doute qui avait été semé avant même le début de ma captivité était en train de germer. Il sapait systématiquement ma foi dans la famille, et avec elle un élément important d'une conscience de soi déjà sérieusement entamée. La sécurité qu'apportait l'idée que ma famille faisait tout pour me libérer s'étiolait lentement. Les jours s'écoulaient et personne ne venait à mon secours.

Pourquoi est-ce justement moi qui ai été la victime de ce crime ? Pourquoi m'avait-il choisie et enfermée ? Ces questions commencèrent alors à me torturer, et elles m'affligent toujours. Le motif de ce crime était si difficile à saisir que je cherchais désespérément une réponse : je souhaitais que cet enlèvement ait un sens quelconque, une logique qui m'était peut-être seulement restée cachée jusque-là mais en faisait plus qu'une agression fortuite contre ma personne. Il est encore difficile aujourd'hui d'admettre que le caprice et la maladie mentale d'un individu ont suffi à me priver de ma jeunesse.

Le ravisseur lui-même ne me donna aucune réponse à cette question, en dépit de tous mes efforts pour en obtenir. Une fois seulement, il laissa échapper : « Je t'ai vue sur une photo d'école et je t'ai choisie. » Mais il revint immédiatement sur cette explication. Il dirait plus tard : « Tu as couru vers moi comme un chat errant. Les chats, on a le droit de les garder. » Ou encore : « Je t'ai sauvée. Tu devrais m'être reconnaissante. » C'est vers la fin de ma captivité qu'il fut sans doute le plus honnête : « J'ai toujours voulu une esclave. » Mais des années allaient encore s'écouler avant qu'il ne prononce cette phrase. Je n'ai jamais su pourquoi c'est moi qu'il avait enlevée. Parce qu'il était tentant de me choisir comme victime ? Priklopil a grandi dans le même quartier de Vienne que moi. À l'époque où je faisais la tournée des bars avec mon père, lui était un jeune homme à la fin de la vingtaine, évoluant dans le même milieu que moi. Lorsque j'étais à l'école, j'étais toujours étonnée de constater le nombre de personnes qui me saluaient joyeusement parce qu'elles m'avaient rencontrée au cours de ces tournées de livraison pendant lesquelles mon père aimait à me montrer dans ma jolie petite robe repassée. Il a peut-être été l'un des hommes qui m'avaient remarquée à l'époque.

Mais il est tout aussi possible que ce soient d'autres personnes qui aient attiré son attention sur moi. Peut-être l'histoire du réseau pédophile était-elle exacte. Il existait à l'époque, en Autriche comme en Allemagne, suffisamment d'organisations de ce type qui ne reculaient devant rien lorsqu'il fallait enlever des enfants pour alimenter leurs pratiques atroces. Et la découverte du cachot installé dans la maison de Marc Dutroux, en Belgique, qui avait à de multiples reprises enlevé des petites filles pour leur faire subir des sévices sexuels, remontait tout juste à deux ans. Je ne suis cependant toujours pas certaine aujourd'hui que Priklopil m'ait kidnappée à la demande de tierces personnes – comme il ne cessa de l'affirmer au début – ou s'il avait agi seul. Je tente encore de refouler cette possibilité : il est inquiétant de soupçonner que les vrais coupables sont toujours en liberté quelque part, à l'extérieur. Pendant ma captivité, toutefois, abstraction faite des premières allusions de Priklopil, rien ne plaidait en faveur de l'idée que des complices étaient impliqués.

J'avais à l'époque une représentation précise de ce qu'étaient les victimes d'enlèvements : des fillettes blondes, petites et très minces, presque diaphanes, glissant à travers le monde, angéliques et sans défense. Je me les figurais comme des créatures aux cheveux tellement soyeux qu'on ne pouvait s'empêcher de les toucher. Dont la beauté enivrait tant les hommes malades qu'ils se transformaient en criminels violents pour les avoir auprès d'eux. Moi, au contraire, j'avais les cheveux châtains et me trouvais lourde et ordinaire, le matin de mon enlèvement plus que jamais. Je ne collais pas avec l'image que je me faisais d'une fillette kidnappée.

Je sais à présent que cette image était fausse. Les criminels cherchent plutôt les enfants sans grande personnalité et peu sûrs d'eux-mêmes pour les torturer. La beauté n'entre pas en jeu lorsqu'il est question d'enlèvement ou de violence sexuelle. Des études montrent que les handicapés mentaux et physiques, ainsi que les enfants coupés de leur famille, sont plus exposés à ces risques. Suivent, dans cette « hiérarchie », les enfants semblables à celle que j'étais ce matin du 2 mars : intimidée, apeurée, je venais tout juste de pleurer. Je parcourais mon trajet à petits pas inquiets et hésitants. Il l'a peut-être vu. Il a peut-être noté à quel point je me sentais dénuée de valeur, et décidé spontanément, ce jour-là, que je devais être sa proie.

Faute d'éléments extérieurs expliquant pourquoi c'est justement moi qui avais été victime de ce rapt, je tentai, dans mon cachot, d'en chercher la faute en moi-même. La dispute que j'avais eue avec ma mère la veille de mon enlèvement défilait en boucle dans mon esprit. Je redoutais l'idée que l'enlèvement ait pu être une punition infligée pour avoir été une mauvaise fille. Pour être partie sans un mot de réconciliation. Tout cela me trottait dans la tête. Je cherchais dans mon passé toutes les erreurs que j'avais commises. Le moindre petit mot méchant.

La moindre situation dans laquelle je n'avais pas été courtoise, courageuse ou gentille. C'est un mécanisme très répandu : les victimes s'attribuent à elles-mêmes la responsabilité du crime qu'elles ont subi. À l'époque, c'était un tourbillon qui m'emportait et auquel je n'avais rien à opposer.

La clarté douloureuse qui m'avait maintenue éveillée pendant la première nuit avait laissé place à une obscurité totale. Le soir, lorsque l'homme dévissait l'ampoule et refermait la porte, je me sentais coupée de tout : aveugle, sourde à force d'entendre le bourdonnement permanent du ventilateur, incapable de m'orienter dans l'espace, et parfois même aussi de sentir ma propre personne. Les psychologues appellent ça la *sensory deprivation*, la privation sensorielle. Je ne savais qu'une seule chose à l'époque : dans cette obscurité et dans cette solitude, je risquais de perdre la raison.

Depuis le moment où il me laissait seule, le soir, et jusqu'au petit déjeuner, j'étais prise dans une sorte de flottement ténébreux. Je ne pouvais rien faire d'autre que rester allongée et regarder fixement dans le noir. Parfois je criais encore ou tambourinais contre les murs, dans l'espoir insensé que quelqu'un pourrait m'entendre. J'étais livrée à moi-même, à ma peur et à ma solitude. Je tentais de me donner du courage et de refouler ma panique par des moyens rationnels. Ce sont les mots qui m'ont sauvée à l'époque. Comme d'autres passent des heures à manier le crochet pour donner corps, au bout du compte, à un petit napperon en filigrane, je tissais des mots dans ma tête et imaginais de longues lettres et de petites histoires que je ne coucherais jamais sur le papier.

La plupart de mes histoires commençaient par un projet d'avenir. Je me représentais dans tous les détails la vie qui suivrait ma libération. J'améliorerais mon niveau dans toutes les disciplines et je surmonterais ma peur des gens. Je me proposais de devenir sportive et de perdre du poids pour pouvoir participer aux jeux des autres enfants. Après ma libération, j'irais dans une autre école – j'étais déjà en cours moyen – et je me figurais la réaction de mes camarades. Cette affaire d'enlèvement me vaudrait-elle une certaine notoriété ? Me croiraient-ils, m'accepteraient-ils comme l'un des leurs ? Mais ce que je préférais, c'était m'imaginer les retrouvailles avec mes parents. Je les voyais me prendre dans leurs bras, je voyais mon père me soulever et me faire tournoyer. Je voyais revenir le monde pur de mon enfance, qui ferait oublier le temps des disputes et des humiliations.

D'autres nuits, ce genre de fantasmes d'avenir ne suffisait pas. Je prenais alors le rôle de ma mère absente, me coupais en quelque sorte en deux et me donnais du courage. Tu n'as qu'à prendre ça comme des vacances. Tu es certes partie de la maison, mais en vacances non plus ça n'est pas si facile de passer un coup de fil. En vacances il n'y a pas de téléphone, et l'on ne rentre pas chez soi juste parce qu'on a passé une mauvaise nuit. Lorsque les vacances seront finies, tu reviendras chez nous, à la maison, et puis l'école recommencera. Lors de ces monologues, je voyais distinctement ma mère devant moi. Je l'entendais me dire d'une voix ferme : « Reprends-toi donc, s'énerver n'a aucun sens. Ce n'est qu'un cap à franchir, ensuite tout ira bien. » Oui. Si j'étais assez forte, tout irait bien, de nouveau. Et quand tout cela ne servait à rien, je tentais de me rappeler une situation où je serais en sécurité. Une bouteille de baume camphré que j'avais demandée au ravisseur m'y aidait. Ma grand-mère s'en était toujours servie pour se faire des frictions. Cette odeur vive et fraîche me ramenait aussitôt dans sa maison de Süssenbrunn et me procurait une chaude sensation de sécurité. Lorsque le cerveau n'y suffisait pas, c'est le nez qui m'aidait à ne pas perdre le lien avec moi-même – et avec la raison.

Avec le temps, j'essayai de m'habituer au ravisseur. Je m'adaptai intuitivement à lui, de la même manière que l'on se fait aux mœurs incompréhensibles des habitants d'un pays étranger.

Je me dis aujourd'hui que le fait d'avoir été un enfant m'a peut-être aidée. Adulte, je n'aurais sans doute pas supporté sans dommages cette forme extrême d'aliénation et de torture psychique à laquelle j'étais exposée en tant que prisonnière d'une cave. Mais les enfants, tout petits, s'habituent à considérer les adultes de leur entourage immédiat comme des étoiles fixes sur lesquelles ils peuvent s'orienter et établir la norme de ce qui est juste et de ce qui ne l'est pas. Aux enfants, on dit quels vêtements ils doivent mettre et à quelle heure il faut aller se coucher. On leur demande de manger ce qu'on a servi à table et de changer d'attitude quand on n'est pas content de la leur. Les parents sont toujours en train de leur refuser quelque chose. Même lorsque les adultes lui prennent son chocolat ou les quelques euros que des membres de la famille lui ont offerts pour son anniversaire, l'enfant est forcé d'accepter cette ingérence et de se dire que les parents font ce qu'il convient de faire. Sans cela, la disparité entre sa propre volonté et le comportement dégoûtant de ceux qu'il aime le heurterait profondément.

J'étais habituée à respecter les directives des adultes, même lorsqu'elles ne me plaisaient pas. Si l'on m'avait laissé le choix, je ne serais pas allée à la garderie après l'école. Et surtout pas dans une garderie qui dictait aux enfants la manière dont ils devaient gérer jusqu'aux plus fondamentales de leurs fonctions corporelles : les moments où ils avaient le droit de manger, de dormir et d'aller aux toilettes. Je ne serais pas non plus venue chaque jour après la garderie dans la boutique de ma mère, où je trompais mon ennui avec des glaces et des cornichons.

Ôter, au moins provisoirement, leur liberté aux enfants ne me paraissait pas non plus inconcevable. Même si je ne l'avais moi-même jamais vécu, enfermer les enfants désobéissants dans la cave obscure était encore une méthode d'éducation courante à cette époque. Et les vieilles femmes, dans le tramway, s'en prenaient aux mères d'enfants bruyants en leur lançant : « Ah, si c'était le mien, je l'enfermerais ! »

Les enfants peuvent s'adapter à toutes les circonstances, même les plus défavorables. Ils voient l'intérêt et l'amour qu'on leur porte jusque dans les coups que leur infligent leurs parents, ils reconnaissent leur domicile dans une cabane moisie. Mon nouveau domicile à moi était un cachot, mon adulte de référence, le ravisseur. Mon monde tout entier avait basculé et, dans ce cauchemar qu'était devenu mon univers, il était le seul être humain. Je dépendais autant de lui que les nourrissons et les enfants en bas âge dépendent de leurs parents : le moindre geste de gentillesse, la lumière, l'air – toute ma survie physique et psychique était accrochée comme un fil à cet homme qui m'avait enfermée dans sa cave, et à lui seul. Ma dépendance à son égard prit aussi un tour émotionnel lorsqu'il affirma que mes parents ne répondaient pas aux demandes de rançons.

Si je voulais survivre dans ce nouveau monde, je devais me mettre du côté de cet homme. Cela peut être difficile à comprendre pour une personne qui n'a jamais été dans une situation d'oppression aussi extrême. Mais je suis fière, aujourd'hui, d'avoir réussi à accomplir cette démarche envers un être qui m'a tout pris. Car elle m'a sauvé la vie. Même si je devais dépenser toujours plus d'énergie pour maintenir cet « accès positif » à mon ravisseur. Lui-même s'est successivement transformé en esclavagiste et en dictateur. Mais moi, je n'ai jamais dévié de l'image que je m'étais donnée.

Pour l'instant, cependant, la façade du bienfaiteur qui voulait me rendre la vie dans mon cachot aussi agréable que possible tenait encore. Une sorte de vie quotidienne se mit peu à peu en place.

Quelques semaines après mon enlèvement, Priklopil m'apporta une table de jardin, deux fauteuils pliables, un torchon qui pouvait faire office de nappe et quelques couverts. Lorsque le ravisseur arrivait avec le repas, je mettais les torchons sur la table, j'y ajoutais deux verres et déposais soigneusement les fourchettes à côté des assiettes. Il n'aurait plus manqué que les serviettes – mais il était trop radin pour cela. Puis nous nous asseyions ensemble à cette table pliante, mangions les plats réchauffés et buvions du jus de fruits. Il ne me rationnait pas encore à cette époque, et j'appréciais de pouvoir boire autant que je le voulais. Une forme de petite vie douillette s'installa et je commençai à me réjouir de ces repas pris en commun. Ils apportaient une coupure dans ma solitude. Ils devinrent importants pour moi.

Ces situations étaient tellement absurdes que j'étais incapable de les classer dans une catégorie correspondant à ma réalité antérieure. Ce petit monde obscur qui me tenait soudain prisonnière échappait à tout point de vue aux critères traditionnels. Je devais en chercher d'autres. Je me trouvais peut-être dans un conte ? Dans un lieu né de l'imagination des frères Grimm, à cent lieues de toute normalité ? Naturellement. Strasshof n'était-il pas autrefois entouré par l'aura du mal ? Les beaux-parents abhorrés de ma sœur habitaient dans un quartier nommé Silberwald, « la forêt d'argent ». Enfant, je redoutais de les rencontrer. Le nom de cet endroit et l'ambiance détestable qui régnait dans cette famille avaient transformé à mes yeux, avant même mon enlèvement, Silberwald – et donc

Strasshof – en une forêt hantée et peuplée de sorcières. Oui, cela ne faisait aucun doute ; j'avais atterri dans un conte dont la signification m'échappait totalement.

La seule chose qui n'ait pas vraiment voulu correspondre au mauvais conte, c'était la toilette du soir. Dans le réduit, il n'y avait que le double évier en inox, où ne coulait que de l'eau froide. La conduite d'eau chaude que le ravisseur avait installée ne fonctionnait pas encore. Il m'en descendait donc dans des bouteilles en plastique. Je devais me déshabiller, m'asseoir dans l'un des bacs de l'évier et poser les pieds dans l'autre. Au début, il se contentait de m'asperger avec l'eau chaude. Plus tard, j'eus l'idée de percer de petits trous dans les bouteilles, ce qui produisit une sorte de douche. Compte tenu de l'étroitesse des lieux, il devait m'aider à me laver. Me trouver nue devant un inconnu était une situation inhabituelle. Que pouvait-il bien se passer alors dans son esprit ? Je l'observais avec inquiétude ; mais il me frottait comme si j'avais été une voiture. Il n'y avait rien de tendre ni de suggestif dans ses gestes. Il m'entretenait, de la même manière qu'on assure la maintenance d'un ustensile ménager.

C'est précisément au cours de ces journées où l'image du mauvais conte de fées se superposait à la réalité que la police se décida enfin à exploiter l'indice fourni par la fillette qui avait assisté à mon enlèvement. Le 18 mars, on publia la déclaration de cet unique témoin, tout en annonçant que l'on procéderait à des vérifications auprès des propriétaires de sept cents fourgonnettes blanches. Le ravisseur eut suffisamment de temps pour se préparer.

Le Vendredi saint, trente-cinquième jour de ma captivité, la police se présenta à Strasshof et demanda à Wolfgang Priklopil de montrer sa voiture. Il l'avait entièrement chargée de gravats et prétendit utiliser la fourgonnette pour des travaux de rénovation. Le 2 mars, selon la déposition retenue par le procès-verbal, il avait passé toute la journée à la maison. Il n'avait pas de témoins à l'appui de ses dires. Le criminel n'avait pas d'alibi – un fait que la police passa sous silence des années encore après que je me fus libérée par mes propres moyens.

Les policiers s'en contentèrent et s'abstinrent d'inspecter la maison, ce que Priklopil, selon ses dires, leur avait proposé sans détour. Tandis que, coincée dans le cachot, j'espérais que l'on viendrait me délivrer et tentais de ne pas perdre la raison, ils se contentèrent de prendre quelques polaroïds de la voiture dans laquelle j'avais été kidnappée et de les classer dans le dossier. Dans les fantasmes de libération auxquels je m'adonnais dans ma cave, les spécialistes fouillaient tout le secteur au peigne fin pour y trouver les traces de mon ADN ou les moindres fibres de mes vêtements. Mais au-dessus de moi, le tableau était tout différent. La police ne fit rien de tel. Elle présenta ses excuses à Priklopil et repartit sans faire d'inspections plus détaillées sur la voiture ou sur la maison.

Il fallut des années après ma captivité pour que j'apprenne à quel point il aurait suffi que l'on prenne l'affaire au sérieux pour que le criminel n'échappe pas à son arrestation. En revanche, je compris moins d'une semaine plus tard que je ne serais plus libérée. En 1998, Pâques tombait le 12 avril. Le lundi en question, le ravisseur m'apporta une petite corbeille pleine d'œufs multicolores et un lapin en chocolat. Nous « célébrâmes » la résurrection du Christ à la lumière blême de mon ampoule, assis à une petite table de jardin dans mon cachot à l'air vicié. Ces friandises me réjouirent, et je tentai par tous les moyens de chasser les pensées qui concernaient l'extérieur et les fêtes de Pâques que j'avais vécues au cours des années précédentes. L'herbe. La lumière. Le soleil. Les arbres. L'air. Les gens. Mes parents.

Ce jour-là, le ravisseur m'annonça qu'il avait renoncé à l'espoir d'obtenir une rançon parce que ma famille n'avait toujours pas donné de nouvelles. « Apparemment ils ne s'intéressent pas assez à toi », dit-il. Puis vint le verdict : perpétuité. « Tu as vu mon visage et tu me connais déjà trop bien. Je ne peux plus te libérer maintenant. Je ne te ramènerai jamais chez tes parents, mais je m'occuperai de toi ici aussi bien que je le pourrai. »

Ce dimanche de Pâques anéantit mes espoirs. Je pleurai et l'implorai de me laisser partir. « Mais enfin, j'ai toute la vie devant moi, tu ne peux pas m'enfermer ici. Et l'école ? Et mes parents ? » Je jurai, sur Dieu et sur tout ce qui était sacré pour moi, que je ne le trahirais pas. Mais il ne me crut pas : une fois dehors, répondit-il, j'oublierais vite mon serment, ou je ne résisterais pas à la pression de la police. Je tentai de lui faire comprendre que lui non plus ne voulait pas passer le reste de sa vie dans une cave avec la victime d'un crime, et l'implorai de me conduire loin d'ici, les yeux bandés – je ne retrouverais pas la maison et n'avais aucun nom susceptible de mener la police jusqu'à lui. Je lui préparai même des plans de fuite. Il pouvait aller s'installer à l'étranger : vivre dans un autre pays valait tout de même mieux que de m'enfermer à tout jamais dans une geôle où il devrait s'occuper de moi.

Je gémis, j'implorai, et je finis par me mettre à crier.

— La police me trouvera ! Ils t'enfermeront ! Ou ils t'abattront ! Et si ce n'est pas elle, ce sont mes parents qui te trouveront !

Je criai à m'en casser la voix.

Priklopil, lui, resta très calme.

— Ils ne s'intéressent pas à toi, tu l'as déjà oublié ? Et s'ils pointent leur nez ici tout de même, je les tue.

Puis il sortit du cachot à reculons et ferma la porte de l'extérieur.

J'étais seule.

C'est seulement dix années plus tard, deux ans après m'être libérée et alors que les erreurs commises durant l'enquête ainsi que leur maquillage ultérieur provoquaient un véritable scandale policier, que j'appris qu'au cours de ces journées de Pâques, sans le savoir, j'étais une deuxième fois passée à deux doigts de mon salut. Le mardi de Pâques, le 14 avril, la police rendit public un deuxième indice. Des témoins avaient affirmé avoir vu une fourgonnette aux vitres teintées le matin de mon enlèvement, à proximité de ma cité. La plaque d'immatriculation provenait de la ville de Gänserdorf.

Mais la police omit d'en publier un autre. Ce même 14 avril, l'un des maîtres-chiens de la police viennoise avait appelé un commissariat. Le fonctionnaire de police avait transcrit, mot à mot, la déposition suivante (les fautes sont dans l'original) :

Le 14/04/1998 vers 14 h 45 un individu inconnu de sexe masculin appelle et nous informe par téléphone des faits suivants :

Concernant la recherche de la fourgonnette blanche à vitres sombres dans l'arrondissement de Gänserndorf à propos de la disparition de Kampusch, Natasche, il existe à Strasshof/Nordbahn une personne qui pourrait être liée à la disparition et possède aussi une fourgonnette blanche de marque Mercedes à vitres teintées. Cet homme serait ce qu'on appelle un « original » qui aurait des difficultés extrêmes avec son environnement et des problèmes de contact. Il vivrait avec sa mère à Strasshof/Nordbahn, au 60, Heinestrasse (pavillon), une maison qui serait entièrement placée sous protection électronique. L'homme aurait aussi éventuellement des armes à son domicile. Devant la zone du 60, Heinestrasse, on a assez souvant vu sa fourgonnette blanche, marque Mercedes, plaque d'immatriculation inconnue, avec vitres entièrement teintées sur le côté et à l'arrière. Cet homme aurait été autrefois employé comme électronicien des télécoms à l'usine Siemens et pourrait l'être encore aujourd'hui. Éventuellement l'homme vit avec sa mère âgée dans cette maison et aurait, pour ce qui concerne sa sexualité, un penchant pour les enfants, on ignore si celui-ci a déjà été condamné.

L'auteur de l'appel ne connaît pas le nom de l'homme, il ne le connaît que par voisinage. L'homme aurait environ trente-cinq ans, des cheveux blonds, il mesurerait environ 175-189 cm et serait mince. L'auteur anonyme de l'appel n'a pas pu donner d'autres indications.

4

Enterrée vivante

Le cauchemar devient réalité

« *Pendant un bout de chemin le trou allait tout droit comme un tunnel, puis tout à coup il plongeait perpendiculairement d'une façon si brusque qu'Alice se sentit tomber comme dans un puits d'une grande profondeur, avant même d'avoir pensé à se retenir. La chute n'en finirait-elle jamais ? […]*
"*Allons, à quoi bon pleurer ainsi*", *se dit Alice vivement.* "*Je vous conseille, mademoiselle, de cesser tout de suite !*" *Elle avait pour habitude de se donner de très bons conseils (bien qu'elle les suivît rarement), et quelquefois elle se grondait si fort que les larmes lui en venaient aux yeux ; une fois même elle s'était donné des tapes pour avoir triché dans une partie de croquet qu'elle jouait toute seule ; car cette étrange enfant aimait beaucoup à faire deux personnages.* "*Mais*", *pensa la pauvre Alice,* "*il n'y a plus moyen de faire deux personnages, à présent qu'il me reste à peine de quoi en faire un*"[1]. »

---

1. Traduction d'Henri Bué (*N.d.T.*).

L'un des premiers livres que je lus dans mon cachot fut *Alice au pays des merveilles* de Lewis Carroll. Ce livre me toucha d'une manière désagréable et inquiétante. Alice, une petite fille qui doit sans doute avoir mon âge, rêve qu'elle suit jusqu'à son terrier un lapin blanc qui parle. Elle lui court après, tombe dans un gouffre et se retrouve dans une salle aux portes innombrables. La voilà prisonnière d'un monde intermédiaire situé sous terre : le chemin vers le haut est barré. Alice trouve la clef de la plus petite porte et un flacon rempli d'un philtre magique qui la fait rapetisser. À peine franchi ce passage minuscule, la porte se referme derrière elle. Dans le monde souterrain où elle entre alors, rien ne rime à rien : les dimensions changent constamment, les animaux qu'elle y rencontre agissent en dépit du bon sens. Mais cela ne semble déranger personne. Tout est décalé, déséquilibré. Le livre tout entier n'est qu'un vaste cauchemar aux couleurs criardes dans lequel toutes les lois de la nature sont désactivées. Rien ni personne n'est normal, la petite fille se trouve seule dans un monde qu'elle ne comprend pas et où elle ne peut communiquer avec personne. Elle doit se donner du courage, s'interdire de pleurer et agir en respectant les règles du jeu fixées par les autres. Elle fréquente les interminables *tea-parties* où le chapelier invite toutes sortes de fous, et prend part au cruel jeu de croquet de la méchante dame de cœur, à la fin duquel tous les autres joueurs sont condamnés à mort. « Coupez-lui la tête ! » crie la reine avant de rire comme une démente. Alice parvient à quitter ce monde enfoui très en profondeur, lorsqu'elle s'éveille et sort de son rêve. Moi, lorsque j'ouvrais les yeux après de trop brèves heures de sommeil, le cauchemar était toujours là. C'était ma réalité.

Le livre tout entier, paru à l'origine sous le titre *Les Aventures d'Alice sous la terre*, me faisait l'effet d'une description caricaturale de ma situation. Moi aussi, j'étais retenue prisonnière, dans une salle souterraine que le ravisseur avait coupée du monde extérieur par plusieurs portes verrouillées. Moi aussi, j'étais captive d'un monde où toutes les règles que je connaissais avaient été mises entre parenthèses. Tout ce qui avait valu jusqu'ici dans ma vie avait perdu sa signification. J'étais devenue un élément de l'imagination maladive, et pour moi incompréhensible, d'un psychopathe. Il n'y avait plus de lien avec le reste du monde, celui dans lequel je vivais encore un peu plus tôt. Aucune voix familière, aucun bruit habituel qui m'aurait simplement montré que le monde existait encore au-dessus de moi. Comment, dans cette situation, aurais-je pu maintenir un lien avec la réalité ?

J'espérais ardemment pouvoir me réveiller tout d'un coup, comme Alice, dans mon ancienne chambre d'enfant, étonnée d'avoir fait un cauchemar aussi fou et dénué de toute espèce de lien avec mon « monde authentique ». Mais ce n'était pas mon rêve à moi qui me maintenait captive, c'était celui du ravisseur. Et lui non plus ne dormait pas : il avait consacré sa vie à la réalisation d'un fantasme atroce auquel il ne trouverait pas plus d'issue que moi.

À partir de ce jour-là, je n'ai plus cherché à convaincre l'homme de me libérer. Je savais que cela n'avait aucun sens.

Mon univers s'était réduit à cinq mètres carrés. Si je ne voulais pas y devenir folle, je devais tenter de me l'approprier. Je ne devais pas agir comme le peuple des cartes à jouer dans *Alice au pays des merveilles*, qui se contente d'attendre en tremblant le terrible cri : « Qu'on lui coupe la tête ! » Je ne serais pas aussi docile que toutes les créatures fabuleuses de cette réalité décalée. Je tenterais de me créer dans ce lieu sombre un espace intime dans lequel l'homme pourrait certes pénétrer à tout moment, mais où je voulais retisser autour de moi, comme un cocon protecteur, la plus grande part possible de ma personnalité et de mon ancien monde.

Je commençai à m'installer dans mon cachot et à transformer la prison qu'avait imaginée le kidnappeur en un espace qui me serait personnel, une chambre qui serait la mienne. Je réclamai d'abord un calendrier et un réveil. J'étais prisonnière d'un trou noir chronologique dans lequel le criminel était le seul maître du temps. Les heures et les minutes se mêlaient en un brouet visqueux qui se déposait sur toute chose. Priklopil décidait, tel un dieu, du moment où la lumière et l'obscurité régneraient sur mon monde. « Dieu dit : que la lumière soit. Et la lumière fut. Et Dieu nomma la lumière jour, et l'obscurité il la nomma la nuit. » C'est une ampoule nue qui me dictait quand je devais dormir et quand je devais être éveillée.

Chaque jour, je demandais au ravisseur la date et le jour de la semaine. J'ignorais s'il me disait ou non la vérité, mais cela n'avait pas d'importance. Le principal, pour moi, était de sentir un lien avec la vie que j'avais menée jusqu'alors, « en haut ». De savoir si c'était un jour d'école ou de week-end. Si les jours fériés ou des anniversaires que je voulais passer avec ma famille approchaient. La mesure du temps, je l'ai appris à l'époque, est peut-être le point d'ancrage le plus important dans un monde où l'on risque de se dissoudre. Le calendrier me redonnait quelques points de repère – et des images auxquelles l'homme n'avait pas accès. Je savais si les autres enfants devaient se lever tôt ou pouvaient faire la grasse matinée. Je reconstituais dans mon esprit l'emploi du temps de ma mère. Aujourd'hui elle irait à la boutique. Après-demain, peut-être, elle rendrait visite à une amie. Et le week-end, elle ferait une promenade avec son compagnon. Les chiffres et les jours de la semaine, dans toute leur sobriété, développaient ainsi une vie autonome sur laquelle je pouvais m'appuyer.

Le réveille-matin était presque encore plus important. J'en demandai un à l'ancienne mode, ceux qui rythment l'écoulement des secondes d'un tic-tac monotone et bruyant. Ma grand-mère bien-aimée en avait un comme ça. Petite, j'exécrais ce bruit qui me dérangeait pendant mon sommeil et s'insinuait jusque dans mes rêves. Désormais je m'y accrochais comme une personne bloquée sous l'eau au dernier fétu de paille qui lui permet d'acheminer encore un peu d'air dans ses poumons. À chacun de ses tic-tacs, le réveil me prouvait que le temps ne s'était pas immobilisé et que la terre continuait à tourner. Dans l'état de suspension où je me trouvais, sans la moindre sensation du temps et de l'espace, c'était mon lien sonore avec le monde réel.

Avec un peu d'efforts, je pouvais me concentrer sur son bruit au point de faire abstraction, au moins pour quelques minutes, du bourdonnement du ventilateur, qui me vrillait le système nerveux et m'enveloppait jusqu'à atteindre le seuil de la douleur. Le soir, lorsque j'étais allongée sur la chaise longue, incapable de m'endormir, le tic-tac du réveil était une longue corde à laquelle je pouvais me suspendre pour sortir du cachot et me faufiler dans mon lit d'enfant, dans l'appartement de ma grand-mère. Je pourrais m'y endormir tranquillement, en sachant qu'elle veillait sur moi dans la pièce voisine. Les soirs comme celui-là, je me frottais un peu de baume camphré sur la main. Lorsque je posais mon visage dessus et que cette odeur si caractéristique me montait aux narines, un sentiment de familiarité s'emparait de moi. Comme autrefois, lorsque j'étais une petite fille et que je plongeais le visage dans le tablier de ma grand-mère. Ainsi je pouvais m'endormir.

Je passais mes journées à rendre cet espace minuscule aussi habitable que possible. Je demandai à mon ravisseur de me fournir des produits d'entretien afin que je puisse refouler l'odeur humide de cave et de mort qui flottait au-dessus de tout. Ma seule présence avait déjà fait suffisamment monter l'hygrométrie pour que se forme sur le sol une fine moisissure noire qui rendait l'air encore plus malsain et la respiration encore plus lourde. Là où poussait cette moisissure, le parquet s'était amolli : de l'eau remontait. Cette tache était un rappel constant et douloureux du fait que je me trouvais manifestement bien sous terre. Le ravisseur m'apporta un kit de balayage rouge, un flacon de détergent, un spray et de ces lingettes parfumées au thym dont j'avais vu jadis la publicité à la télévision.

Je balayais désormais chaque jour minutieusement tous les coins de mon réduit, avant de brosser le sol jusqu'à ce qu'il en reluise. Je commençais par la porte. Le mur y était juste un peu moins large que l'étroit passage. Puis je partais de biais et me dirigeais vers les toilettes et la chasse d'eau. Je pouvais passer des heures à frotter avec du produit anticalcaire les gouttes d'eau sur le bouton métallique, jusqu'à ce qu'il soit reluisant, et à récurer les toilettes jusqu'à ce qu'elles aient tout d'une fleur rare en porcelaine sortant du sol. Puis je faisais un parcours minutieux entre la porte et le reste de la pièce : d'abord le long de la paroi la plus longue, puis le long de la plus courte, jusqu'à ce que je sois arrivée au mur étroit situé face à la porte. Pour finir, j'écartais ma chaise longue et je nettoyais le centre de la pièce. Je veillais très attentivement à ne pas utiliser trop de lingettes pour ne pas augmenter encore l'humidité.

Lorsque j'avais terminé, l'air était empli d'un mélange chimique rappelant la fraîcheur, la nature et la vie au grand air, que j'inspirais avidement. Alors, après une dernière petite pulvérisation avec le spray, je pouvais me laisser aller pour un moment. Le parfum de lavande n'était pas particulièrement agréable, mais il me donnait l'illusion d'être dans une prairie pleine de fleurs. Et lorsque je fermais les yeux, la photo imprimée sur le diffuseur devenait un décor qui prenait la place des murs de ma prison. Je courais le long d'interminables alignements de pieds de lavande violette, je sentais la terre sous mes pieds, je sentais l'âpre parfum des fleurs. Les abeilles bourdonnaient dans l'air chaud, le soleil me brûlait la nuque. Le ciel d'un bleu profond s'étendait au-dessus de moi, infiniment haut, infiniment vaste. Les champs s'étalaient jusqu'à l'horizon, sans se heurter au moindre mur ni à la moindre limite. Je courais si vite que j'avais le sentiment de voler. Et rien ne me freinait dans cette infinité bleu-violet.

Lorsque je rouvrais les yeux, les murs nus m'arrachaient brutalement à mon voyage imaginaire.

Des images. Il me fallait plus d'images, des images venues de mon univers et auxquelles je pourrais donner forme. Des images qui ne correspondraient pas aux fantasmes maladifs du ravisseur, ceux qui m'assaillaient à tous les coins de la pièce. Je me mis à peindre, avec des crayons gras pris dans ma trousse, les lambris qui recouvraient le mur. Je voulais laisser quelque chose de moi, comme ces prisonniers qui griffonnent sur le mur de leur cellule. Laisser des images, des proverbes, des encoches pour chaque jour qui passait. Eux ne le font pas par ennui, je le compris alors, mais pour se prouver, à eux-mêmes et à tous ceux qui pénétreront un jour dans leur cellule, qu'ils existent ou qu'ils ont existé un jour.

Mes peintures murales avaient encore un autre objectif : elles me permirent de créer un décor dans lequel je pouvais m'imaginer chez moi. Je tentai d'abord de reproduire l'entrée de notre appartement : contre la porte du cachot, je dessinai la poignée qui permettait d'ouvrir celle de notre appartement ; sur le mur situé à côté, la petite commode qui se trouve encore aujourd'hui dans le couloir, chez ma mère. Je peignis minutieusement le contour et les poignées des tiroirs – les crayons dont je disposais ne permettaient pas d'en faire plus, mais cela suffisait à faire illusion. Lorsque j'étais allongée sur ma chaise longue et regardais vers la porte, je pouvais imaginer qu'elle allait s'ouvrir d'un instant à l'autre, que ma mère allait entrer, me dire bonjour et poser son trousseau de clés sur la commode.

Je peignis ensuite sur le mur un arbre généalogique. Mon prénom était tout en bas ; suivaient ceux de mes sœurs, de leurs maris et enfants, de ma mère et de son ami, de mon père et de sa compagne, et pour finir de mes grands-parents. Je consacrai beaucoup de temps à ce dessin. Il m'attribuait une place dans le monde et me garantissait que j'étais membre d'une famille, l'élément d'un tout – et non pas cet atome égaré en dehors du monde réel que j'avais souvent la sensation d'être. Sur le mur d'en face, je peignis une grande voiture. C'était censé être une Mercedes SL en argent – ma préférée, dont j'avais une maquette à la maison et que je comptais acheter une fois devenue adulte. Au lieu de pneus, elle roulait sur de grosses brosses. J'avais vu cela un jour sur un graffiti, contre un mur de béton, à proximité de notre cité. Je ne sais plus précisément pourquoi j'avais choisi ce motif. Je voulais sans doute quelque chose de fort, qui donnait l'impression d'être grande. Au cours des derniers mois à l'école primaire, j'avais parfois irrité mes enseignants avec mes provocations. Au cours des minutes qui précédaient le cours, nous avions le droit de dessiner au tableau avec des craies, pourvu que nous l'effacions à temps. Alors que d'autres enfants peignaient des fleurs et des personnages de bande dessinée, j'écrivais « Contestation ! » « Révolution ! » ou « Dehors les maîtres ! ». Ce n'était pas un comportement considéré comme adéquat dans cette petite classe de vingt enfants, un cadre aussi protégé que celui d'une maternelle. J'ignore si j'étais déjà un peu plus proche de la puberté que mes camarades de classe, ou si je voulais ainsi clouer le bec à ceux qui n'arrêtaient pas de se moquer de moi. En tout cas, dans mon cachot, la petite rébellion qu'exprimait ce dessin me donna de la force. Tout comme l'injure que j'avais griffonnée en petites lettres en différents endroits du mur : « C.. » Je voulais ainsi montrer ma résistance, faire quelque chose d'interdit. Apparemment, cela n'impressionna pas le ravisseur ; en tout cas, ce dessin ne lui arracha pas le moindre commentaire.

Mais ce sont un téléviseur et un magnétoscope qui introduisirent la principale transformation dans mon cachot. Je n'avais pas cessé de les réclamer à

Priklopil ; un jour, il descendit effectivement avec les deux appareils et les posa sur la commode, à côté de l'ordinateur. Après des semaines au cours desquelles je n'avais vu la vie que sous une seule forme, à travers la personne du ravisseur, je pouvais désormais, par le biais de cet écran, faire entrer dans mon réduit une réplique colorée de la société humaine.

Au début, l'homme s'était contenté d'enregistrer indistinctement le programme télévisé d'une journée. Mais il trouva bientôt trop compliqué d'en expurger les informations où l'on parlait encore de moi. Il n'aurait jamais toléré que j'y voie des éléments prouvant que l'on ne m'avait pas oubliée dehors, dans le monde. L'idée que ma vie n'avait de valeur pour personne, et surtout pas pour mes parents, était après tout l'un de ses principaux moyens psychologiques pour s'assurer de ma docilité et de ma dépendance. Par la suite, il ne m'enregistra donc plus que des émissions éparses, ou m'apporta de vieilles cassettes vidéo de séries qu'il avait enregistrées au début des années 1990. Alf, l'extraterrestre poilu, l'ensorcelante Jeannie, Al Bundy et sa « famille terriblement gentille », ou les Taylor, les personnages de la série *Tool Time*, devinrent pour moi des succédanés de famille et d'amis. Je me réjouissais chaque jour de les retrouver et suivais leurs aventures avec sans doute plus de concentration que n'importe quel autre téléspectateur. Chaque facette des relations qu'ils entretenaient les uns avec les autres, la moindre bribe de dialogue, me paraissaient palpitantes et dignes d'intérêt. J'analysais tous les détails des décors : c'est eux qui délimitaient le périmètre de mon existence. Ils étaient mon unique « fenêtre » sur d'autres maisons ; mais elle était parfois tellement étroite et si mal montée que l'illusion d'avoir ainsi accès à la « vraie vie » ne tarda pas à se dissiper. C'est peut-être aussi l'une des raisons pour laquelle les séries de science-fiction furent celles qui me captivèrent le plus par la suite : *Star Trek*, *Stargate*, *Retour vers le passé*, *Retour vers le futur*, tout ce qui avait un rapport avec les voyages dans l'espace et dans le temps me fascinait. Les héros de ces films évoluaient sur des terres vierges, dans des galaxies inconnues. Si ce n'est qu'ils avaient les moyens techniques d'embarquer dans leurs vaisseaux spatiaux pour échapper aux situations embarrassantes ou aux menaces sur leur vie.

Un jour, au cours de ce printemps dont je ne connaissais l'existence que par le calendrier, le ravisseur m'apporta une radio. Je bondis de joie. Une radio, ce serait une vraie relation avec le monde réel ! Les informations, les émissions du matin, celles que j'avais toujours écoutées à la cuisine en prenant mon petit déjeuner, de la musique – et peut-être un indice fortuit du fait que mes parents ne m'avaient pas encore oubliée.

« Bien entendu, tu ne peux pas capter de stations autrichiennes avec ça », annonça l'homme, réduisant ainsi mes illusions à néant, lorsqu'il brancha l'appareil sur une prise de courant et le mit en marche. On entendait tout de même de la musique. Mais je ne comprenais pas un mot aux annonces du présentateur : mon ravisseur avait trafiqué le poste de telle sorte que je ne puisse recevoir qu'une station tchèque. Je passai des heures à tourner les boutons du petit appareil qui aurait pu être ma porte vers le monde extérieur. J'espérais toujours entendre un mot d'allemand, un jingle familier. Rien. Juste une voix que je ne comprenais pas. Elle me donnait certes l'impression d'être ailleurs, mais renforçait aussi en moi le sentiment d'aliénation et d'exclusion. Désespérée, je déplaçai millimètre par millimètre, dans un sens et dans l'autre, le bouton de recherche des stations, en réorientant constamment l'antenne. Mais en dehors de cette unique fréquence, on n'entendait qu'un souffle bruyant.

Plus tard, le ravisseur m'offrit un walkman. Comme je supposais qu'il avait plutôt chez lui de la musique de groupes assez anciens, je lui demandai des cassettes des Beatles et d'Abba. Lorsque la lumière s'éteignait, le soir, je ne restais plus toute seule dans le noir avec ma peur, je pouvais écouter de la musique tant que les piles fonctionnaient. Et c'étaient toujours les mêmes morceaux.

Ce sont les livres qui m'aidèrent le plus à lutter contre l'ennui et la folie. Le premier que le ravisseur m'apporta était *La Salle de classe volante* d'Erich Kästner. Il fut suivi d'une volée de classiques – *La Case de l'Oncle Tom, Robinson Crusoé, Tom Sawyer, Alice au pays des merveilles, Le Livre de la Jungle, L'Île au trésor* et *Les Compagnons du Kon-Tiki*. Je dévorai les *Albums de Mickey*, les aventures de Donald Duck, de ses trois neveux, de son oncle Picsou, l'avare, et de l'ingénieux Géo Trouvetou. Plus tard, je lui demandai des Agatha Christie, dont je connaissais les livres pour les avoir vus chez ma mère, et lus des piles entières de romans policiers – par exemple les aventures de Jerry Cotton – et de science-fiction. Les romans me catapultaient dans un autre monde, ils me captivaient tellement que j'oubliais pour longtemps où je me trouvais. C'est pour cette raison que la lecture devint pour moi une question de survie. Alors qu'avec la télévision et la radio, je parvenais à faire entrer dans mon cachot l'illusion de la société, les livres, eux, me permettaient de m'en échapper par la pensée pendant des heures.

Au cours de cette première période, alors que j'étais encore une enfant de dix ans, les livres d'aventures de Karl May prirent dans mes lectures une place toute particulière. Je dévorai les aventures de Winnetou et d'Old Shatterhand et lus ses récits sur le *Grand Ouest de l'Amérique du Nord*. Une chanson que les colons allemands entonnent pendant l'agonie de Winnetou me toucha tellement que je la recopiai mot pour mot et collai la feuille de papier au mur avec de la crème Nivea. C'est une prière à la Vierge :

> *Il veut quitter la lumière du jour*
> *Et la nuit silencieuse l'entoure.*
> *Ah, si la souffrance de l'âme*
> *Pouvait s'éteindre comme la flamme !*
> *Je dépose ma supplique à tes pieds,*
> *Porte-la sur le trône de Dieu*
> *Ô Madone, sois remerciée*
> *De la prière des gens pieux :*
> *Ave, Ave Maria !*

Il veut quitter la lumière de la foi ;
Mais le doute le glace d'effroi
Est-ce donc qu'on nous l'a volée,
Notre foi des jeunes années ?
Donne-moi, Madone, avec l'âge
De la croyance, certitude
Protège ma voix, mon ramage
Sois mon salut en solitude !
Ave, Ave Maria !

Il veut quitter la lumière de la vie
C'est la mort qui porte la nuit
L'âme veut déployer ses ailes
Et lui s'endort tout auprès d'elle
Madone, dans tes mains
Je remets l'ultime prière
Je veux croire jusqu'à la fin
Et renaître heureux comme hier !
Ave, Ave Maria

J'ai si souvent lu ce poème à l'époque, je l'ai si souvent chuchoté et récité, que je le connais encore par cœur aujourd'hui. J'aurais juré qu'on l'avait écrit à mon attention : à moi aussi, on avait ôté « la lumière de la vie », et moi aussi, dans les moments sombres, je ne voyais pas d'autre moyen que la mort pour quitter mon cachot.

Le ravisseur savait à quel point j'avais besoin d'être alimentée en films, en musique et en lecture ; il disposait ainsi d'un nouvel instrument de pouvoir.

La privation lui permettait de faire pression sur moi.

Chaque fois que j'avais eu à ses yeux un comportement soi-disant déplacé, je devais m'attendre à ce qu'il me ferme la porte de cet univers fait de mots et de sons, et qui promettait au moins un peu de divertissement. C'était particulièrement terrible les week-ends. Normalement, le ravisseur passait me voir chaque jour au début de la journée, et revenait le plus souvent une fois dans l'après-midi ou dans la soirée. Mais le week-end, j'étais toute seule : à partir du vendredi midi, parfois même du jeudi soir, il ne se montrait plus jusqu'au dimanche. Il me laissait des plats à réchauffer pour deux jours, quelques produits frais et de l'eau minérale qu'il rapportait de Vienne, mais aussi des vidéos et des livres. En semaine, j'avais droit à une cassette vidéo pleine de séries – deux heures, et même quatre si j'insistais beaucoup. Cela paraît beaucoup, mais tel n'est pas le cas : j'étais toute seule vingt-quatre heures sur vingt-quatre, avec les visites de mon ravisseur pour toute interruption. Le week-end, il m'accordait quatre à huit heures de distractions enregistrées, et me donnait le tome suivant de la série de livres que j'étais en train de lire. Mais uniquement si je remplissais ses conditions. Il ne m'accordait cette nourriture intellectuelle vitale que si j'étais « gentille ». Et lui seul savait ce qu'il entendait par là. Parfois, une vétille suffisait pour qu'il me punisse : « Tu t'es trop servie du vaporisateur, je te le reprends. » « Tu as changé. » Tu as ci, tu as ça…

Avec les vidéos et les livres, il savait parfaitement sur quel levier il pouvait agir. On aurait dit qu'après m'avoir arrachée à ma vraie famille, il avait aussi pris en otages mes familles de remplacement, celles des romans et des séries, pour me forcer à respecter ses instructions.

L'homme qui, au début, s'était efforcé de me rendre agréable ma vie dans le cachot et qui s'était rendu à l'autre bout de Vienne pour aller y chercher une pièce radiophonique bien précise de Bibi Blocksberg, cet homme-là s'était peu à peu transformé depuis qu'il m'avait annoncé qu'il ne me libérerait jamais.

Le ravisseur se mit alors à me contrôler de plus près. Depuis le début, il me tenait certes totalement sous sa coupe : enfermée dans les cinq mètres carrés d'une cave dont il était propriétaire, je n'avais de toute façon pas grand-chose à lui opposer. Mais plus la captivité durait, moins ce signe visible de son pouvoir le satisfaisait. Il voulait désormais avoir sous son contrôle chaque geste, chaque mot, chaque fonction de mon corps.

Cela commença avec le minuteur. Le ravisseur avait eu dès le début le pouvoir de faire le jour et la nuit. Lorsqu'il descendait dans le cachot, le matin, il mettait le courant en marche ; le soir, en repartant, il l'éteignait de nouveau. Il installa alors une minuterie qui régulait l'électricité dans la pièce. Tandis qu'au début je pouvais encore de temps en temps mendier une prolongation des périodes d'éclairage, je dus désormais me plier à un rythme inexorable et sur lequel je n'avais aucune prise : à 7 heures du matin, l'électricité s'allumait. Pendant treize heures, je pouvais mener dans mon espace minuscule et confiné quelque chose qui ressemblait à la vie : voir, entendre, sentir la chaleur, faire la cuisine. Tout était artificiel. Une ampoule ne remplacera jamais le soleil, les plats à réchauffer ne rappellent que de loin la table et les repas familiaux, et les personnages en deux dimensions qui scintillent sur l'écran du téléviseur ne sont qu'un piètre substitut aux personnes authentiques. Mais tant que la lumière était là, je pouvais au moins maintenir l'illusion que j'avais une existence autre que celle de mon esprit.

Le soir, à 20 heures, l'électricité était coupée. Je me retrouvais ainsi d'une seconde à l'autre dans une obscurité totale. Le téléviseur s'arrêtait au milieu d'une série. Je devais poser mon livre sans avoir terminé ma phrase. Et si je n'étais pas déjà couchée, je devais revenir à ma chaise longue en tâtonnant à quatre pattes. L'ampoule, le téléviseur, le magnétoscope, la radio, l'ordinateur, la plaque de cuisson, le chauffage : tout ce qui apportait un peu de vie dans mon cachot s'éteignait. Le tic-tac du réveil et le bourdonnement insupportable du ventilateur s'emparaient alors de mon espace. Pendant les onze heures suivantes, je n'avais que mon imagination pour ne pas devenir folle et contenir l'angoisse.

C'était un rythme semblable à celui d'une prison, rigoureusement fixé depuis l'extérieur, sans une seconde de battement, sans le moindre égard pour mes besoins. Le ravisseur aimait la régularité. Et cette minuterie lui permettait de me l'imposer.

Au début, il ne me restait plus que le walkman, qui fonctionnait avec des piles. Grâce à lui je ne me noyais pas totalement dans l'obscurité complète, même si le minuteur avait jugé que j'avais eu ma dose de lumière et de musique. Mais savoir que ce baladeur me permettait de contourner son pouvoir divin sur le jour et la nuit déplut au ravisseur. Il se mit à contrôler le niveau de charge des piles. Si j'utilisais l'appareil trop longtemps ou trop souvent à son goût, il me le confisquait jusqu'à ce que je promette de ne plus le faire. Une fois, il n'avait manifestement pas encore tout à fait fermé la porte la plus extérieure du cachot, alors que j'étais déjà installée sur ma chaise longue, le casque du walkman sur la tête, en accompagnant à tue-tête une chanson des Beatles. Sans doute entendit-il ma voix : je le vis revenir comme un fou dans mon cachot. Priklopil punit ce chant intempestif en me privant de lumière et de repas. Et pour les jours qui suivirent, je dus m'endormir sans musique.

Son deuxième instrument de contrôle était l'interphone. Le jour où il arriva avec cet appareil dans mon cachot et commença à monter les câbles, il m'expliqua :

— À partir de maintenant, tu peux sonner là-haut et m'appeler.

Je commençai par m'en réjouir : je me sentis libérée d'une profonde angoisse. L'idée que je pourrais me retrouver tout d'un coup dans une situation d'urgence me tourmentait depuis le début de ma captivité. J'étais souvent seule, au moins le week-end, et je n'avais aucune possibilité d'attirer l'attention de l'unique personne qui ait su où je me trouvais – le ravisseur. J'avais fait défiler dans mon esprit d'innombrables situations : un court-circuit, une rupture de canalisation, une crise d'allergie subite... Je m'étais imaginée mourant d'une fin lamentable, étouffée dans ce cachot par une peau de saucisse avalée de travers, et ce même si l'homme était présent dans la maison : il ne venait après tout que lorsqu'il le voulait. L'interphone me fit donc l'effet d'une planche de salut. C'est plus tard, seulement, que je compris à quoi servait vraiment cet aménagement. Un interphone, cela fonctionne dans les deux sens. L'homme l'utilisait pour me contrôler. Mais aussi pour me prouver sa toute-puissance : il pouvait entendre le moindre de mes bruits et surveiller tout ce que je faisais.

La première version qu'installa le ravisseur était pour l'essentiel composée d'un bouton sur lequel je devais appuyer quand j'avais besoin de quelque chose : alors une lumière rouge s'allumait quelque part, en haut, dans un endroit dissimulé de son appartement. Mais il ne voyait pas nécessairement la petite lampe, et n'entreprenait pas forcément, sans savoir ce que je voulais, la procédure compliquée qui lui permettait d'ouvrir le cachot. Et les week-ends, il ne descendait pas du tout. C'est bien plus tard, seulement, que j'en ai su la cause : sa mère venait passer le samedi et le dimanche dans la maison. Déblayer les nombreux obstacles qui se situaient entre le garage et mon réduit tant qu'elle était sur place aurait été beaucoup trop long et trop voyant.

Un peu plus tard, il remplaça cette installation provisoire par une autre, qui permettait aussi de parler. C'est désormais en appuyant sur un bouton qu'il faisait résonner ses instructions et ses questions dans ma prison.

« Tu as réparti ta nourriture ? »

« Tu t'es brossé les dents ? »

« Tu as coupé la télévision ? »

« Combien de pages as-tu lues ? »

« Tu as fait tes exercices de calcul ? »

Je sursautais chaque fois que sa voix perçait le silence, lorsqu'il me menaçait de représailles parce que j'avais répondu trop lentement ou que j'avais trop mangé.

« Tu as de nouveau tout avalé avant l'heure ? »

« Je ne t'avais pas dit que ce soir tu ne pourrais manger qu'un morceau de pain ? »

L'interphone était l'instrument parfait pour me terroriser. Jusqu'à ce que je découvre qu'il me donnait aussi une once de pouvoir. Aujourd'hui, il me semble étonnant, compte tenu de la manie du contrôle dont souffrait mon ravisseur, qu'il ne lui soit pas venu à l'idée qu'une fillette de dix ans irait examiner cet appareil de plus près. Or c'est ce que je fis au bout de quelques jours.

L'engin disposait de trois boutons. Lorsqu'on appuyait sur « parler », la ligne était ouverte des deux côtés. C'était la position qu'il m'avait montrée. Lorsqu'elle était en position « écouter », je pouvais certes entendre sa voix, mais lui ne pouvait pas entendre la mienne. Le troisième bouton était marqué du mot « permanent » : il rendait la ligne ouverte de mon côté, mais je n'entendais plus rien venant d'en haut. J'avais déjà appris, dans ma confrontation directe avec lui, à faire la sourde oreille. Désormais j'avais un bouton pour cela : lorsque ses questions, ses contrôles et ses accusations dépassaient ce que je pouvais supporter, j'appuyais sur « permanent ». Que sa voix se taise, et que j'aie, seule, activé le bouton qui le permettait, me procurait une profonde satisfaction. J'aimais ce bouton « permanent » qui pouvait, pour un bref instant, exclure le ravisseur de mon existence. Lorsque Priklopil découvrit cette petite rébellion menée du bout de l'index, il commença par être décontenancé, puis se mit en fureur. Il était rare qu'il descende spécialement dans le cachot pour me punir. Mais il était évident qu'une nouvelle idée ne tarderait pas à lui venir.

Il ne fallut pas longtemps, en effet, avant qu'il ne démonte l'interphone doté de ce bouton magique. Il arriva en revanche dans le cachot avec une radio, un appareil de marque Siemens. Il en ôta les entrailles et se mit à la bricoler. Je ne savais encore rien du ravisseur à cette époque, c'est seulement bien plus tard que j'ai appris que Wolfgang Priklopil avait été électronicien chez Siemens et qu'il savait manier les systèmes d'alarme, les radios et autres installations électriques.

Cette radio bricolée devint un effroyable instrument de torture. Elle était dotée d'un microphone si puissant qu'il transférait en haut le moindre bruit provenant de ma pièce. L'homme pouvait désormais, sans prévenir, se mettre à l'écoute de ma « vie » et vérifier, à n'importe quel instant, si je respectais ses instructions. Si j'avais coupé la télévision. Si la radio était allumée. Si je grattais encore l'assiette avec ma cuiller. Si je respirais.

Ses questions me poursuivaient jusque sous ma couverture : « Tu as laissé la banane ? » « Tu t'es encore goinfrée ? » « Tu t'es lavé le visage ? » « Tu as éteint la télé à la fin de l'épisode ? »

Je ne pouvais même pas lui mentir, faute de savoir depuis combien de temps il m'épiait. Si je ne lui disais pas la vérité ou si je ne répondais pas tout de suite, il criait dans le haut-parleur jusqu'à ce que ma tête ne soit plus qu'un martèlement. Ou bien il surgissait dans mon cachot et me punissait en me prenant ce qui comptait le plus pour moi : livres, vidéos, nourriture. Sauf si je lui rendais des comptes sur mes manquements et sur le moindre moment de ma vie dans le cachot. Comme s'il y avait encore eu quelque chose que j'aie pu lui dissimuler. Une autre possibilité de me faire sentir qu'il m'avait totalement sous sa coupe était de laisser l'écouteur décroché en haut. Alors s'ajoutait, au bourdonnement du ventilateur, un bruit déformé, d'une puissance insupportable, qui emplissait intégralement ma prison et me faisait sentir, jusque dans le dernier recoin de ma cave minuscule, qu'il était là. Toujours. Il respire de l'autre côté du câble. Il peut se mettre à hurler à n'importe quel moment, et tu sursauteras même si tu t'y attends en permanence. On n'échappe pas à sa voix. Je ne m'étonne pas aujourd'hui qu'à l'époque, l'enfant que j'étais ait cru qu'il pouvait aussi me voir dans mon cachot. J'ignorais s'il avait placé des caméras. Je me sentais désormais observée à chaque seconde, jusque dans mon sommeil. Peut-être avait-il même installé une caméra à infrarouge pour pouvoir aussi me contrôler tandis que je serais allongée, dans l'obscurité complète, sur ma chaise longue. Ce sentiment me paralysait, je n'osais pratiquement plus me retourner la nuit. Pendant la journée, je regardais dix fois autour de moi avant d'aller aux toilettes : je me demandais s'il était en train de m'observer – et s'il y en avait d'autres avec lui.

Prise de panique, je me mis à inspecter tout le cachot pour y trouver des judas ou des caméras. En craignant toujours qu'il ne voie ce que je faisais et qu'il ne descende aussitôt. Je comblai au dentifrice la moindre fissure des lambris, jusqu'à ce que je sois certaine qu'il n'y avait plus aucune faille. Mais le sentiment d'être observée en permanence ne disparut pas.

« Je crois que seules de rares personnes sont en mesure d'évaluer l'incroyable horreur de la torture et de l'agonie que ce type de traitement cruel inflige à ceux qui le subissent pendant des années. Même si je ne peux pour ma part que le soupçonner, même si je réfléchis à ce que j'ai vu sur leur visage et à ce qu'ils ressentent, je suis d'autant plus convaincu qu'il s'agit d'une effroyable souffrance que nul ne peut mesurer, hormis les personnes concernées, et qu'aucun être humain n'a le droit d'infliger à son prochain. Je considère cette influence sur le cerveau, acquise de manière lente et quotidienne, comme immensément plus grave que toute torture physique ; et parce que ses conséquences affreuses ne sont pas aussi visibles à l'œil ni sensibles au toucher que les traces laissées par la tor-

ture dans la chair, je les plains d'autant plus que les blessures ne se voient pas extérieurement et qu'elles ne suscitent que peu de cris audibles pour l'oreille humaine. »

Ces lignes ont été écrites en 1842 par l'écrivain Charles Dickens, à propos de la détention à l'isolement, une méthode qui faisait à l'époque école aux États-Unis et que l'on utilise encore de nos jours. Ma propre détention à l'isolement, la période que j'ai passée exclusivement dans mon cachot sans pouvoir quitter une seule fois les cinq mètres carrés où j'étais recluse, dura plus de six mois. Ma captivité, au total, dura trois mille quatre-vingt seize jours.

J'étais à l'époque incapable d'exprimer sous forme de mots les sentiments que déclencha en moi cette période dans l'obscurité totale ou sous un éclairage artificiel et permanent. Lorsque je regarde aujourd'hui les nombreuses études sur les effets de la détention individuelle et de la privation sensorielle, je comprends ce qui m'est arrivé à l'époque.

L'une de ces études dresse une liste des effets du *solidary confinement*, le nom anglais pour désigner la détention à l'isolement :

- *Atteintes considérables à la fonctionnalité du système nerveux végétatif*
- *Troubles considérables du système hormonal*
- *Lésions des fonctions organiques*
- *Disparition des règles chez les femmes sans cause physiologico-organique liée à l'âge ou à la grossesse (aménorrhée secondaire)*

- *Sentiment accru de devoir manger : cynorexie (faim insatiable), hyperorexie (boulimie)*
- *À l'inverse, diminution ou disparition du sentiment de soif*
- *Fortes bouffées de chaleur et/ou sentiments de froideur, que l'on ne peut ramener à une variation correspondante de la température extérieure ou à une pathologie (fièvre, frissons, etc.)*
- *Atteintes considérables à la perception et à la capacité cognitive*
- *Fortes perturbations du traitement des perceptions*
- *Fortes perturbations des sensations physiques*
- *Sérieuses difficultés générales de concentration*
- *Sérieuses difficultés pouvant aller jusqu'à l'incapacité de lire ou d'appréhender ce qu'on lit par la pensée, de le comprendre et de le replacer dans un contexte sensé*
- *Sérieuses difficultés pouvant aller jusqu'à l'incapacité d'écrire ou de traiter des réflexions par écrit (agraphie/dysgraphie)*
- *Sérieuses difficultés d'expression et de verbalisation, notamment dans les domaines de la syntaxe, de la grammaire et des choix lexicaux, pouvant aller jusqu'à l'aphasie, l'aphrasie et l'agnosie.*
- *Sérieuses difficultés ou incapacité de suivre des conversations (conséquence prouvée d'un ralentissement du cortex primaire acoustique des lobes temporaux à la suite du déficit de stimuli)*

Autres atteintes :
- *Monologues tenus pour compenser le déficit de stimuli acoustiques et sociaux*

- *Perte manifeste d'intensité des sentiments (par exemple à l'égard des parents et amis)*
- *Sentiments euphoriques liés à la situation, basculant ultérieurement dans une humeur dépressive*

Conséquences à long terme sur la santé
- *Troubles du contact social pouvant aller jusqu'à l'incapacité de nouer des relations étroites sur le plan émotionnel et des relations à long terme avec des partenaires*
- *Dépressions*
- *Atteinte au sentiment de sa propre valeur*
- *Retour, dans les rêves, de la situation d'enfermement*
- *Troubles de la tension requérant des soins*
- *Affections dermatologiques requérant des soins*
- *Impossibilité d'acquérir de nouveau des facultés, notamment cognitives, qui étaient maîtrisées avant la détention à l'isolement*

Ce sont les effets de l'absence de stimuli sensoriels qui affectent le plus les prisonniers. La privation sensorielle agit sur le cerveau, perturbe le système nerveux végétatif et transforme des êtres conscients en individus dépendants, prêts à se soumettre à l'influence de toute personne qu'ils rencontrent après une phase d'obscurité et d'isolement ; cela vaut même pour des adultes qui se placent volontairement dans une situation de ce type. En janvier 2008, la BBC a diffusé une émission intitulée *Total Isolation* qui m'a beaucoup touchée : six volontaires se sont laissé enfermer pour quarante-huit heures dans la cellule d'un abri antiatomique. Seuls et sans lumière, ils se sont placés dans ma situation – c'est-à-dire dans l'obscurité et la solitude, mais sans avoir à subir l'angoisse ni la durée d'enfermement. En dépit de ce délai relativement bref, ils ont indiqué tous les six, à l'issue de l'expérience, qu'ils avaient perdu toute notion du temps et avaient connu de fortes hallucinations. Une femme était persuadée que sa literie était trempée. Ils avaient eu tous les trois des hallucinations acoustiques et visuelles : ils voyaient des serpents, des huîtres, des voitures, des zèbres. Au bout de ces quarante-huit heures, tous avaient perdu la faculté de résoudre les problèmes les plus simples. Aucun ne trouvait un mot commençant par « F » lorsqu'on le lui demandait. Un autre avait perdu 36 % de sa mémoire. Les quatre volontaires étaient bien plus influençables qu'avant leur isolement. Tous croyaient ce que leur disait la première personne rencontrée après leur détention. Moi, la seule personne que je rencontrais était mon ravisseur. Lorsque je lis aujourd'hui ce type d'études et d'expériences, je suis étonnée d'avoir résisté à ces longues années. Ma situation était largement comparable à celle dans laquelle ces adultes s'étaient placés pour leurs études. Même en oubliant le fait que mon isolement dura beaucoup plus longtemps, un facteur supplémentaire et aggravant s'y ajouta cependant dans mon cas : je n'avais aucune idée de la raison pour laquelle je m'étais, justement moi, retrouvée dans cette situation. Alors que les prisonniers politiques peuvent s'accrocher à l'idée qu'ils remplissent une mission et que même les victimes d'erreurs judiciaires savent que leur réclusion est due à un système judiciaire, avec ses textes, ses institutions et ses procédures, je ne voyais pour ma part même pas une logique hostile derrière ma captivité. Il n'y en avait pas.

Peut-être le fait que j'aie encore été une enfant m'a-t-il aidée, en me permettant de m'adapter plus facilement à ces circonstances difficiles que n'aurait pu le faire un adulte. Mais cela exigea de moi une autodiscipline qui, après coup, me paraît presque inhumaine. Je passais les nuits à faire des voyages imaginaires dans l'obscurité. Le jour, je tenais bon en me rappelant que j'avais décidé de prendre ma vie en main lorsque j'aurais mes dix-huit ans. J'étais fermement résolue à acquérir les connaissances nécessaires et réclamais des livres et des manuels scolaires. Et contre vents et marées, je m'en tenais obstinément à mon identité et à l'existence de ma famille.

À l'approche de la première fête des mères depuis le début de ma captivité, je bricolai un cadeau pour maman. Je n'avais ni colle, ni ciseaux – le ravisseur ne me laissait rien qui eût pu causer des blessures, à lui ou à moi-même. Je pris donc mes crayons gras et dessinai quelques grands cœurs rouges sur du papier, les déchirai soigneusement et les collai les uns sur les autres avec de la crème Nivea. Je m'imaginais, comme si j'y étais déjà, remettant ce cœur à ma mère le jour où j'aurais recouvré la liberté. Elle saurait alors que je n'avais pas oublié la fête des mères, même si je n'avais pas pu me trouver auprès d'elle ce jour-là.

L'homme supportait cependant de plus en plus mal de me voir m'occuper de ce genre de choses ou de m'entendre parler de mes parents, de mon domicile et même de mon école. « Tes parents ne veulent pas de toi, ils ne t'aiment pas », répétait-il sans arrêt. Je refusais de le croire : « Ce n'est pas vrai, mes parents m'aiment. Ils me l'ont dit. » J'en étais persuadée. Mes parents étaient cependant si loin que j'avais l'impression de vivre sur une autre planète. Il n'y avait pourtant que dix-huit kilomètres, vingt-cinq minutes de voiture, entre mon cachot et l'appartement de ma mère. Mais dans mon univers parallèle, cette distance concrète prenait des dimensions gigantesques. J'étais dans le monde de ce roi de cœur despotique où les personnages en forme de cartes à jouer tressaillaient chaque fois que sa voix retentissait. Lorsqu'il était présent, c'est lui qui décidait de chacun de mes gestes, de chaque expression de mon visage : je devais me tenir comme il me l'ordonnait, je ne devais jamais le regarder en face. En sa présence, me criait-il, je devais garder les yeux baissés. Je ne devais pas parler sans qu'il m'y ait invité. Il me forçait à me comporter avec lui comme si je lui étais soumise, et exigeait de la reconnaissance pour le moindre service rendu : « Je t'ai sauvée », disait-il toujours – et il semblait parler sérieusement. Il était mon cordon ombilical vers l'extérieur : la lumière, la nourriture, les livres, lui seul pouvait me fournir tout cela, et il pouvait m'en priver à n'importe quel moment. Ce qu'il fit du reste par la suite, avec une obstination qui me conduisit presque à la mort par dénutrition. Et pourtant, même si le contrôle permanent et l'isolement me brisaient peu à peu, je n'éprouvais aucune gratitude à son égard ; il ne m'avait certes ni tuée, ni violée, comme je l'avais craint et même attendu au début. Je n'ai pourtant à aucun moment oublié que son acte était un crime pour lequel je pouvais le condamner si je voulais – mais pour lequel je ne devais jamais lui être reconnaissante.

Un jour, il m'ordonna de l'appeler « Maestro ». Au début, je ne le pris pas au sérieux : « Maestro » me semblait être un mot beaucoup trop grotesque pour que quelqu'un se laisse désigner ainsi. Mais il insista et ne cessa de répéter : « Tu m'appelles Maestro ! » Arrivée à ce point, je sus que je ne devais pas céder. Quand on se défend, on vit encore. Quand on est mort, on ne peut plus se défendre. Je ne voulais pas être morte, même intérieurement, je devais avoir quelque chose à lui opposer.

Je ne pus m'empêcher de penser à un passage d'*Alice au pays des merveilles* : « Quelle histoire, pense Alice, j'ai souvent vu un chat sans sourire, mais un sourire sans chat, c'est tout de même la chose la plus étrange que j'aie jamais vécue. » J'avais devant moi un homme dont l'humanité s'étiolait, dont la façade partait en éclats et dévoilait la faiblesse de caractère. Un raté du monde réel, qui tirait sa force de l'oppression d'un petit enfant. C'était pitoyable. Un bouffon qui me demandait de l'appeler « Maestro ».

Aujourd'hui, lorsque je me remémore cette situation, je sais pourquoi j'ai refusé de l'appeler ainsi. Les enfants sont des maîtres de la manipulation. J'ai dû sentir, instinctivement, combien ce titre était important pour lui – et deviner que j'avais à présent en main une clef qui me permettrait d'exercer à mon tour un certain pouvoir sur lui. Je n'ai pas réfléchi à ce moment-là aux conséquences que pourrait entraîner mon refus. La seule chose qui me passa par la tête fut que ce type de comportement m'avait déjà réussi une fois.

Dans la cité Marco-Polo, il arrivait que des invités de mes parents me chargent de promener leurs chiens de combat. Les propriétaires m'avaient bien demandé de ne jamais lâcher la bride aux animaux : ils auraient profité de cet excès de liberté. Je devais les tenir par la laisse tout près du collier pour pouvoir leur faire voir à n'importe quel moment que tout écart susciterait une réaction. Et ils m'avaient recommandé de ne jamais montrer la peur que m'inspiraient les chiens. Quand on y arrivait, ces molosses étaient obéissants et dociles, même entre les mains d'un enfant, ce que j'étais à l'époque.

Ce jour-là, lorsque Priklopil se trouva devant moi, je décidai de ne pas me laisser intimider et de le tenir lui aussi au collier. « Je ne le ferai pas », lui dis-je fermement. Il ouvrit grand les yeux, protesta et me redemanda à plusieurs reprises de l'appeler « Maestro ». Mais il finit par ne plus revenir sur ce sujet.

Cet épisode fut pour moi décisif, même si je n'en eus peut-être pas une conscience aussi aiguë à l'époque. J'avais montré ma force et le ravisseur avait reculé. Le sourire arrogant du chat s'était ratatiné. Il était resté le simple auteur d'un acte malveillant, et si mon existence dépendait largement de ses humeurs, lui aussi, d'une certaine manière, dépendait de moi.

Il me fut plus facile, au cours des mois et des semaines qui suivirent, de le manier en me le représentant comme un pauvre gamin mal aimé. J'avais relevé, quelque part dans l'un des nombreux films et téléfilms policiers que j'avais vus autrefois, que les gens deviennent méchants lorsque leur mère ne les aime pas assez et qu'ils ne reçoivent pas suffisamment de chaleur familiale. De mon point de vue, il était vital, si je voulais me protéger, de considérer que le ravisseur n'était pas un homme foncièrement mauvais, mais l'était devenu au fil de son existence. Cela ne relativisait en aucun cas l'acte en soi, mais cela m'aida à lui pardonner. En m'imaginant, d'une part, qu'il avait peut-être fait, orphelin, dans un foyer, des expériences effroyables dont il souffrait encore aujourd'hui. Et en ne cessant de me répéter, par ailleurs, qu'il avait certainement aussi de bons côtés. Qu'il exauçait mes vœux, m'apportait des friandises, me nourrissait. Je pense que, dans mon état de dépendance complète, c'était l'unique possibilité de maintenir la relation que j'avais avec cet homme, relation dont dépendait ma vie. Si je ne lui avais voué que de la haine, celle-ci m'aurait dévoré au point de ne plus avoir la force de survivre. Parce que je pouvais discerner à tout moment, derrière le masque du criminel, le petit homme faible et égaré, j'étais en mesure de lui faire face.

Vint aussi le moment où je le lui dis. Je le regardai et lui déclarai : « Je te pardonne, parce que chacun commet un jour une erreur. » Certains pourront trouver cette démarche étrange et morbide. Son « erreur » m'avait tout de même coûté la liberté. Mais c'était la seule chose à faire. Je devais m'accommoder de cet homme, sans quoi je ne survivrais pas.

Je n'ai pourtant jamais eu confiance en cet homme, c'était impossible. Mais je me suis arrangée avec lui. Je le « consolais » du crime qu'il commettait envers moi, tout en faisant appel à sa conscience afin qu'il le regrette et, au moins, qu'il me traite correctement. Il me rendait la pareille en satisfaisant, par périodes, certains de mes petits vœux : un magazine de cheval, un crayon, un nouveau livre. Il lui arrivait même de proclamer : « J'exaucerai n'importe lequel de tes souhaits. » Je lui répliquais alors : « Dans ce cas pourquoi ne me laisses-tu pas reprendre ma liberté ? Mes parents me manquent tellement ! » Mais sa réponse était toujours la même, et je la connaissais déjà : mes parents ne m'aimaient pas – et lui ne me libérerait jamais.

Au bout de quelques mois dans mon cachot, je lui demandai pour la première fois de me prendre dans ses bras. J'avais besoin d'un contact pour me consoler, de la sensation de la chaleur humaine. Ce fut difficile. Il avait de gros problèmes avec la proximité. Moi-même, je sombrais immédiatement dans une panique mêlée de claustrophobie lorsqu'il me tenait trop fermement. Mais après quelques tentatives, nous parvînmes à trouver un *modus vivendi* : nous nous tenions ni trop près, ni trop étroitement, ce qui me permettait de supporter l'enlacement, mais tout de même suffisamment proche pour que je puisse m'imaginer que cette relation était faite d'amour et d'attention. Ce fut le premier contact physique que j'eus avec un être humain depuis de nombreux mois. Une éternité pour une enfant de dix ans.

5

La chute dans le vide

Le vol de mon identité

« *Tu n'as plus de famille. Ta famille, c'est moi. Je suis ton père, ta mère, ta grand-mère et tes sœurs. Je suis tout pour toi maintenant. Tu n'as plus de passé. Tu es tellement mieux chez moi. Tu as de la chance que je t'aie recueillie et que je m'occupe aussi bien de toi. Tu n'appartiens qu'à moi. Je t'ai créée.* »

À l'automne 1998, plus de six mois après mon enlèvement, j'avais perdu tout mon courage et toute ma joie de vivre. Alors que mes camarades de classe avaient tourné une nouvelle page de leur scolarité, j'étais restée au même point et je rayais les jours sur mon calendrier. Temps perdu. Temps solitaire. Mes parents me manquaient tellement que, la nuit, l'envie de les entendre me dire un mot gentil ou me serrer dans leurs bras me faisait me recroqueviller sur ma chaise longue. Je me sentais minuscule et infiniment faible, j'étais à deux doigts de capituler. Petite, lorsque j'étais abattue et découragée, ma mère me faisait toujours couler un bain chaud. Elle versait dans l'eau des perles brillantes, soyeuses et colorées, et une si grande quantité de sels de bain que je disparaissais sous des montagnes de nuages mousseux qui sentaient bon et crépitaient. Lorsque j'en sortais, elle m'enveloppait dans un épais drap de bain, me couchait et me bordait. Cela me donnait toujours un sentiment de sécurité – un sentiment dont je devais me passer depuis si longtemps.

Le ravisseur ne savait que faire pour lutter contre mon abattement. Lorsqu'il arrivait dans le cachot et me regardait, assise, apathique, sur ma chaise longue, il ne pouvait que me toiser d'un air déconcerté. Il ne parlait certes jamais de mes états d'âme, mais tentait de m'égayer avec des jeux, une part de fruit supplémentaire ou une cassette vidéo avec le nouvel épisode d'une série. Mais je ne sortais pas de mes idées noires. Comment aurait-il pu en être autrement ? Ce qui me tourmentait, ce n'était pas de manquer de divertissements audiovisuels, mais d'être enchaînée, sans avoir commis aucune faute, à l'imagination d'un homme qui m'avait depuis longtemps condamnée à perpétuité.

Je rêvais de retrouver ce bien-être qui s'emparait de moi après chaque bain chaud. Lorsque le ravisseur venait me voir dans mon cachot, au cours de ces journées, je tentais de le convaincre de me laisser prendre un bain. Je lui posais la question sans arrêt. Je ne sais pas si ses nerfs finirent par lâcher, ou s'il décida de son propre chef qu'il était peut-être effectivement temps de m'offrir un passage dans une vraie baignoire. Mais après m'avoir entendue quémander et implorer pendant quelques jours, il me fit la surprise de me le promettre. Si j'étais gentille.

Je pouvais quitter mon cachot ! Je pouvais aller en haut et prendre un bain !

Mais qu'était cet « en haut » ? Qu'est-ce qui m'y attendait ? Je balançais entre la joie, l'incertitude et l'espoir. Peut-être me laisserait-il seule, peut-être pourrais-je profiter de cette occasion pour m'enfuir ?

Quelques jours s'écoulèrent encore avant que le ravisseur ne vienne me chercher dans ma prison. Et il les utilisa pour étouffer en moi toute idée de fuite : « Si tu cries, je vais être obligé de te faire quelque chose. Toutes les portes, toutes les fenêtres sont piégées. Si tu ouvres une fenêtre, tu te fais exploser. » Il m'intima l'ordre de rester loin des issues et de veiller à ce que l'on ne me voie pas de l'extérieur. Si je ne respectais pas ses instructions dans les moindres détails, il me tuerait sur-le-champ. Je n'en doutais pas un instant. Il m'avait enlevée et enfermée. Pourquoi n'aurait-il pas été capable de me liquider ?

Lorsqu'il ouvrit enfin mon cachot, un soir, et me demanda de le suivre, mes premiers pas furent hésitants. Dans la lumière diffuse, derrière la porte, je distinguai un petit renfoncement trapézoïdal un peu surélevé, où l'on avait rangé un bahut. Derrière, une lourde porte de bois par laquelle on arrivait dans une deuxième petite pièce. Mon regard y tomba sur un monstre ventru posé contre la mince paroi gauche : une porte en béton armé, qui pesait cent cinquante kilos et que l'on avait encastrée dans un mur de près de cinquante centimètres d'épaisseur. On pouvait la verrouiller de l'extérieur avec une barre de fer scellée dans le mur.

C'est ce que l'on peut lire dans le dossier de la police. Mais j'ai le plus grand mal à exprimer ce que j'ai réellement ressenti en découvrant cette porte. J'étais enfermée dans du béton. Hermétiquement cloîtrée. Le ravisseur ne cessait de me mettre en garde contre les pièges à feu, les alarmes, les câbles qui lui permettaient de mettre sous tension l'entrée de mon cachot. Un quartier de haute sécurité pour enfant. Que deviendrais-je s'il lui arrivait quelque chose ? La peur que j'éprouvais à l'idée que je pouvais m'étouffer en avalant une peau de saucisse de travers me parut ridicule lorsque je m'imaginai que lui pouvait tomber, se casser le bras et se retrouver à l'hôpital. Je serais alors enterrée vivante. Hors circuit.

Je n'arrivais plus à respirer. Il fallait que je sorte d'ici. Immédiatement.

La porte en béton armé donnait sur un petit boyau. Soixante-huit centimètres et demi de hauteur, quarante-huit et demi de largeur. Lorsque je me tenais debout, le rebord inférieur de ce passage m'arrivait à peu près à hauteur du genou. Le ravisseur attendait déjà de l'autre côté, je vis ses jambes se dessiner sur un fond clair. Puis je m'agenouillai et avançai à quatre pattes. Les murs noirs semblaient avoir été goudronnés, l'air était humide et confiné. Lorsque je me fus extraite de ce boyau, je me retrouvai dans une fosse à vidange de voiture. Juste à côté du passage se trouvaient un coffre-fort descellé et une commode. L'homme m'invita une nouvelle fois à le suivre. Un escalier étroit, les parois en dalles de béton grises, les marches hautes et glissantes. Trois marches en bas, neuf vers le haut, puis une trappe, et j'arrivai dans un garage.

J'étais comme paralysée. Deux portes de bois. La lourde porte en béton. Le boyau. Un coffre-fort massif que le ravisseur faisait glisser devant l'entrée lorsque j'étais dans mon cachot, avant de le visser dans le mur et de brancher une protection électrique. La commode qui dissimulait le coffre et le passage. Les lattes de plancher qui recouvraient la trappe, derrière, vers la fosse de vidange. Je savais déjà que je ne pourrais pas forcer la porte de mon cachot, que toute tentative pour m'évader de ce réduit était absurde. Je me doutais aussi que je pourrais tambouriner contre les murs et crier aussi longtemps que je voudrais, nul ne m'entendrait jamais. Mais à cet instant, en haut, dans le garage, je compris d'un seul coup qu'il était tout aussi impossible que quiconque me trouve un jour. L'entrée du cachot était parfaitement camouflée, et les chances que la police me déniche ici lors d'une perquisition étaient effroyablement minces.

Le choc ne s'apaisa qu'au moment où une impression encore plus forte dissipa le sentiment d'angoisse : c'était l'air qui affluait dans mes poumons. J'inspirai profondément, à de multiples reprises, comme une personne en train de mourir de soif qui atteint l'oasis salvatrice à la dernière seconde et se jette tête la première dans l'eau qui va lui sauver la vie. Après des mois passés dans la cave, j'avais totalement oublié à quel point il était bon de respirer un air qui ne soit pas sec, poussiéreux et pulsé par un appareil électrique dans mon minuscule trou souterrain. Le claquement du ventilateur, qui s'était installé dans mon oreille comme un acouphène, diminua pour un moment, mes yeux tentèrent prudemment de discerner ces contours inconnus et la tension que j'avais ressentie au premier instant se relâcha.

Elle revint à la minute même où le ravisseur m'intima d'un geste l'ordre de ne pas produire le moindre son. Alors il me fit passer par un nouveau couloir et monter quatre marches dans la maison. Il faisait sombre, tous les stores étaient baissés. Une cuisine, un couloir, un séjour, un corridor. Les pièces dans lesquelles j'entrai successivement me parurent incroyables, d'une grandeur et d'une largeur presque ridicules. Depuis le 2 mars, j'évoluais dans un environnement où la plus longue distance était de deux mètres. Je pouvais voir la totalité de cet espace depuis n'importe quel angle tout en observant ce qui était le plus près de moi. Ici, l'ampleur de l'espace m'engloutit comme l'aurait fait une grande vague. Une mauvaise surprise, le mal en personne, pouvait me guetter derrière n'importe quelle porte, derrière chaque fenêtre. Je ne savais pas, il est vrai, si le ravisseur vivait seul, combien d'autres personnes étaient complices de ce crime, ni ce qu'elles feraient en me voyant « en haut ». Il avait si souvent parlé « des autres » que je soupçonnais leur présence dans chaque coin de mur. Qu'il ait une famille, qu'il l'ait mise au courant et que ses membres n'attendent que le moment où ils pourraient me tourmenter était plausible. N'importe quelle variété de crime me semblait être dans le domaine du possible.

Le ravisseur paraissait excité et nerveux. Sur le chemin de la salle de bains, il ne cessa de me répéter, entre ses dents : « Pense à la fenêtre et au système d'alarme. Je te tue si tu cries. » Après avoir vu l'accès à mon cachot, je l'aurais cru sur parole s'il m'avait raconté que toute la maison était minée.

Tandis que, les yeux baissés comme il l'exigeait, je laissais mon regard me guider dans la salle de bains, les pensées tournoyaient dans ma tête. Je me demandais fébrilement comment je pouvais le maîtriser et m'enfuir. Aucune idée ne me vint à l'esprit. Même si je n'avais jamais été une couarde, l'angoisse me tenaillait souvent. Il était tellement plus fort et plus rapide que moi – si j'étais partie en courant, deux pas lui auraient suffi pour me rattraper. Ouvrir les portes et les fenêtres aurait manifestement été un suicide. Jusqu'après ma libération, j'ai cru à la présence de ces mystérieux systèmes de protection.

Mais dès cette époque, la contrainte extérieure, les nombreux murs et portes infranchissables, la force physique du ravisseur n'étaient pas les seuls motifs qui m'empêchaient de m'évader. La première pierre de cette prison psychique à laquelle il m'était de moins en moins possible d'échapper au cours de ma captivité était déjà posée. J'étais intimidée et anxieuse. « Si tu coopères, il ne t'arrivera rien. » Le ravisseur m'avait fait rentrer cette phrase dans le crâne dès le début et m'avait menacée des pires sanctions, y compris la mort, si je lui résistais. J'étais une enfant, habituée à obéir aux adultes, d'autant plus lorsqu'ils m'indiquaient les conséquences éventuelles d'un refus. L'autorité présente, c'était la sienne. Même s'il avait laissé ouverte la porte de la maison à ce moment-là, je ne sais pas si j'aurais eu le courage de courir. Un chat domestique, autorisé à sortir par la porte pour la première fois de sa vie, restera assis sur le seuil, effrayé, et miaulera pitoyablement parce qu'il ne saura pas quoi faire de cette liberté soudaine. Derrière moi, je n'avais pas la maison protectrice dans laquelle je pouvais revenir pour me mettre à l'abri, mais un homme prêt à me sacrifier pour que l'on ignore son crime. J'étais déjà si profondément habituée à ma captivité qu'elle faisait désormais partie de moi-même.

Le ravisseur me fit couler un bain moussant. Il ne sortit pas de la pièce lorsque je me déshabillai et y entrai. Qu'il ne me laisse même pas toute seule dans mon bain me perturba. Mais j'étais déjà tellement habituée à ce qu'il me voie nue au cours des douches qu'il me donnait dans mon cachot que je me contentai d'une protestation discrète. Lorsque je me laissai glisser dans l'eau chaude et fermai les yeux, je parvins pour la première fois depuis des jours à faire abstraction de tout ce qui m'entravait. Des couronnes de mousse blanche recouvraient mon angoisse, dansaient dans le cachot sombre, m'emmenaient loin de la maison et me ramenaient chez moi dans notre salle de bains, dans les bras de ma mère qui m'attendait avec une grande serviette-éponge chaude et me portait directement dans mon lit.

Cette belle image éclata comme une bulle de savon lorsque le ravisseur me demanda de me presser. La serviette- éponge était rugueuse et avait une odeur inconnue. Personne ne me porta dans mon lit, je redescendis en revanche dans mon cachot obscur. Je l'entendis verrouiller derrière moi les portes de bois, puis la porte de béton. Je l'imaginai lorsqu'il remonta dans l'étroit passage, repoussa le coffre-fort contre l'ouverture, le vissa dans le mur et glissa la commode devant. J'aurais aimé ne pas voir à quel point j'étais hermétiquement coupée du monde. Je m'allongeai sur ma chaise longue, me recroquevillai et tentai de retrouver la sensation des sels de bain et de l'eau chaude sur ma peau. La sensation d'être chez moi.

Un peu plus tard, le ravisseur montra de nouveau son côté attentionné. Peut-être avait-il juste mauvaise conscience. En tout cas, il décida qu'il fallait rendre mon cachot un peu plus habitable.

Les travaux avancèrent lentement ; chaque planche, chaque pot de peinture devait être glissé, un par un, sur le long chemin. Les étagères et les petits placards ne pouvaient être assemblés qu'à l'intérieur du réduit.

Je fus autorisée à choisir une couleur pour mes murs, et tranchai en faveur d'une tapisserie en fibre naturelle que je voulais peindre en rose tendre. Exactement comme dans ma chambre d'enfant, chez moi. La peinture s'appelait « Elbe brillante ». Plus tard, il utilisa la même teinte pour son salon : aucun seau contenant des restes de peinture ne devait traîner dans la maison sans que l'on retrouve son contenu quelque part sur un mur, en haut, m'expliqua-t-il, toujours prêt à faire face à une descente de police, toujours désireux de ne pas laisser le moindre élément susceptible de faire naître un soupçon. Comme si la police s'était encore intéressée à moi à l'époque ; comme si elle allait vérifier ce genre de choses, alors qu'en dépit de deux signalements elle n'avait même pas examiné la voiture qui avait servi à l'enlèvement.

En même temps que les plaques de plâtre qu'il vissait sur le lambris, disparaissaient les uns après les autres les souvenirs de ma première période dans le cachot. La commode de mon entrée, celle que j'avais repeinte sur le mur, l'arbre généalogique, l'*Ave Maria*. Mais ce qui remplaça ces planches et ces dessins me paraissait largement préférable : un mur dont le toucher me donnait l'impression d'être chez moi. Lorsque le papier fut posé et repeint, il régnait dans mon réduit une telle odeur de produits chimiques que j'eus la nausée pendant plusieurs jours. Le petit ventilateur n'était pas capable de venir à bout des exhalaisons de peinture fraîche.

On installa ensuite ma mezzanine. Priklopil apporta dans le cachot des planches et des poteaux en pin clair qu'il assembla soigneusement avec des vis. Lorsque la mezzanine fut en place, le lit occupait presque toute la largeur de la cellule, à un bon mètre cinquante de hauteur. Je fus autorisée à décorer le plafond au-dessus. Je me décidai pour trois cœurs que je peignis soigneusement. Ils étaient destinés à ma mère. Lorsque je les regardais, je pensais à elle. Mais le plus compliqué fut la mise en place de l'échelle. L'angle qui séparait le renfoncement et le cachot ne permettait pas de la faire passer par la porte. Le ravisseur essaya à de multiples reprises, puis finit par sortir et revint avec une perceuse à batterie. Il dévissa la cloison qui séparait le renfoncement en deux parties, descendit l'échelle dans le réduit – et remonta le mur le jour même.

Lors de l'assemblage de mes nouvelles étagères, je découvris pour la première fois un côté de mon ravisseur qui m'effraya profondément. Jusque-là, il lui était arrivé de me crier dessus, il m'avait humiliée, injuriée, menacée de toutes les punitions possibles et imaginables afin de me contraindre à coopérer. Mais il n'avait jamais perdu le contrôle de ses nerfs.

Il était en train de serrer une vis, la perceuse à la main. Le travail commun dans le cachot m'avait rendue un peu plus confiante, et je lui posai tout d'un coup une question, sans autre forme de procès :

— Pourquoi visses-tu justement la planche à cet endroit-là ?

J'avais oublié, l'espace d'un instant, que j'étais seulement autorisée à parler lorsqu'il m'y invitait. Quelques fractions de seconde suffirent pour que le ravisseur soit pris d'un accès de rage, me hurle à la face et lance la lourde perceuse dans ma direction. J'eus tout juste le temps de me pencher avant qu'elle n'aille se fracasser contre le mur, derrière moi. J'en eus le souffle coupé et restai là, immobile, à le regarder les yeux écarquillés.

La nuit qui suivit cette première éruption de colère, j'étais allongée sur le mince matelas de mon nouveau lit en mezzanine. Le ventilateur semblait produire son claquement habituel juste à côté de mes oreilles et se vrillait dans mon cerveau jusqu'à ce que je sois à deux doigts de crier de désespoir. L'air froid du grenier soufflait droit sur mes pieds. Alors qu'à la maison j'avais toujours dormi sur le dos, je devais désormais me recroqueviller sur le flanc comme un fœtus et envelopper la couverture autour de mes pieds afin d'éviter ce courant d'air désagréable. Mais ma couche était bien plus moelleuse que ma chaise longue, je pouvais me retourner, j'avais plus de place. Et surtout j'avais la nouvelle tapisserie en fibre.

Je tendais la main, je touchais le mur et je fermais les yeux. Je laissais les meubles de ma chambre d'enfant défiler dans mon imagination en même temps que les poupées et les animaux en peluche. La position de la fenêtre et de la porte, les rideaux, l'odeur. Si je me l'imaginais avec une intensité suffisante, je pourrais m'endormir la main posée sur le mur de mon cachot et me réveiller le lendemain dans ma chambre, dans la même position. Alors ma mère m'apporterait du thé près de mon lit, j'ôterais la main de la tapisserie et tout irait bien.

Chaque soir je m'endormais ainsi, la main sur le mur, et j'étais sûre d'une chose : un jour, en me réveillant, je serais pour de bon revenue dans ma chambre d'enfant. À cette époque, j'y croyais comme à une formule magique qui, tôt ou tard, produirait ses effets. Le contact avec la tapisserie devint une sorte de promesse que je me faisais quotidiennement à moi-même. Je l'ai tenue : huit ans plus tard, lorsque j'ai rendu visite à ma mère pour la première fois après ma libération, je me suis allongée sur le lit de ma chambre d'enfant, où rien n'avait changé, et j'ai fermé les yeux. Lorsque j'ai touché le mur avec la main, tous ces moments-là sont revenus – et notamment le premier : la petite Natascha qui, âgée de dix ans, tente désespérément de ne pas perdre confiance en elle et qui, pour la première fois, pose la main contre le mur du cachot.

— Je suis revenue, chuchotai-je. Tu vois, ça a marché.

Plus l'année avançait, plus j'étais triste. Lorsque je rayai sur mon calendrier les premières journées de décembre, j'étais tellement abattue que même le « Krampus », le petit monstre en chocolat que le ravisseur m'apporta pour la Saint-Nicolas, ne put me dérider. Noël approchait. Et l'idée de passer les jours de vacances seule dans mon réduit m'était parfaitement insupportable. Comme pour n'importe quel enfant, Noël était pour moi l'un des grands moments de l'année. L'odeur des gâteaux, le sapin décoré, l'excitation des cadeaux à venir, toute la famille qui se retrouve pour cette fête. J'avais ces images à l'esprit lorsque je sortis sans joie le chocolat de son papier argenté. C'était une enfance qui n'avait pas grand-chose à voir avec les derniers Noël que j'avais passés avec ma famille : mes neveux étaient certes venus comme d'habitude, mais ils avaient déjà reçu leurs cadeaux chez eux. J'étais le seul enfant à participer à la distribution. Ma mère, pour la décoration du sapin, avait un faible pour la dernière mode ; l'arbre était donc couvert de lamelles argentées et dorées et de boules couleur lilas. En dessous se trouvait une montagne de cadeaux qui m'étaient destinés. Pendant que je les déballais l'un après l'autre, les adultes, assis sur le canapé près de la radio qui ronronnait, regardaient ensemble une revue de tatouage. Ce furent des réveillons profondément décevants. Je n'avais même pas pu convaincre qui que ce soit de chanter avec moi un chant de Noël, moi qui étais tellement fière de connaître par cœur ceux que nous avions répétés à l'école.

Je ne retrouvai l'ambiance de Noël que le lendemain, lorsque nous nous étions réunis chez ma grand-mère. Nous nous rassemblâmes tous dans une petite pièce et chantâmes « Ô douce nuit » ensemble, dans le recueillement. Puis j'entendis, pleine de bonheur, tinter une petite cloche. Le Petit Jésus était né. Dans le salon, l'arbre de Noël brillait à la lumière de vraies bougies en cire d'abeilles et exhalait une odeur délicieuse. Ma grand-mère avait toujours un sapin paysan traditionnel, orné d'étoiles en paille et de boules de verre aussi tendres que des bulles de savon.

C'est ainsi que je m'imaginais Noël – et il fallait qu'il en aille de même cette année-là. Mais comment faire ? Je devrais passer sans famille la plus grande fête familiale de l'année. Cette idée m'angoissait. Pourtant je ne cessais de me répéter que Noël dans ma famille n'était de toute façon qu'une source de déception. Et que mon isolement me poussait certainement à voir le passé plus beau qu'il ne l'avait été. Je pourrais tout de même tenter de passer dans mon cachot un Noël aussi proche que possible de ce que je m'imaginais. À l'aide de quelques éléments, je voulais me faire une fête qui me permettrait de trouver des jalons menant aux Noël de ma grand-mère. Le ravisseur joua le jeu. À l'époque, je lui fus infiniment reconnaissante de m'avoir permis de jouir de l'apparence de Noël authentiques. Je pense aujourd'hui qu'il ne l'a pas fait pour moi, mais pour répondre à une contrainte intérieure personnelle. Pour lui aussi, la célébration des fêtes était d'une immense importance : elles donnaient une armature au temps, elles respectaient certaines règles, or il était incapable de vivre sans règles et sans structures auxquelles il se tenait avec une rigueur presque grotesque. Bien entendu, cela ne le forçait pas à exaucer mes vœux. Qu'il l'ait fait tout de même tenait peut-être aussi au fait qu'il avait été éduqué à répondre aux attentes et à correspondre à l'image que d'autres voulaient avoir de lui. Je sais aujourd'hui que cette manière d'être l'a surtout constamment mené à l'échec dans sa relation avec son père. La reconnaissance qu'il voulait tant avoir de sa part lui fut manifestement en bonne partie refusée. Face à moi, il n'adoptait cette attitude que par périodes, mais elle prenait alors un tour particulièrement absurde. C'est tout de même lui qui m'avait enlevée et enfermée dans sa cave. Dans ce genre de situation, il est rare que l'on ait des égards pour les souhaits de son interlocutrice et victime – cela revenait à étrangler quelqu'un tout en lui demandant s'il était confortablement allongé et si la pression était agréable. Mais à l'époque, je mis tout cela entre parenthèses. J'étais pleine d'étonnement puéril et de reconnaissance pour ce ravisseur qui se souciait de moi.

Je savais que je n'aurais pas de véritable sapin de Noël ; j'en demandai donc un en plastique. Nous déballâmes le carton ensemble et posâmes l'arbre sur l'une des petites armoires. Il me donna quelques anges et des friandises ; je pris beaucoup de temps pour décorer le petit arbre. Le soir du réveillon, je restai seule et regardai la télévision jusqu'à ce que la lumière s'éteigne, en m'efforçant désespérément de ne pas penser à ma famille. Comme ce serait le cas pour les Noël suivants, le ravisseur était chez sa mère, ou elle chez lui – mais cela, je l'ignorais encore à l'époque. C'est le lendemain qu'il vint fêter Noël avec moi. J'étais très surprise qu'il exauce tous mes vœux. J'avais demandé en cadeau un petit ordinateur pédagogique, comme celui que mes parents m'avaient offert l'année précédente. Le sien était loin d'être aussi bon, mais j'étais folle de joie à l'idée que je pourrais désormais apprendre quelque chose, même sans aller à l'école. Je ne voulais pas paraître totalement arriérée si je sortais un jour de mon cachot. Je reçus aussi un bloc à dessin et une boîte de crayons à aquarelle Pelikan. C'était la même que celle que m'avait offerte un jour mon père : une vingt-quatre couleurs, dont l'or et l'argent, comme si le ravisseur m'avait redonné une partie de ma vie à travers ce présent. Dans le troisième petit paquet se trouvait un ensemble intitulé « Peindre d'après les chiffres » avec des peintures à l'huile. Celui-là aussi, je l'avais déjà à la maison, et je me réjouissais à l'avance des nombreuses heures d'occupation que promettait ce minutieux exercice de peinture. La seule chose que ne me donna pas le ravisseur, c'était la térébenthine qui accompagnait le coffret. Il craignait sans doute que des gaz toxiques ne puissent se répandre dans le cachot. Je passai les jours qui suivirent Noël à peindre, ou bien à travailler sur mon ordinateur. Je tentais de voir l'aspect positif de ma situation et d'écarter autant que possible les pensées qui me ramenaient à ma famille – y compris en me rappelant les mauvais côtés de nos derniers Noël. J'essayais de me persuader qu'il était tout de même très intéressant de voir, pour une fois, la manière dont d'autres adultes célébraient cette journée. Et j'étais démesurément reconnaissante que l'on m'ait accordé une fête de Noël.

Je passai seule et dans l'obscurité complète la première Saint-Sylvestre de ma captivité. Couchée dans ma mezzanine, je tendais l'oreille en espérant entendre le feu d'artifice de minuit, en haut, dans l'autre monde[1]. Mais les seuls bruits qui me parvenaient étaient le tic-tac du réveil et le cliquetis du ventilateur. J'appris plus tard que le ravisseur fêtait toujours les réveillons avec son ami Holzapfel. Il s'y préparait méticuleusement et achetait toujours les fusées les plus grosses et les plus coûteuses. Une fois – je devais avoir quatorze ou quinze ans – je pus le regarder, depuis l'intérieur de la maison, tirer une fusée au début de la soirée. Et lorsque j'eus seize ans, j'étais même avec lui dehors, dans le

---

1. Il est de tradition, dans les pays germaniques, que les particuliers lancent dans leur jardin de petits feux d'artifice pour le Nouvel An (*N.d.T.*).

jardin, et je vis une fusée projeter dans le ciel une pluie de boules argentées. Mais c'était déjà à l'époque où la captivité m'était rentrée dans le sang, ce qui explique que le ravisseur ait osé m'emmener avec lui dans le jardin. Il savait que ma prison intérieure avait désormais de tels murs que je ne saisirais pas l'occasion de fuir.

L'année où je fus enlevée s'était achevée, et j'étais toujours prisonnière. Le monde extérieur s'éloignait de plus en plus, les souvenirs de la vie que j'avais menée autrefois s'estompaient et me paraissaient irréels. Il m'était difficile de croire que, moins d'un an plus tôt, j'étais encore une écolière qui passait ses après-midi à jouer, faisait des promenades avec ses parents et menait une existence normale.

Je tentais de m'accommoder tant bien que mal de la vie qui m'était imposée. Ce n'était pas toujours facile. Le contrôle exercé par le ravisseur restait absolu. Sa voix dans l'interphone me mettait les nerfs à vif. Dans mon cachot minuscule, j'avais l'impression d'être à des lieues sous terre, mais aussi dans une vitrine où l'on pouvait observer le moindre de mes gestes.

Mes visites dans la partie supérieure de la maison étaient désormais régulières : j'étais autorisée à y prendre une douche à peu près toutes les deux semaines, et l'homme me laissait parfois manger et regarder la télévision avec lui. Je savourais chaque minute que j'étais autorisée à passer hors du réduit – mais je continuais à avoir peur de la maison. Je savais certes à présent qu'il y vivait seul et qu'aucun inconnu ne m'y épierait, mais ma nervosité s'atténuait à peine. Sa paranoïa empêchait le moindre moment de détente. Lorsque j'étais en haut, j'avais l'impression d'être liée au ravisseur par une laisse invisible : je devais toujours me tenir à la même distance de lui, que nous soyons immobiles ou que nous nous déplacions : un mètre, ni plus, ni moins, sans quoi il devenait immédiatement fou furieux. Il exigeait que je garde toujours la tête baissée, que je ne lève jamais les yeux.

Après ces heures et ces journées interminables que je passais, totalement isolée, dans le cachot, j'étais particulièrement accessible à ses ordres et vulnérable à ses manipulations. Le manque de lumière et de contact humain m'avait tellement affaiblie que je ne pouvais plus rien lui opposer d'autre qu'une résistance mentale ; mais je ne m'en départis jamais et elle m'aida à fixer les limites que je jugeais indispensables. Je ne pensais pratiquement plus à m'enfuir. Comme si cette laisse invisible devenait de plus en plus réelle. Comme si j'étais effectivement enchaînée au ravisseur et physiquement incapable de me déplacer à moins ou à plus d'un mètre de lui. Il avait tellement bien ancré en moi la peur de ce monde extérieur où l'on ne m'aimait pas, où je ne manquais à personne, où nul ne me cherchait, que la crainte devint presque plus forte que mon désir de liberté.

Dans le cachot, je tentais de m'occuper autant que possible. Au cours des longs week-ends où j'étais toute seule, je passais des heures à faire le ménage et à ranger jusqu'à ce que tout brille et sente le frais. Je peignais beaucoup et j'utilisais pour cela le moindre petit coin de papier sur mon bloc : ma mère en jupe longue, mon père avec son gros ventre et sa moustache, moi riant entre les deux. Je peignais le soleil jaune rayonnant que je n'avais pas vu depuis tant et tant de mois, je peignais des maisons aux cheminées fumantes, des fleurs aux couleurs vives et des enfants qui jouaient. Des univers imaginaires qui me faisaient oublier, pour un certain temps, à quoi ressemblait ma réalité.

Un jour, l'homme m'apporta un manuel de pliage et de décoration en papier. Il était destiné aux écoliers et me valut plus de tristesse que de divertissement. Il était tout simplement impossible de s'amuser en lançant des fusées en papier sur cinq mètres carrés. Il me fit plus tard un cadeau plus intéressant : une poupée Barbie et un minuscule set de couture, semblable à ceux que l'on offre parfois dans les hôtels. Je lui fus infiniment reconnaissante de m'avoir offert ce personnage en plastique aux longues jambes qui me tint désormais compagnie. C'était une Barbie cavalière, avec de hautes bottes, un pantalon blanc, un gilet rouge et une cravache. Je harcelai le ravisseur jusqu'à ce qu'il me donne quelques chutes de tissu. Il arrivait que la réalisation de ce genre de vœux prenne beaucoup de temps. Lorsque je pleurais, par exemple, il me privait pour plusieurs jours de tous les éléments vitaux qui agrémentaient mon existence, comme les livres et les vidéos. Pour avoir droit à quelque chose, je devais manifester ma reconnaissance et le féliciter pour tout ce qu'il faisait – y compris le fait de m'avoir enfermée.

J'obtins au bout du compte qu'il m'apporte un vieux tee-shirt. C'était un polo blanc en jersey moelleux et lisse, avec un fin motif bleu : celui qu'il portait le jour de mon enlèvement. Je ne sais pas s'il l'avait oublié ou si, dans son délire de persécution, il voulait simplement s'en débarrasser. Dans le tissu, je cousus pour ma Barbie une robe de cocktail avec de fines bretelles spaghetti et un élégant haut asymétrique. Avec les manches du tee-shirt et un cordon que j'avais trouvé dans mes affaires d'écolière, je me bricolai un étui à lunettes. Plus tard, je pus encore convaincre le ravisseur de me laisser une vieille serviette qui avait bleui au lavage et qu'il utilisait à présent comme chiffon. J'en fis une robe de bal pour ma Barbie, avec un fin ruban de caoutchouc à la taille. Plus tard, je fabriquai des dessous-de-plat en fil de fer et de petites œuvres d'art en papier plié. L'homme me fournit des aiguilles qui me permettaient de tricoter et de faire du crochet. À l'extérieur, lorsque j'étais écolière, je n'avais jamais vraiment appris à les manier. On perdait rapidement patience avec moi lorsque je commettais une erreur. À présent je disposais d'un temps infini, personne ne me faisait de remontrances, je pouvais toujours tout recommencer à zéro jusqu'à ce que mes petits ouvrages aient atteint la perfection. Ces travaux manuels furent ma bouée de sauvetage. Ils m'évitèrent la folie qu'aurait pu provoquer la solitude inactive à laquelle j'étais soumise. Et en tricotant, je pouvais consacrer une sorte de méditation à mes parents tout en leur confectionnant de petits cadeaux – pour plus tard, lorsque j'aurais retrouvé la liberté.

Devant le ravisseur, je ne devais pas prononcer le moindre mot sur les travaux que je réalisais pour mon père et ma mère. Je parlais rarement d'eux et cachais mes dessins. Il réagissait de plus en plus vivement lorsque j'évoquais ma vie à l'extérieur, celle qui avait précédé ma captivité. Dès le début, lorsque je lui avais dit à quel point mes parents me manquaient, il m'avait aboyé au visage : « Tes parents ne t'aiment pas, ils se fichent bien de toi, sans ça ils auraient payé ta rançon. » Ensuite, ce devait être au printemps 1999, il m'interdit de les mentionner, comme tout sujet lié à la période précédant ma détention. Ma mère, mon père, mes sœurs et mes neveux, l'école, notre dernière sortie à ski, mon dixième anniversaire, la maison de vacances de mon père, mes chats. Notre appartement, mes habitudes, la boutique de ma mère. Mon institutrice, mes camarades d'école, ma chambre : tout ce qui relevait du passé fut frappé de tabou.

À chacune de ses visites dans mon cachot, il trouvait une occasion de me rappeler cet interdit. Lorsque je citais mes parents, il était pris de fureur. Lorsque je pleurais, il éteignait la lumière et me laissait dans l'obscurité totale jusqu'à ce que je sois redevenue « gentille ». Être gentille, cela signifiait lui être reconnaissante de m'avoir « libérée » de la vie que je menais avant la captivité.

« Je t'ai sauvée. Maintenant tu m'appartiens », répétait-il. Ou encore : « Tu n'as plus de famille. Ta famille, c'est moi. Je suis ton père, ta mère, ta grand-mère et tes sœurs. Je suis tout pour toi maintenant. Tu n'as plus de passé », me serinait-il. « Tu es tellement mieux chez moi. Tu as de la chance que je t'aie recueillie et que je m'occupe aussi bien de toi. Tu n'appartiens qu'à moi. Je t'ai créée. »

« Témoin de leurs fureurs criminelles, et révolté des vices sans nombre qui dégradent le cœur des femmes, Pygmalion vivait libre, sans épouse, et longtemps sa couche demeura solitaire. Cependant son heureux ciseau, guidé par un art merveilleux, donne à l'ivoire éblouissant une forme que jamais femme ne reçut de la nature[1]. »

Je crois aujourd'hui qu'en commettant son terrible crime Wolfgang Priklopil voulait uniquement créer son propre petit monde, un petit univers vierge et occupé par une personne qui ne serait là que pour lui. Incapable de le construire par des moyens normaux, il avait décidé de forcer quelqu'un à s'en charger et à lui donner forme. Au fond, il voulait juste ce que tout le monde veut : de l'amour, de la reconnaissance, de la chaleur. Il voulait un être humain pour lequel il serait la personne la plus importante au monde. Apparemment, le seul moyen qu'il eût trouvé était d'enlever une timide enfant de dix ans et de la couper du monde extérieur jusqu'à ce qu'elle soit mûre psychiquement pour être « créée » de nouveau.

---

1. Ovide, *Métamorphoses,* livre X. (Traduction de Louis Puget, Th. Guiard, Chevriau et Fouquier, 1876) (*N.d.T.*)

L'année de mes onze ans, il me vola mon histoire et mon identité. Je ne devais plus être qu'un morceau de papier blanc sur lequel il pourrait écrire ses fantasmes maladifs. Il me refusa jusqu'à mon image dans un miroir. Si je ne pouvais me refléter dans aucune autre relation sociale que celle avec mon ravisseur, je voulais au moins voir mon visage pour ne pas me perdre totalement. Mais j'avais beau lui demander, il refusa toujours de me fournir une petite glace. Il me fallut attendre des années pour disposer enfin d'une armoire de salle de bains. Lorsque je m'y regardai pour la première fois, je n'y vis pas les traits de l'enfant que j'avais connue, mais le visage d'une étrangère.

M'a-t-il vraiment recréée ? Lorsque je pose cette question aujourd'hui, je ne peux y apporter de réponse sans équivoque. D'un côté, lorsqu'il m'avait enlevée, il n'avait pas fait le bon choix. J'ai toujours résisté à sa volonté d'éliminer ma personnalité et de me transformer en sa créature. Il ne m'a jamais brisée. D'un autre côté, son souhait de faire de moi une personne neuve correspondait aussi à mes désirs profonds. Avant mon enlèvement, j'en avais assez de tout, j'étais tellement insatisfaite de moi-même que j'avais décidé de changer quelque chose. Et quelques minutes seulement avant qu'il ne me pousse dans sa fourgonnette, je me voyais me jeter sous une voiture, tant je haïssais la vie que j'étais forcée de mener.

Bien entendu, cette obligation d'oublier mon passé me rendit infiniment triste. Je ressentis comme une profonde injustice le fait de ne plus pouvoir être moi-même et de ne plus pouvoir parler de la douleur profonde que me causait la perte de mes parents. Mais qu'était-il donc resté de mon histoire personnelle ? Elle n'était plus faite que de souvenirs sans grands rapports avec le vrai monde – qui avait continué à tourner. Ma classe à l'école primaire s'était dispersée, mes petits neveux avaient grandi et je ne les aurais peut-être même pas reconnus si je les avais soudain trouvés devant moi. Quant à mes parents, ils étaient peut-être soulagés, après tout, d'être débarrassés des longues disputes à mon propos. En me coupant si longtemps de tout, le ravisseur avait créé toutes les conditions pour pouvoir me voler aussi la totalité de mon passé. Car tandis que je défendais consciemment et contre lui l'idée que cet enlèvement avait été un grave crime, lui m'intimait en permanence l'ordre de le considérer comme un sauveur, et ce commandement s'infiltrait de plus en plus profondément dans ma conscience. Au fond, pour moi aussi, il était beaucoup plus simple de le voir comme un héros que comme une crapule. Dans ma tentative désespérée pour trouver des côtés positifs à ma captivité afin qu'elle ne me brise pas, je me disais : au moins, les choses ne peuvent pas être pires. Contrairement à ce qui s'était passé dans de nombreuses affaires dont j'avais entendu parler à la télévision, le ravisseur ne m'avait encore ni violée, ni assassinée.

Mais le vol de mon identité m'ouvrit aussi des espaces de liberté. Compte tenu de la captivité complète où je me trouvais, ce sentiment me paraît aujourd'hui incompréhensible et paradoxal. Mais à l'époque, et pour la première fois de ma vie, je ne ressentais plus le poids des préjugés. Je n'étais plus un simple petit rouage dans une famille où les rôles avaient été distribués depuis longtemps – et où l'on m'avait assigné celui de la gamine potelée et maladroite. Une famille au sein de laquelle j'étais devenue une sorte de balle que se renvoyaient des adultes dont souvent je ne comprenais pas les décisions.

J'étais désormais captive d'un système d'oppression totale, j'avais perdu ma liberté de mouvement et un être décidait seul du moindre détail de mon existence. Mais cette forme de contrainte et de manipulation était directe et claire. Le ravisseur n'agissait pas avec subtilité : il voulait exercer son pouvoir, franchement et sans fioritures. À l'ombre de cette force qui me prescrivait tout, je pouvais paradoxalement être moi-même, pour la première fois de ma vie. J'en vois aujourd'hui un indice dans le fait que, depuis mon enlèvement, je n'avais jamais eu le moindre problème d'incontinence nocturne, alors que j'étais soumise à une charge inhumaine. Il semble que je me sois débarrassée, à cette époque, d'une certaine forme de stress. Si je devais le résumer en une phrase, je le dirais ainsi : pourvu que j'efface mon histoire personnelle et que je me plie aux volontés du ravisseur, je n'étais pas indésirable – pour la première fois depuis longtemps.

Au cours de l'automne 1999, le ravisseur mit la dernière touche au « gommage » de mon identité en m'ordonnant de me choisir un nouveau nom : « Tu ne t'appelles plus Natascha. Désormais tu m'appartiens. »

J'avais longtemps refusé ce changement, entre autres parce que le fait de m'appeler par un prénom, quel qu'il soit, n'avait de toute façon aucune importance à mes yeux. Il n'y avait que lui et moi, et un « tu » suffisait à savoir de qui l'on parlait. Mais le seul fait d'évoquer le prénom « Natascha » éveillait en lui une telle colère et une telle acrimonie que je finis par céder. Et puis de toute façon, avais-je jamais apprécié ce prénom ? Lorsque ma mère l'employait pour me gronder, il prenait une sonorité hideuse, chargée d'attentes et d'exigences auxquelles je ne pouvais jamais satisfaire. Enfant, déjà, j'avais souhaité porter l'un de ces prénoms dont on se servait pour appeler les autres petites filles : Stefanie, Jasmine, Sabine. Tout sauf Natascha. Ce prénom recelait tout ce qui m'avait déplu jusqu'alors dans ma vie. Tout ce dont je voulais me débarrasser, tout ce dont il fallait que je me défasse.

Le ravisseur me proposa « Maria », le prénom de ses deux grand-mères. Cela ne me plaisait pas, mais j'acceptai tout de même : c'était de toute façon mon deuxième prénom. Mais ce détail contraria l'homme lorsqu'il l'apprit : mon nouveau prénom devait être entièrement nouveau. Il me pressa de lui proposer autre chose, et sur-le-champ.

Je feuilletai mon calendrier, où figuraient aussi les noms des saints, et tombai, à la date du 2 décembre, sur la mention qui figurait immédiatement à côté de Natascha : « Bibiane ». Pour les sept années suivantes, Bibiane serait donc ma nouvelle identité – même si le ravisseur ne parvint jamais à éliminer totalement celle qui avait jusqu'alors été la mienne.

Le ravisseur m'avait pris ma famille, ma vie, ma liberté, mon ancienne identité. La prison physique du cachot souterrain, derrière les nombreuses et lourdes portes, fut complétée pièce après pièce par une prison psychique dont les murs s'élevaient sans arrêt. Et je me mis à remercier le gardien de prison qui la construisait. Car à la fin de cette même année, il exauça l'un de mes vœux les plus ardents : il me laissa passer un moment en plein air.

C'était une nuit froide et claire de décembre. Quelques jours auparavant, déjà, l'homme m'avait communiqué les règles à respecter pour cette « sortie ». « Si tu cries, je te tue. Si tu cours, je te tue. Je tuerai n'importe quelle personne qui t'entendra ou te verra si tu commets la bêtise d'attirer l'attention sur toi. » Il ne lui suffisait plus désormais de me menacer de mort. Il me rendait aussi responsable du décès de tous ceux que je pourrais appeler à l'aide. Je crus immédiatement et sans y réfléchir à ses intentions meurtrières. Je suis encore persuadée aujourd'hui qu'il aurait été capable d'assassiner un voisin candide dont l'attention aurait, par hasard, été attirée sur ma présence. Lorsqu'on entreprend autant d'efforts pour garder une prisonnière dans sa cave, on ne recule pas devant le meurtre.

Quand il me prit fermement par le bras et ouvrit la porte du jardin, un profond sentiment de bonheur s'empara de moi. L'air frais me caressa doucement le visage et les bras, et je sentis l'odeur d'air confiné et corrompu qui s'était fixée dans mon nez se dissiper peu à peu en me libérant l'esprit. Pour la première fois depuis près de deux ans, j'avais du sol tendre sous mes pieds. Le moindre brin d'herbe qui se pliait sous mes semelles me faisait l'effet d'un objet précieux et unique. Je levai la tête et regardai le ciel. L'univers infiniment vaste qui s'ouvrait devant moi me coupa le souffle. La lune s'élevait en biais au-dessus de moi et quelques étoiles brillaient tout en haut. J'étais dehors. Pour la première fois depuis que j'avais été emmenée de force dans une voiture de livraison, le 2 mars 1998. Je levai haut la tête et tentai laborieusement de réprimer un sanglot.

Le ravisseur me fit traverser le jardin jusqu'à la haie de troènes. J'y tendis la main et touchai prudemment les feuilles noires. Leur parfum était âpre et elles brillaient à la lueur de la lune. Le contact de ma main avec quelque chose de vivant me fit l'effet d'un miracle. Je cueillis quelques feuilles et les mis dans ma poche. Un souvenir de la vitalité du monde extérieur.

Après un bref moment près de la haie, il me ramena à la maison. Je la vis pour la première fois de l'extérieur : un pavillon jaune au toit en biseau coiffé de deux cheminées. Les fenêtres avaient des encadrements blancs. La pelouse par laquelle nous rentrâmes paraissait artificiellement courte, et bien entretenue.

Soudain des doutes m'assaillirent. Je voyais de l'herbe, des arbres, des feuilles, un carré de ciel, une maison, un jardin. Mais était-ce le monde tel que je me le rappelais ? Tout me paraissait trop plat, trop peu naturel. L'herbe était verte, le ciel haut, mais on voyait bien qu'il s'agissait de décors ! Il avait posé la haie et la maison à cet endroit-là pour me faire prendre des vessies pour des lanternes. J'avais atterri dans une mise en scène, dans un lieu où l'on tournait les extérieurs d'une série télévisée. Il n'y avait pas de voisins, pas de ville, pas de lieu dont vingt-cinq minutes en voiture me séparaient de ma famille. Non, ce n'étaient que des complices qui me faisaient croire que j'étais dehors tandis qu'ils m'observaient sur de grands écrans et riaient de ma naïveté. Je serrai fort la main autour des feuilles qui se trouvaient dans ma poche, comme si elles pouvaient me prouver que c'était la réalité – que j'étais, *moi*, la réalité. Mais je n'eus aucune sensation. Juste celle d'un grand vide qui s'emparait impitoyablement de moi comme l'aurait fait une main glaciale.

6

Faim et mauvais traitements

Le combat quotidien pour survivre

> *Je sentais à l'époque que le ravisseur ne pouvait me briser par la violence physique. Lorsqu'il me traînait dans les escaliers pour rejoindre mon cachot, que ma tête cognait contre chacune des marches et que mes côtes en étaient couvertes de contusions, ce n'était pas moi qu'il jetait à terre dans le noir. Lorsqu'il me pressait contre le mur et m'étranglait jusqu'à ce que je voie tout noir, ce n'était pas moi qui suffoquais. J'étais très loin, dans un endroit où ses terribles coups de pied et de poing ne pouvaient m'atteindre.*

Je ne fus plus une enfant du jour où, à l'âge de dix ans, il m'enleva. Mais mon enfance dans le cachot s'acheva en l'an 2000. Je m'éveillai un matin avec une douleur au bas-ventre et découvris des taches de sang sur mon pyjama. Je sus aussitôt ce que c'était. J'attendais mes règles depuis des années. Je voulais une marque précise de serviettes hygiéniques que je connaissais d'une publicité qui passait après certaines séries qu'il enregistrait. Lorsqu'il vint au cachot, je lui demandai aussi sereinement que possible de m'en acheter un paquet.

L'homme fut profondément ébranlé par ce changement, et son délire de persécution augmenta d'un cran. S'il récupérait déjà méticuleusement la moindre peluche de vêtements et effaçait fébrilement chaque empreinte digitale pour éliminer toute trace de moi, il veilla dès lors hystériquement à ce que je ne m'assoie nulle part dans la maison. Si malgré tout il m'y autorisait, il mettait des piles de journaux sous mes fesses – une mesure absurde pour éviter la moindre tache de sang. Il s'attendait encore à ce que la police arrive sans crier gare et cherche des traces d'ADN dans toute la maison.

Blessée par son attitude, je me faisais l'effet d'une lépreuse. Ce fut une époque bouleversante pendant laquelle j'aurais plus que jamais eu besoin de ma mère ou de ma sœur aînée pour parler de ces changements auxquels j'étais si soudainement confrontée. Mais mon seul interlocuteur était un homme dépassé par tout cela, qui me traitait comme si j'étais sale et repoussante, et qui visiblement n'avait jamais vécu avec une femme.

Son comportement envers moi changea nettement avec la puberté. Tant que j'étais une enfant, j'avais le « droit » de rester dans mon cachot et de m'occuper de moi dans le cadre strict de ses directives. Devenue une femme adulte, je devais être à son service et assumer les travaux de la maison sous son étroite surveillance.

Je me sentais, en haut dans cette maison, comme dans un aquarium, semblable à un poisson dans un bac trop petit qui regarde au-dehors avec envie mais ne saute pas hors de l'eau tant qu'il peut encore survivre dans sa prison, car la frontière à traverser signifie une mort certaine.

La frontière me séparant de l'extérieur était si absolue qu'elle me semblait infranchissable. Comme si la maison avait eu une autre consistance que le monde au-delà de ses murs jaunes bien sages. Comme si la maison, le jardin, le garage et son cachot se trouvaient sur une autre planète. Parfois, un souffle de printemps passait par la fenêtre entrouverte. De temps en temps, j'entendais au loin une voiture passer dans la rue calme. Sinon, on ne percevait rien du monde extérieur. Les jalousies étaient toujours baissées, toute la demeure était plongée dans la pénombre. Les systèmes d'alarme aux fenêtres étaient activés – du moins en étais-je persuadée. Il y avait encore des moments où je pensais à fuir, mais je ne faisais plus de projets précis. Le poisson ne saute pas par-dessus bord là où seule la mort l'attend.

Mais le désir de liberté survécut.

J'étais maintenant sous surveillance permanente, je ne pouvais faire un pas sans qu'il ne me l'ordonne auparavant. Je devais être debout, assise ou marcher comme le ravisseur le voulait. Je devais demander avant de bouger la tête ou de tendre la main. Il me prescrivait où porter le regard et m'accompagnait même aux toilettes. Je ne sais pas ce qui était le pire, le temps passé seule au cachot ou les moments où je n'avais plus une seconde de solitude.

Cette surveillance permanente renforçait mon sentiment d'avoir atterri dans une expérience délirante. L'atmosphère de la maison confortait cette impression. Derrière sa façade cossue, elle avait l'air d'être hors du temps et de l'espace. Sans vie, inhabitée, comme les coulisses d'un sinistre film. De l'extérieur au contraire, elle s'intégrait parfaitement au quartier : une maison de petit-bourgeois, particulièrement soignée, avec des haies épaisses autour d'un grand jardin, qui protégeaient soigneusement des voisins. Regards indiscrets s'abstenir.

Strasshof est une bourgade sans histoire ni visage. Dépourvu de centre et sans ce caractère villageois auquel on pourrait s'attendre avec un nombre d'habitants avoisinant les neuf mille. Après le panneau d'entrée de la ville, les maisons trapues s'étendent dans la plaine du Marchfeld, tout au long d'un grand axe et de la ligne de chemin de fer, régulièrement entrecoupés de zones commerciales comme on en trouve aux abords hideux des grandes villes. Les seules attractions locales sont une « Locomotive du souvenir » et un musée du chemin de fer appelé « Heizhaus ». Il y a cent ans, la population n'atteignait même pas cinquante personnes. Les habitants actuels travaillent à Vienne et ne rentrent dans leurs maisons, rangées en monotones enfilades, que pour y dormir. Le week-end, les tondeuses vrombissent, on astique les voitures, et le bon petit intérieur reste dans la pénombre derrière les stores et les jalousies baissées. Ici, c'est la façade qui compte, pas ce qu'il y a derrière. Un coin parfait pour mener une double vie. Un coin parfait pour un crime.

La maison possédait l'agencement typique des constructions des années 1970. Au rez-de-chaussée, un escalier qui mène à l'étage, à gauche la salle de bains et les toilettes, à droite le salon et, au bout d'un long couloir, la cuisine. Celle-ci était une pièce en longueur, à gauche des éléments en faux bois sombre, au sol un carrelage à motif fleuri orange-brun. Une table, quatre chaises tendues de tissu, des crochets en grosses fleurs des années 1970 fixés sur un mur aux carreaux gris-blanc, agrémenté de fleurs vert foncé près de l'évier.

Ce qui frappait le plus, c'était un papier peint poster sur le mur de droite. Une forêt de bouleaux, verte avec de hauts arbres qui s'élançaient vers le ciel comme s'ils voulaient échapper à l'atmosphère oppressante de la pièce. Lorsque je les considérai pour la première fois, il me parut grotesque qu'un homme pouvant à tout instant s'évader dans la nature et ressentir la fraîcheur de la vie s'entoure d'une nature artificielle, inerte, tandis que j'essayais désespérément d'attraper un peu de vie dans cet espace mort qu'était mon cachot, ne serait-ce que sous la forme de quelques feuilles arrachées.

Je ne sais combien de fois j'ai briqué et poli le sol et les carreaux de la cuisine jusqu'à ce qu'ils brillent. Pas une trace de chiffon ni la moindre miette ne devait ternir la surface lisse. Lorsque je pensais en avoir fini, je devais m'allonger au sol pour inspecter les moindres recoins. L'homme restait toujours derrière moi et donnait des consignes.

Ce n'était jamais assez propre pour lui. Je ne sais combien de fois il me prit l'éponge des mains pour me montrer comment on nettoie « correctement ». Il s'arrêtait chaque fois que je salissais d'une empreinte de doigt gras une belle surface bien nette, souillant ainsi la façade de l'Immaculé, du Pur. Mais le pire pour moi était de nettoyer le salon. Une grande pièce dont émanait une mélancolie qui ne venait pas seulement des jalousies baissées. Un magnétophone sombre, presque noir, des panneaux muraux sombres, un canapé de cuir vert, une moquette brun clair. Une étagère de livres marron foncé, où l'on trouvait des titres comme *Le Verdict* ou *Nur Puppen haben keine Tränen* (« *Seules les poupées n'ont pas de larmes* »[1]). Une cheminée inutilisée avec un tisonnier, un bougeoir en fer forgé sur la corniche, une horloge au mur, le casque miniature d'une armure de chevalier. Deux portraits moyenâgeux au-dessus de la cheminée. Si je restais longtemps dans cette pièce, j'avais l'impression que cette mélancolie traversait mes vêtements pour pénétrer chaque pore de mon corps. Le salon me semblait être le reflet parfait de l'« autre côté » du ravisseur, une apparence de petit-bourgeois comme il faut, qui ne masquait que sommairement la face noire sous-jacente.

Aujourd'hui, je sais que Wolfgang Priklopil n'avait quasiment rien changé à cette maison construite

---

1. Mémoires du pianiste Peter Kreuder (1905-1981) compromis un temps avec les nazis (*N.d.T.*).

par ses parents dans les années 1970. Il ne voulait rénover de fond en comble que l'étage supérieur où se trouvaient trois chambres et aménager le grenier. Une lucarne devait apporter plus de lumière, il s'agissait d'isoler cette pièce poussiéreuse aux poutres nues avec des plaques de plâtre pour la transformer en salon. Pour moi commença une nouvelle étape de ma captivité, et ce à plusieurs égards.

Le chantier devait être le lieu où j'allais passer le plus de temps durant les mois et même les années qui suivirent. Priklopil lui-même n'avait plus de travail régulier à l'époque, tout juste s'éclipsait-il parfois pour des « affaires » avec son ami Holzapfel. J'appris plus tard qu'ils rénovaient des appartements pour les louer. Mais ils ne devaient pas avoir beaucoup de contrats car Priklopil passait le plus clair de son temps à rénover sa maison. J'étais sa seule ouvrière. Une ouvrière qu'il allait chercher au cachot en cas de besoin, qui devait abattre un travail pour lequel on fait normalement venir de la main-d'œuvre spécialisée et qu'à la fin de la journée il obligeait encore à cuisiner et à briquer avant de l'enfermer à nouveau à la cave.

J'étais bien trop jeune pour tous les travaux dont il m'accablait. Lorsque je vois aujourd'hui des enfants de douze ans se rebeller lorsqu'on leur confie de petites tâches, cela me fait sourire. Je leur accorde bien volontiers ces petits actes de résistance. Je n'avais pas cette possibilité : je devais obéir.

Priklopil, qui ne voulait pas d'inconnus dans sa maison, prit en main l'ensemble du chantier et m'obligea à faire des choses largement au-dessus de mes forces. Je déplaçais avec lui de lourdes plaques de marbre et des panneaux de porte, traînais des sacs de ciment, cassais du béton au burin et à la masse. Nous avons installé la lucarne, colmaté et insonorisé les murs, et coulé une chape de ciment. Nous avons démonté des tuyaux de chauffage et des câbles électriques, crépi les murs, percé un passage depuis le premier étage vers le nouveau grenier et aménagé une entrée d'escalier avec des plaques de marbre.

Puis ce fut le tour du premier étage. On retira le sol pour en mettre un neuf. On démonta les portes, on ponça les encadrements. Il fallut racler le vieux papier ingrain marron de tous les murs, en poser du neuf et le peindre. Dans l'une des anciennes chambres on aménagea une nouvelle salle de bains avec des plaques de marbre. J'étais assistante et esclave à la fois : je devais aider à porter, tendre les outils, racler, creuser, peindre, ou encore tenir le récipient de mastic pendant des heures sans bouger tandis qu'il lissait les murs. Lorsqu'il faisait une pause et s'asseyait, je devais lui apporter à boire.

Le travail avait ses bons côtés. Après deux ans pendant lesquels j'avais à peine pu bouger dans mon trou minuscule, j'appréciais l'activité physique. Les muscles de mes bras s'étoffaient, je me sentais forte et utile. J'appréciais, surtout au début, de pouvoir passer plusieurs heures par jour hors du cachot pendant la semaine. Les murs autour de moi n'étaient certes pas moins infranchissables, et la laisse invisible était même plus que jamais présente. Mais au moins j'avais du changement.

En même temps, en haut dans la maison, j'étais à la merci du ravisseur et l'épisode de la perceuse m'avait montré ce dont il était capable lorsque je n'étais pas « sage ». Au cachot il n'y avait pas vraiment eu d'occasions, mais avec ce nouveau travail, je pouvais à tout instant commettre une erreur. Et il n'aimait pas les erreurs.

— Passe-moi la spatule, dit-il lors d'une de nos premières journées au grenier.
Je lui tendis le mauvais outil. Il éructa :
— Tu es vraiment nulle à chier.
Ses yeux s'assombrirent en une seconde, comme si un nuage était passé devant son iris. Son visage se crispa. Il se saisit d'un sac de ciment à côté de lui, le souleva et me le lança en hurlant. Je reçus sans m'y attendre cette lourde charge lancée avec une telle fureur que je titubai quelques instants. J'étais pétrifiée. Ce ne fut pas tant la douleur qui me choqua. Le sac était lourd, et le choc fut douloureux, mais j'aurais pu encaisser cela. Ce qui me coupa le souffle fut la démesure totale de l'agressivité exprimée par cet homme. C'était le seul être humain dans ma vie, j'étais complètement dépendante de lui. Cet accès de fureur menaçait mon existence même, je me sentais comme un chien battu qui ne mord pas la main qui le bat parce que c'est la même qui le nourrit. La seule issue qui me restait était de fuir en moi-même. Je fermai les yeux, fis abstraction de tout et ne bougeai plus un cil. La charge d'agressivité du ravisseur retomba

aussi vite qu'elle était montée. Il vint vers moi, me secoua, essaya de soulever mes bras et me chatouilla.

— Arrête, je suis désolé, dit-il, il n'y a pas de quoi en faire un plat.

Je restai debout les yeux fermés. Il me pinça les côtes et tira les coins de ma bouche vers le haut. Un sourire torturé, au premier sens du terme.

— Reviens à toi. Je suis désolé. Qu'est-ce que je peux faire pour que tu reviennes à toi ?

Je ne sais combien de temps je demeurai là sans bouger, muette, les yeux fermés. Au bout d'un moment le pragmatisme enfantin l'emporta.

— Je veux une glace et des nounours !

J'exploitais la situation en partie pour avoir des sucreries, en partie pour minimiser l'agression par mes réclamations. J'obtins la glace aussitôt et le soir il m'apporta les bonbons. Il me répéta qu'il était désolé et qu'une chose pareille ne se produirait plus – comme le dit probablement tout homme violent à sa femme ou à ses enfants.

Mais avec ce débordement, il semblait qu'une digue se fût brisée. Il commença à me maltraiter régulièrement. Je ne sais pas si un verrou sauta à l'époque, ou bien s'il croyait tout simplement que, dans sa toute puissance, il pouvait s'autoriser n'importe quoi. La détention durait depuis plus de deux ans, il n'avait pas été découvert et m'avait si bien en main que je ne m'enfuyais pas. Qui allait sanctionner son comportement ? À ses yeux, il avait bien le droit de m'imposer ses exigences et de me punir physiquement si je ne les satisfaisais pas aussitôt.

À partir de ce moment-là, il se mit à réagir aux moindres inattentions de ma part par de violents accès de colère. Quelques jours après l'histoire du sac de ciment, il me demanda de lui passer une plaque de plâtre. Comme j'étais trop lente à son goût, il me saisit la main, la tordit et la frotta contre la plaque jusqu'à laisser une brûlure qui mit des années à guérir : le bourreau la ravivait sans cesse – contre le mur, contre le staff, il pouvait même me frotter le dos de la main si brutalement contre la surface lisse du lavabo que le sang affleurait. Aujourd'hui encore, cet endroit de ma main reste rugueux.

Lorsqu'une autre fois, je réagis trop lentement à l'une de ses exigences, il jeta sur moi un cutter. La lame, si affûtée qu'elle coupe de la moquette comme du beurre, se planta dans mon genou et y resta. La douleur s'empara si brutalement de ma jambe que je fis un malaise. Je sentis le sang dégouliner sur mon tibia. En voyant cela, il se mit à crier comme s'il avait perdu la raison :

— Arrête, tu fais des taches !

Il m'empoigna et me traîna à la salle de bains pour stopper les saignements et panser la plaie. J'étais en état de choc et parvenais à peine à respirer. Il m'aspergeait sans cesse le visage avec de l'eau froide et m'ordonnait :

— Arrête de hurler.

Après cela, j'eus encore droit à une glace.

Il commença bientôt à me malmener aussi pendant que je faisais le ménage. Assis dans le fauteuil en cuir du salon, il me regardait laver par terre à genoux et commentait chacun de mes mouvements par des remarques méprisantes. « Tu es trop bête même pour faire le ménage. » « Tu n'es même pas fichue d'enlever une tache. »

Je fixais le sol sans un mot, bouillant intérieurement et frottant avec une énergie redoublée. Mais cela non plus ne suffisait pas. Sans m'y attendre, j'encaissais soudain un coup de pied sur le côté ou dans le tibia. Jusqu'à ce que tout brille.

Lorsqu'une fois, alors que j'avais treize ans, je n'avais pas nettoyé assez vite le plan de travail de la cuisine, il me cogna si fort le coccyx que je valdinguai contre l'arête du meuble et me blessai au niveau des hanches. Je saignais très fort, mais il m'envoya sans pansement ni bandage au cachot, la plaie béante ne le freina pas. Cela mit des semaines à guérir, d'autant qu'il me repoussait régulièrement au même endroit. Sans crier gare, comme en passant, mais en ajustant bien son geste. À chaque fois se rouvrait la mince couche de peau qui s'était reformée sur la plaie.

Ce qu'il tolérait le moins, c'était que je pleure de douleur. Il m'agrippait le bras et m'essuyait violemment les larmes d'un revers de main jusqu'à ce que j'arrête, terrorisée. Si cela ne suffisait pas, il me saisissait à la gorge et me traînait jusqu'à la salle de bains. Il me serrait la trachée-artère et me frottait le visage avec de l'eau jusqu'à ce que je perde presque connaissance. Il ne supportait pas d'être confronté aux conséquences de ses mauvais traitements. Les larmes, les bleus, les plaies suintantes ; il ne voulait rien voir de tout cela. Ce qu'on ne peut voir ne s'est pas produit.

Ce n'était pas avec des coups systématiques qu'il me malmenait, ce à quoi j'aurais pu d'une certaine manière me préparer, mais avec des éclats soudains et toujours plus violents. Peut-être parce qu'à chaque limite franchie, il remarquait qu'aucune punition ne l'attendait. Peut-être parce qu'il ne pouvait faire autrement que d'accélérer sans cesse la spirale de la violence.

Je crois que je n'ai surmonté cette époque qu'en parvenant à séparer les événements de ma personne. Non pas à la suite d'une décision, comme le ferait un adulte, mais par instinct de survie enfantin. Je quittais mon corps lorsque mon bourreau le maltraitait et regardais de loin la fillette de douze ans étendue au sol et à qui l'on assène des coups de pied.

Aujourd'hui encore, je ne peux énumérer ses agressions qu'à distance, comme si ce n'était pas moi qu'elles avaient concernée, mais quelqu'un d'autre. Je me souviens d'hématomes tels qu'aucune position ne me permettait de rester allongée. Je me souviens de la torture endurée et du temps pendant lequel le pubis reste douloureux après un coup de pied. La peau égratignée, les plaies ouvertes. Et je me souviens du craquement de ma colonne vertébrale lorsqu'une fois, pris de rage, il m'assena un coup de poing sur la tête.

Mais, émotionnellement, je ne ressentais rien.

Le seul sentiment dont je ne pouvais me départir était la peur de la mort qui me saisissait à ces moments-là. Elle envahissait mon esprit, je ne voyais plus rien, mes oreilles bourdonnaient, l'adrénaline libérée courait dans mes artères et m'ordonnait de fuir. Mais je ne pouvais pas. La prison, qui au début n'était qu'extérieure, avait désormais pris aussi possession de mon être.

Bientôt, les premiers signes laissant présager que le ravisseur pouvait frapper d'un instant à l'autre suffirent à ce que mon cœur s'emballe, que ma respiration s'affaiblisse et que je tombe en état de choc. Même dans mon cachot relativement sûr, la peur de la mort m'assaillait dès que j'entendais au loin le ravisseur déplacer le coffre-fort qui en barrait le passage. Le sentiment de panique que le corps enregistre après avoir expérimenté la peur de la mort, et qu'il ressuscite à la moindre menace, n'est pas contrôlable. J'étais enserrée dans des griffes d'acier.

Deux ans plus tard environ, à quatorze ans, je commençai à me rebeller. Au début ce fut une sorte de résistance passive. Lorsqu'il me criait dessus, je me frappais le visage jusqu'à ce qu'il me demande d'arrêter. Je voulais l'obliger à regarder. Il devait voir comment il me traitait, il devait subir lui-même les coups que j'avais subis jusqu'à présent. Plus de glaces, plus de nounours. À quinze ans, je rendis les coups pour la première fois. Il me regarda étonné et un peu décontenancé lorsque je le frappai au ventre. Je me sentais sans force, le mouvement de mon bras était bien trop lent et le coup de poing semblait hésitant. Mais je ne m'étais pas laissé faire, et je frappai à nouveau. Il me saisit et m'étrangla jusqu'à ce que j'arrête.

Bien sûr, physiquement, je n'avais aucune chance contre lui. Il était plus grand, plus costaud, m'attrapait sans difficulté et me tenait à distance si bien que mes coups de poing et de pied donnaient généralement dans le vide. Il m'était malgré tout vital de me rebeller. Je me prouvais ainsi que j'étais forte et n'avais pas perdu le respect de ma personne. Et à lui, je montrais les limites à ne plus franchir. Ce fut un moment décisif de ma relation avec le ravisseur, le seul être humain dans ma vie et le seul qui s'occupât de moi. Qui sait de quoi il aurait été capable, si je ne m'étais pas rebellée.

Avec le début de la puberté commença aussi la terreur autour de la nourriture. Le ravisseur m'apportait une balance au cachot. J'étais autrefois une enfant rondelette de quarante-cinq kilos. Les années suivantes, je grandis et perdis lentement du poids.

Après une phase de relative liberté pour « commander » mes repas, il commença dès la première année à en prendre petit à petit le contrôle et à m'obliger à bien répartir mes réserves. À côté de l'interdiction de regarder la télévision, la privation de nourriture fut l'une de ses stratégies les plus efficaces pour me brider, mais lorsqu'à douze ans j'eus une poussée de croissance, il agrémenta le rationnement de vexations et de reproches. « Regarde-toi. Tu es grosse et moche », « Tu bouffes tellement, tu vas me mettre sur la paille », « Quand on ne travaille pas, on n'a pas besoin de manger ». Ses paroles me transperçaient comme des flèches.

J'étais déjà très malheureuse de mon apparence avant mon enlèvement, elle était mon plus grand obstacle à une enfance insouciante. La conscience d'être grosse m'emplissait d'une haine lancinante et destructrice envers moi-même. Le ravisseur savait exactement sur quel bouton appuyer pour atteindre ma confiance en moi, et il ne s'en privait pas.

Il était même si habile à ce jeu que, durant les premières semaines et les premiers mois, je lui étais presque reconnaissante de me surveiller. Il m'aidait à atteindre l'un des mes principaux objectifs : être mince.

— Prends donc exemple sur moi, je n'ai presque pas besoin de manger, me disait-il régulièrement. Il faut que tu considères cela comme une cure.

Et effectivement, je pouvais presque voir ma graisse fondre, je devenais svelte et vigoureuse. Jusqu'à ce que ce contrôle de nourriture prétendument bienveillant se mue en une terreur qui me conduisit presque à mourir de faim.

Aujourd'hui, je pense que Priklopil, qui était extrêmement mince, avait lui aussi à lutter contre l'anorexie et qu'il la reportait sur moi. Il était plein de méfiance envers les aliments, quels qu'ils soient. Il imaginait l'industrie alimentaire capable d'un meurtre collectif par empoisonnement. Il n'utilisait pas d'épices parce qu'il avait lu qu'elles venaient en partie d'Inde où elles étaient irradiées. À cela s'ajouta son avarice, de plus en plus grande au fil de ma détention. Même le lait lui fut bientôt trop cher.

Mes rations alimentaires se réduisirent dramatiquement. Je recevais une tasse de thé le matin, un verre de lait avec deux cuillerées de céréales et une tranche de kouglof souvent si fine qu'on aurait pu lire le journal au travers. Les sucreries, il n'y en avait plus qu'après les pires maltraitances. Le midi et le soir je recevais le quart d'une portion adulte. Lorsque le ravisseur arrivait dans mon réduit avec une pizza ou le repas cuisiné par sa mère, la règle d'or était : trois quarts pour lui, un pour moi. Lorsque je devais cuisiner moi-même au cachot, il me dressait avant la liste de ce que j'avais le droit d'ingérer. Deux cents grammes de légumes surgelés ou la moitié d'un plat tout préparé. Avec ça un kiwi ou une banane par jour. Si je contrevenais à ses règles et que je mangeais plus que prévu, je devais m'attendre à des accès de colère.

Il m'obligeait à me peser régulièrement et contrôlait attentivement ma courbe de poids. « Prends exemple sur moi. » Oui, prends exemple sur lui. Je suis tellement goinfre. Je suis bien trop grosse. La faim perpétuelle et lancinante.

Il ne me laissait pas encore jeûner pendant de longues périodes, cela vint après. Mais les conséquences de la sous-alimentation se firent bientôt sentir. La faim entrave le fonctionnement du cerveau. Lorsqu'on reçoit trop peu à manger, on ne pense à rien sinon à : quand recevrai-je ma prochaine portion ? Comment subtiliser un morceau de pain ? Comment le manipuler pour qu'il me donne une bouchée de plus sur ses trois quarts ? Je ne pensais plus qu'à manger et me reprochais en même temps d'être goinfre.

Je lui demandais de me donner des prospectus publicitaires de supermarchés dans mon cachot, que je feuilletais avec vénération lorsque j'étais seule. Au bout d'un moment, j'élaborais un jeu que j'appelais « les saveurs » : je m'imaginais par exemple un morceau de beurre sur la langue. Frais et ferme, fondant doucement jusqu'à ce que le goût se propage dans toute ma bouche. Puis je passais à un knödel aux lardons : je mordais dedans en pensée, sentais la pâte entre les dents, le lard croustillant à l'intérieur. Ou des fraises : le jus sucré sur les lèvres, la sensation des petites graines sur le palais, la légère acidité sur les bords de la langue. Je pouvais jouer à ce jeu pendant des heures, à tel point que cela prenait presque la forme d'un véritable repas. Mais ces calories imaginaires n'apportaient rien à mon corps. J'avais de plus en plus de vertiges lorsque je me levais un peu trop vite en travaillant, ou alors je devais m'asseoir parce que j'étais trop faible et que mes jambes me portaient à peine. Mon estomac grondait en permanence et il était parfois si vide que j'en avais des crampes que j'essayais de calmer avec de l'eau.

Il me fallut beaucoup de temps pour comprendre que le ravisseur ne se souciait pas tant de ma silhouette que de me maintenir dans un état de faiblesse et de soumission par la faim. Il savait exactement ce qu'il faisait. Il dissimulait autant que possible sa véritable motivation, parfois seulement, il avait des phrases révélatrices comme : « Tu recommences à ne rien écouter, je dois te donner beaucoup trop à manger. » Si l'on ne se nourrit pas suffisamment, on peut à peine penser normalement. Sans parler de rébellion ou de fuite.

L'un des livres sur les étagères du salon auquel Priklopil tenait particulièrement était *Mein Kampf* d'Adolf Hitler. Il parlait souvent et avec admiration du Führer. « Il a eu raison de gazer les Juifs », disait-il. Son idole politique était Jörg Haider, le leader d'extrême-droite du FPÖ. Priklopil pestait volontiers contre les étrangers, qu'il appelait dans l'argot de Donaustadt « *Tschibesen* » – un mot que j'avais entendu dans les tirades racistes des clients de ma mère. Lorsque le 11 septembre 2001, les avions foncèrent sur le World Trade Center, il se réjouit intérieurement : il voyait attaquées la « côte Est américaine » et la « juiverie internationale ».

Même si je doutais de ses postures nazies – elles sonnaient faux, comme des paroles bêtement répétées –, il y avait quelque chose dont il était profondément convaincu : j'étais pour lui quelqu'un dont il pouvait disposer selon son bon vouloir du moment. Il se prenait pour un être de la race des seigneurs. J'étais l'être de seconde classe.

Et c'est aussi ce que je devins extérieurement.

Depuis le début, chaque fois qu'il me sortait du cachot, je devais cacher mes cheveux sous un sac en plastique. Le délire de propreté du personnage se mêlait à celui de la persécution. Chaque cheveu représentait une menace à ses yeux – en cas de perquisition de la police, cela pouvait la mettre sur la voie et le mener en prison. Je devais donc fixer des pinces et des barrettes, mettre le sac en plastique sur la tête et le maintenir avec de larges élastiques. Si une mèche se détachait pendant que je travaillais et me tombait sur le visage, il la replaçait aussitôt dans le sac. Il brûlait au fer à souder ou au briquet chacun de mes cheveux ramassé. Après la douche, il les récupérait tous méticuleusement dans le conduit d'écoulement et versait ensuite une demi-bouteille d'acide pour nettoyer les tuyaux et éliminer toute trace de mon existence jusque dans les conduites.

Je suais sous le plastique, tout me démangeait. J'avais des marques jaunes et rouges sur le front, les pinces s'enfonçaient dans mon cuir chevelu, des plaques rouges me grattaient de partout. Lorsque je me plaignais de cette torture, il maugréait : « Si tu étais chauve, ton problème serait réglé. »

Je résistai longtemps. Les cheveux font partie intégrante de la personnalité – il me semblait que je sacrifierais une part trop importante de moi-même en les coupant. Mais un jour, je n'y tins plus. Je pris mes petits ciseaux de ménage que j'avais reçus, saisis mes cheveux par les côtés et coupai les mèches les unes après les autres. Il me fallut bien une heure avant que ma tête ne soit plus couverte que de restes hirsutes. Le ravisseur acheva le travail le lendemain avec un rasoir jetable. J'étais chauve. Cette procédure se renouvela régulièrement les années suivantes. Je devais avoir l'air bien pitoyable. J'avais les chevilles saillantes, les joues creuses, les membres couverts de bleus.

L'homme qui en était responsable se délectait visiblement de son œuvre, car il m'obligea dès lors à travailler dans la maison à moitié nue. Générale-ment, je portais une casquette et une culotte. Parfois aussi un tee-shirt ou des leggings. Mais je n'étais jamais complètement habillée. Il prenait certes sans doute plaisir à m'humilier de la sorte, mais c'était aussi certainement l'une des perfides mesures qu'il avait imaginées pour m'empêcher de fuir. Il était convaincu que je n'oserais pas courir dévêtue dans la rue. Et il avait raison.

Mon cachot revêtit à l'époque un double rôle. Certes, je continuais de le redouter comme une prison, et les nombreuses portes derrière lesquelles j'étais enfermée me plongeaient dans un état de claustrophobie tel que je me mettais parfois à explorer les moindres recoins comme une folle dans l'espoir de trouver une minuscule fissure par où je pourrais creuser un tunnel et m'échapper. Il n'y en avait pas. En même temps, mon réduit devint le lieu où j'étais le plus en sécurité vis-à-vis du ravisseur. Lorsque vers la fin de la semaine il m'y conduisait avec des livres, des vidéos et à manger, je savais que le travail et les mauvais traitements me seraient épargnés pendant au moins trois jours. Je rangeais, faisais le ménage et me préparais un confortable après-midi devant la télévision. Souvent, je mangeais dès le vendredi soir presque toutes les provisions du week-end. Avoir l'estomac plein une fois me faisait oublier que je devrais subir ensuite un jeûne plus terrible.

Début 2000, j'obtins une radio avec laquelle je recevais des chaînes autrichiennes. Il savait que deux ans après ma disparition on avait abandonné les recherches et que l'intérêt des médias était retombé. Il pouvait donc se permettre de me laisser aussi écouter les informations. La radio devint mon cordon ombilical avec le monde et les présentateurs, mes amis. Je pouvais dire avec exactitude quand quelqu'un partait en vacances ou à la retraite. *Via* les émissions qui passaient sur Kulturradio Ö1, j'essayais de me faire une idée du monde extérieur. Avec FM4, j'appris un peu d'anglais. Lorsque j'étais près de perdre le lien avec la réalité, des émissions banales me sauvaient comme « Ö3-Wecker », où des gens appelaient depuis leur lieu de travail pour demander telle musique pour la matinée. Parfois j'avais le sentiment que la radio elle-même faisait partie d'une mise en scène que l'homme organisait et à laquelle tout le monde participait – présentateurs, auditeurs et journalistes inclus. Mais une nouvelle inattendue qui résonnait dans le haut-parleur m'aidait à me relever.

La radio fut peut-être mon compagnon le plus important ces années-là. Elle m'apportait l'assurance qu'à côté de mon martyre dans cette cave il y avait un monde qui continuait de tourner et qui valait la peine que j'y revienne un jour.

Ma seconde grande passion fut la science-fiction. Je lus des centaines de *Perry Rhodan* et d'*Orion*, où les héros traversaient de lointaines galaxies. La possibilité de changer de lieu, d'époque et de dimension en un instant me fascinait. Lorsqu'à douze ans je reçus une petite imprimante thermique, je commençai à écrire moi-même un tel roman. Les personnages s'inspiraient de l'équipage de l'*Enterprise* (Next Generation), mais je passais de longues heures à élaborer des personnages de femmes particulièrement fortes, sûres d'elles et indépendantes. Inventer des histoires autour de mes héros, que je dotais des innovations techniques les plus extravagantes, me sauva des nuits sombres du cachot durant des mois. Des heures entières, les mots m'entouraient d'une coquille protectrice sur laquelle rien ni personne n'avait de prise. De mon roman, il ne reste plus aujourd'hui que des pages blanches, car pendant ma captivité déjà, les lettres sur le papier photosensible pâlirent jusqu'à disparaître complètement.

Ce sont sûrement toutes ces histoires remplies de voyages dans le temps qui me donnèrent l'idée d'entreprendre moi-même pareil voyage. Un week-end, j'avais juste douze ans, le sentiment de solitude m'envahit avec une telle force que j'eus peur que le sol ne se dérobât sous mes pieds. Je m'étais réveillée trempée de sueur et j'avais descendu dans l'obscurité la frêle échelle de mon lit en mezzanine. La surface libre de mon cachot semblait avoir rétréci de deux ou trois mètres carrés. Désorientée, je tâtonnai en cercles autour de moi, me cognant sans cesse contre la table ou l'étagère. *Out of space*. Seule. Une enfant affaiblie, affamée et apeurée. Je désirais si fort un adulte, un être qui me sauverait. Mais personne ne savait où j'étais. Ma seule possibilité était d'être moi-même cet adulte.

J'avais déjà trouvé auparavant du réconfort en imaginant ma mère me donner du courage. Je me glissais dans son rôle et essayais de prendre un peu de ses forces. Cette fois-ci, c'était la Natascha adulte qui m'épaulait. Ma vie s'étalait devant moi comme un rayon temporel se prolongeant loin vers l'avenir. J'étais sur le chiffre douze, mais loin devant, je me voyais à dix-huit ans. Grande et forte, sûre d'elle, indépendante, comme les femmes de mon roman. Ma projection adulte venait à ma propre rencontre. Au milieu, nous nous rejoignions et nous tendions la main. Le contact était chaud et doux et je sentais en même temps la force de mon futur moi m'envahir. La grande Natascha prenait dans ses bras la petite, à qui il ne restait même plus de nom, et la consolait.

— Je vais te sortir de là, je te le promets. Tu ne peux pas encore t'enfuir, tu es trop petite. Mais à dix-huit ans, j'aurai le dessus et je viendrai te sortir de ta prison. Je ne te laisserai pas tomber.

Cette nuit-là, j'ai passé un pacte avec mon propre moi à venir, et j'ai tenu parole.

7

Entre délire et monde idéal

Les deux visages du ravisseur

> *Cette société a besoin de criminels comme Wolfgang Priklopil, pour donner un visage au Mal qui l'habite et le tenir à distance. Elle a besoin de ces images de caves transformées en cachots, pour ne pas avoir à regarder dans toutes ces maisons où la violence montre sa face lisse et bourgeoise. Elle a besoin de victimes de cas spectaculaires comme le mien pour se décharger de la responsabilité des crimes quotidiens commis sur des victimes anonymes que l'on n'aide pas – même si elles réclament de l'aide.*

Il y a des cauchemars dont on se réveille et dont on sait qu'ils n'étaient qu'un rêve. Au début, je m'agrippais à cette possibilité et passais de nombreuses heures de solitude à planifier mes premiers jours dans le monde extérieur. À cette époque, le milieu auquel j'avais été arrachée était encore réel. Il était peuplé de véritables personnes qui, sans aucun doute, se faisaient du souci pour moi et mettaient tout en œuvre pour me retrouver. Je pouvais reconstituer tous les détails de cet univers devant mes yeux : ma mère, ma chambre d'enfant, mes vêtements, notre appartement. Le monde dans lequel j'avais atterri avait au contraire les couleurs et l'odeur de l'irréel.

La pièce était trop petite, l'air trop vicié pour être réel. L'homme qui m'avait enlevée était sourd à mes arguments, qui venaient de l'extérieur : on me trouverait, il me laisserait partir, ce qu'il faisait était un crime grave qui serait puni. Je m'interdisais de me sentir chez moi dans cet environnement malsain sorti de l'imagination d'un criminel, qui en avait conçu le moindre détail et m'y avait placée au milieu comme un bibelot décoratif. Mais on ne vit pas éternellement dans un cauchemar. L'être humain a la capacité, même dans les situations les plus anormales, de se créer un semblant de réalité pour ne pas se perdre. Pour survivre. Cela réussit parfois mieux aux enfants qu'aux adultes. Le moindre fétu de paille peut leur suffire à ne pas se noyer. Moi, je me rattachais à des rituels comme les repas communs, la fête de Noël ou mes petites échappées dans le monde des livres, des vidéos et des séries télévisées. Ces moments me semblaient moins sinistres, même si je sais aujourd'hui que mes sensations provenaient en fait d'un mécanisme psychique. On deviendrait fou si on ne voyait que l'horreur pendant tant d'années. Ce sont les petits instants d'une prétendue normalité auxquels on s'agrippe qui maintiennent en vie. Dans un passage de mon journal, ce désir de normalité est particulièrement évident :

Cher journal !

Si je t'ai négligé si longtemps, c'est à cause d'une grave phase de dépression. Je rapporte donc maintenant ce qui s'est passé jusqu'à présent. En décembre, nous avons posé les carreaux, mais nous n'avons monté les éviers que début janvier. J'ai passé le nouvel an comme ceci : j'ai dormi en haut du 30 au 31 décembre, puis je fus seule toute la journée. Mais il vint juste avant minuit. Il prit sa douche, nous avons fondu du plomb pour lire l'avenir. Vers minuit, nous avons allumé la télévision et nous avons écouté les cloches – les deux Pummerin – et la Valse du Danube. *Nous avons trinqué et regardé par la fenêtre pour admirer les feux d'artifice. Mais ma joie fut gâchée. Lorsqu'une fusée tomba dans notre sapin, il y eut un sifflement soudain et je suis sûre que c'était un petit oiseau qui mourut de frayeur. J'en fus sûre en tout cas lorsque son pépiement s'arrêta soudain. J'ai donné à Wolfgang le ramoneur que je lui avais bricolé et il m'a offert une pièce en chocolat, des petits gâteaux, un mini ramoneur en chocolat. Il m'avait déjà offert la veille un gâteau en forme de ramoneur. Dans le mien, il y avait des Smarties, non, des mini M&M's, que je lui ai offerts.*

Rien n'est seulement noir ou blanc. Et personne n'est seulement bon ou mauvais. Cela vaut également pour le ravisseur. Ce sont des phrases que l'on n'aime pas entendre de la part de victimes d'enlèvement, car elles brouillent le schéma précis du bien et du mal que les gens préfèrent adopter pour ne pas se perdre dans un monde qui serait fait de nuances de gris. Lorsque je parle de cela, je peux voir l'irritation et le refus sur les visages de personnes extérieures aux événements. L'empathie envers mon destin fait place au rejet. Ceux qui n'ont aucune idée de l'intimité d'une captivité n'ont qu'un mot pour juger mon propre vécu : syndrome de Stockholm.

« Sous le terme de syndrome de Stockholm, on entend un phénomène psychologique par lequel la victime d'une prise d'otage développe un rapport émotionnel positif envers ses ravisseurs. Il peut conduire à sympathiser avec les criminels et à coopérer avec eux. » C'est ce qu'on lit dans le dictionnaire. Un diagnostic qui catégorise et que je récuse fermement. Les regards dont on accompagne ce terme employé à tort et à travers ont beau être pleins de pitié, l'effet est cruel : la victime est victime pour la deuxième fois, on lui retire la mainmise sur l'interprétation de son histoire et on transforme ses expériences les plus importantes en aberrations dues à un syndrome. On relègue aux confins de l'indécence cette attitude vitale.

Le rapprochement avec le ravisseur n'est pas une maladie. Se créer un cocon de normalité dans le cadre d'un crime n'est pas un syndrome. Au contraire. C'est une stratégie de survie dans une situation sans issue, et qui est plus fidèle à la réalité que cette plate catégorisation selon laquelle les criminels sont des bêtes sanguinaires et les victimes des moutons sans défense, et dans laquelle la société se complaît.

De l'extérieur, Wolfgang Priklopil devait apparaître comme un homme timide et poli, à l'air jeune dans ses vêtements coquets. Il portait des pantalons de toile propres et des chemises ou des polos repassés. Ses cheveux étaient toujours fraîchement lavés et soigneusement peignés d'une manière un brin démodée en ce début de millénaire. Auprès des rares personnes auxquelles il avait affaire, il passait probablement inaperçu. Ce n'était pas facile de voir quelque chose derrière cette façade, car il la contrôlait totalement. Priklopil ne tenait pas tant à respecter les conventions sociales, il était surtout esclave de l'apparence.

Il ne faisait pas qu'aimer l'ordre, c'était vital pour lui. Le désordre, le chaos ou la saleté le décontenançaient. Il employait une grande partie de son temps à entretenir son jardin, sa maison et ses voitures – il possédait une BMW rouge en plus de la fourgonnette de livraison. Il ne lui suffisait pas que l'on nettoie après avoir cuisiné, quand les plats étaient sur le feu, il fallait briquer le plan de travail, et laver chaque petite planche à découper, chaque couteau utilisé.

Tout aussi importantes que l'ordre : les règles. Priklopil pouvait se plonger pendant des heures dans des modes d'emploi qu'il respectait scrupuleusement. S'il était écrit sur un paquet « Réchauffer au four quatre minutes », alors il le sortait au bout de quatre minutes exactement – que ce soit chaud ou non. Cela dut le tourmenter de ne pas tenir sa vie en main, au point de décider un jour d'enfreindre une règle fondamentale et de m'enlever. Mais bien que cela fît de lui un criminel, il continuait de se conformer presque religieusement à ses règles, aux modes d'emploi et aux structures. Il me regardait parfois pensif, puis disait : « C'est bête qu'il n'y ait pas de mode d'emploi pour toi. » Il dut être déconcerté que sa nouvelle acquisition – une enfant – ne fonctionne pas selon un plan et qu'il ne sache parfois pas comment la remettre en marche.

Au début de ma captivité, j'avais supposé que le ravisseur était un orphelin que le manque d'un nid chaleureux avait transformé en criminel. À présent que je le connaissais mieux, je constatais que je m'étais fourvoyée. Il avait eu une enfance protégée dans une famille classique. Père, mère, enfant. Son père Karl avait travaillé comme représentant pour une grande entreprise d'alcool et partait souvent en déplacements au cours desquels il avait apparemment régulièrement trompé sa femme, comme je l'appris plus tard. Mais la façade était présentable. Les parents restèrent ensemble. Priklopil me racontait les sorties du week-end au lac de Neusiedl, les sports d'hiver en commun et les promenades. Sa mère s'occupait de son fils avec amour. Peut-être avec un peu trop d'amour.

Plus je passais de temps en haut, dans la maison, plus l'omniprésence de la mère dans la vie du ravisseur me paraissait étrange. Il me fallut quelque temps avant d'apprendre qui était la personne mystérieuse qui bloquait la maison le week-end et m'obligeait à passer deux, trois jours seule au cachot. Je lisais le nom de « Waltraud Priklopil » sur les courriers dans l'entrée. Je mangeais les repas qu'elle avait préparés. Un plat pour chaque jour où elle laissait son fils seul. Et lorsque le lundi, j'avais de nouveau le droit de monter dans la maison, je remarquais ses traces : tout était astiqué à fond. Pas un grain de poussière ne laissait supposer que quelqu'un habitait là. Tous les week-ends, elle frottait les sols et passait l'aspirateur pour son fils qui, lui, me faisait nettoyer le reste de la semaine. Les jeudis, il me harcelait dans toutes les pièces avec le chiffon. Il fallait que tout brille bien avant que sa mère n'arrive. C'était comme un absurde concours de ménage entre la mère et le fils, et c'était à moi de relever le défi. Pourtant j'étais toujours contente, après mes fins de semaine solitaires, d'apercevoir de petits signes de la présence de la mère : du linge repassé, un gâteau dans la cuisine. Je n'ai jamais vu Waltraud Priklopil de toutes ces années, mais par ces petites traces, elle prit une place dans mon monde. J'aimais me la représenter comme une amie plus âgée avec qui je pourrais un jour m'asseoir à la table de la cuisine et boire un thé. Mais cela ne s'est jamais produit. Le père de Priklopil mourut lorsque son fils avait vingt-quatre ans. Cette mort dut laisser un grand vide dans sa vie, il parlait rarement de lui, mais il était clair qu'il n'avait jamais fait le deuil de cette perte. Il semblait garder une chambre intacte au rez-de-chaussée en souvenir de son père. C'était une pièce en style rustique avec une banquette molletonnée et des lampes en fer forgé, une *Stüberl*, où l'on devait autrefois boire et jouer aux cartes, lorsque le père vivait encore. Il restait sur les étagères des échantillons de schnaps du fabricant pour lequel il travaillait. Plus tard, lorsque Priklopil rénova la maison, il ne toucha pas à cette pièce. Waltraud Priklopil dut également être très affectée par la mort de son mari. Je ne veux pas juger ici de sa vie, et interpréter des choses de travers, je ne l'ai jamais rencontrée, après tout, mais de ma perspective, il semblait qu'elle s'était encore plus accrochée à son fils une fois veuve et qu'elle en avait fait un partenaire de remplacement. Priklopil, après avoir habité un temps son propre logement, retourna dans la maison de Strasshof où il ne pouvait se soustraire à l'influence de sa mère. Il s'attendait toujours à ce qu'elle inspecte ses penderies et son linge sale et veillait scrupuleusement à ce qu'on ne trouve aucune trace de moi dans la maison. Et il adaptait son rythme hebdomadaire et son attitude à mon égard en fonction de sa mère. Sa sollicitude exagérée, la manière dont elle se pliait à ses désirs avaient quelque chose de peu naturel. Elle ne le traitait pas comme un adulte et il ne se comportait pas comme tel. Il habitait dans la maison de sa mère, qui avait repris l'appartement de son fils à Vienne, et la laissait s'occuper entièrement de lui. Je me demande s'il n'a pas même vécu de son argent. Il avait déjà perdu son travail de technicien chez Siemens où il avait fait son apprentissage avant de m'enlever. Ensuite il resta inscrit des années au chômage. Il me racontait parfois que, pour amadouer l'agence pour l'emploi, il se rendait de temps en temps à des entretiens d'embauche mais jouait ensuite les idiots pour ne pas avoir le poste sans toutefois perdre ses indemnités. Par la suite, il aidait, comme je l'ai déjà raconté, son ami et associé Ernst Holzapfel à rénover des appartements. Mais Holzapfel, à qui j'ai rendu visite depuis, décrit Priklopil comme quelqu'un de correct et fiable, peut-être un peu attardé socialement – il ne voyait jamais d'autres amis, sans parler d'amie – mais en tout cas discret.

Ce jeune homme coquet, incapable de tracer une frontière entre sa mère et lui, poli avec les voisins et convenable jusqu'à la maniaquerie, veillait donc aux apparences. Ses sentiments refoulés, il les gardait pour la cave et, parfois, pour la cuisine plongée dans le noir. Là, où je me trouvais.

Je pus distinguer deux facettes de Wolfgang Priklopil que personne d'autre ne devait connaître. L'une avait un goût puissant pour le pouvoir et l'oppression. L'autre un besoin insatiable et pur d'amour et de reconnaissance. Pour pouvoir vivre ces deux facettes contradictoires, il m'a enlevée et « formatée ».

Un jour de l'année 2000, j'appris qui se cachait, au moins sur le papier, derrière cette façade.

— Tu peux m'appeler Wolfgang, dit-il un jour de but en blanc pendant que nous travaillions.

— Wolfgang comment ?

— Wolfgang Priklopil.

C'était le nom que j'avais vu sur la carte de visite au début de ma captivité. Celui qui figurait sur les prospectus qui lui étaient adressés et qu'il empilait soigneusement sur la table de la cuisine. J'en avais maintenant confirmation. Je compris à cet instant que le ravisseur considérait désormais que je ne quitterais jamais sa maison, vivante. Dans le cas contraire, il ne m'aurait pas confié son identité complète.

À partir de ce moment-là, je l'appelais parfois Wolfgang ou « Wolfi », ce qui laisse accroire une certaine proximité alors que son comportement envers moi atteignait parallèlement un nouveau degré de violence. Rétrospectivement, il semble que j'essayais de toucher l'homme en lui, tandis que celui qui me faisait face me torturait et me maltraitait sans répit.

Priklopil était psychiquement très malade. Sa paranoïa dépassait même celle que l'on peut prêter à quelqu'un cachant une enfant dans sa cave. Ses fantasmes de toute-puissance se mêlaient à des délires. Dans l'un d'eux, il jouait le rôle du maître inconditionnel.

Ainsi m'expliqua-t-il un jour qu'il était un dieu égyptien de la série de science-fiction *Stargate*, que j'aimais tellement regarder. Les « méchants » extra-terrestres étaient inspirés des dieux égyptiens. Ils se choisissaient de jeunes hommes dont ils pénétraient le corps par la bouche ou la nuque pour y vivre en parasites et s'emparer complètement de leur hôte. Ces dieux portaient un bijou particulier grâce auquel ils pouvaient mettre les humains à genoux et les humilier.

— Je suis un dieu égyptien, me dit un jour Priklopil dans le cachot, tu dois m'obéir en toute chose.

Je ne parvins pas sur le moment à évaluer si c'était une curieuse plaisanterie ou s'il utilisait l'une de mes séries préférées pour m'humilier encore plus. Mais je crois qu'il se prenait par moments réellement pour un dieu dans ce monde imaginaire où il ne me restait plus que le rôle de l'opprimée, ce qui le rehaussait un peu plus par la même occasion.

Ses allusions aux dieux égyptiens me faisaient peur. J'étais effectivement prisonnière sous la terre comme dans un sarcophage : enterrée vivante dans une pièce qui aurait pu devenir ma chambre funéraire. Je vivais dans le monde malade et délirant d'un psychopathe. Si je ne voulais pas sombrer, je devais contribuer à le construire tant bien que mal. Déjà, lorsqu'il avait vainement exigé de moi que je l'appelle « Maestro », j'avais senti à sa réaction que je n'étais pas seulement le jouet de sa volonté, mais que j'avais moi-même quelques possibilités restreintes de poser des limites. De même que le ravisseur avait ouvert en moi une plaie par laquelle il instilla du poison pendant des années, en me serinant par exemple que mes parents m'avaient abandonnée, je sentais que j'avais en main quelques minuscules grains de sable qui pouvaient être également douloureux pour lui. Appelle-moi « Maître ». Il était absurde que Priklopil, dont la position dominante était aussi évidente, eut autant besoin de ces marques verbales d'humiliation.

Lorsque je refusais de l'appeler « Maître », il écumait. Il me frappa plus d'une fois pour cela. Mais par mon attitude, j'ai non seulement préservé un peu de ma dignité, mais j'ai aussi trouvé un levier efficace, même si je l'ai payé par d'infinies douleurs.

Je vécus la même situation lorsqu'il m'ordonna la première fois de m'agenouiller devant lui. Il était sur le sofa et attendait que je lui serve quelque chose à manger, lorsqu'il cria soudain :

— Un genou à terre !

Je répondis tranquillement :

— Non. Ça, non.

Il se leva furieux et m'écrasa contre le sol. Je fis un rapide mouvement pour atterrir au moins sur les fesses, pas sur les genoux. Il ne fallait pas qu'il ait, ne serait-ce qu'une seconde, la satisfaction de me voir à genoux devant lui. Il me saisit, me tourna sur le côté et me tordit les jambes comme si j'étais une poupée en plastique. Il pressa mes mollets contre mes cuisses, me souleva du sol comme un paquet ficelé et essaya une nouvelle fois de me presser par terre, genoux pliés. Je me fis lourde et raide et me cabrai désespérément sous sa poigne. Il me donnait des coups de poing et de pied. Mais à la fin, j'eus le dessus. Je ne l'ai jamais appelé « Maître » pendant toutes ces années où il l'a exigé de moi. Je ne me suis jamais agenouillée devant lui.

Il aurait souvent été plus facile de céder, et je me serais épargné quelques coups. Mais je devais me garder une dernière marge de manœuvre dans cette situation d'oppression et de dépendance totales. Les rôles étaient certes bien distribués, j'étais, en tant que prisonnière, indiscutablement la victime, mais cette bataille autour du mot « Maître » et de la génuflexion devint une scène parallèle sur laquelle nous luttions pour le pouvoir comme dans une guerre des seconds couteaux. J'étais moins forte lorsqu'il m'humiliait et me maltraitait. J'étais moins forte lorsqu'il m'enfermait, me coupait l'électricité et faisait de moi sa bête de somme. Mais sur ce point, je lui tins tête. Je l'appelais « Bourreau » lorsqu'il voulait que je l'appelle « Maître », je disais « Trésor » ou « Mon chou » au lieu de « Mon Maître » pour lui mettre sous les yeux le grotesque de la situation dans laquelle il nous avait mis tous les deux. Il me punit à chaque fois.

Rester cohérente envers lui pendant toute ma captivité me coûta une peine infinie. Toujours tenir tête. Toujours dire non. Toujours me rebeller contre ses exactions et lui expliquer calmement qu'il était allé trop loin et qu'il n'avait pas le droit de me traiter ainsi. Même les jours où je m'étais déjà abandonnée et me sentais sans défense, je ne pouvais me permettre de faiblesse. Ces jours-là, je me disais, avec mon regard d'enfant sur les choses, que je le faisais pour lui. Pour qu'il ne devienne pas encore plus méchant. Comme s'il était de mon devoir de le sauver de la déchéance morale.

Lorsqu'il avait ses accès de colère, qu'il me frappait et me malmenait, je ne pouvais rien entreprendre. De même que j'étais impuissante contre le travail obligatoire, l'enfermement, la faim et les humiliations pendant les travaux ménagers. Ces formes d'oppression étaient le cadre dans lequel j'évoluais, elles faisaient partie intégrante de mon univers. Ma seule marge de manœuvre était de lui pardonner ses gestes. Je lui ai pardonné l'enlèvement et toutes les fois où il m'a frappée ou maltraitée. Cet acte du pardon me rendit le pouvoir sur ce que je vivais et me permit de m'en accommoder. Si je n'avais pas instinctivement adopté cette attitude, j'aurais peut-être sombré dans la colère et la haine – ou j'aurais succombé aux humiliations auxquelles j'étais soumise quotidiennement. Cela m'aurait bien plus sûrement anéantie que d'abandonner mon ancienne identité, mon passé, mon nom. Par le pardon, je repoussais ses actes loin de moi. Ils ne pouvaient plus me rabaisser ou me briser, puisque je les avais pardonnés. Ce n'étaient plus que des méchancetés qu'il avait commises et qui retombaient sur lui – et non plus sur moi.

Et j'avais mes petites victoires : le refus de dire « Maître », « Maestro » ou « Seigneur ». Le refus de m'agenouiller. Mes appels à sa conscience, qui parfois faisaient effet. Pour moi, ces victoires étaient essentielles à ma survie. Elles me donnaient l'illusion que j'étais, dans le cadre de certains paramètres, un partenaire ayant les mêmes droits dans cette relation – parce qu'elles me donnaient une sorte de contre-pouvoir sur lui. Et tout cela me montrait quelque chose de très important : j'existais encore comme personne, je n'étais pas descendue au rang d'objet sans volonté.

Parallèlement à ses fantasmes de soumission, Priklopil cultivait des idéaux. À cela aussi je devais servir, moi, sa prisonnière. Il essayait de faire de moi la partenaire qu'il n'avait jamais trouvée. Il n'était pas question de « vraies » femmes. Sa haine des femmes, profonde et irrémédiable, s'exprimait régulièrement sous forme de petites remarques. Je ne sais pas s'il avait eu auparavant des contacts avec des femmes, peut-être même une amie lorsqu'il était à Vienne. Pendant ma captivité, la seule femme dans sa vie était sa mère – un rapport de dépendance envers une figure idéalisée. L'abolition de cette domination, à laquelle il ne parvenait pas dans la réalité, devait avoir lieu dans le monde de mon cachot par une inversion des rôles. En me faisant prendre le rôle de la femme servile, qui se soumet et lève les yeux vers lui.

Son idéal familial semblait sorti des années 1950. Il voulait une petite femme vaillante, qui l'attendait à la maison pour le dîner, qui ne le contredisait pas et accomplissait parfaitement les travaux ménagers. Il rêvait de réunions de famille et d'excursions, aimait nos repas pris en commun et accordait de l'importance aux fêtes, aux anniversaires et à Noël, comme s'il n'y avait ni cachot ni prison. On aurait dit qu'il essayait à travers moi de mener une existence qui ne lui réussissait pas à l'extérieur. Comme si j'étais une canne qu'il aurait prise sur le bord du chemin pour avoir un appui dans les moments où sa vie n'allait pas comme il le voulait. J'avais perdu dans l'histoire mon droit à une vie propre. « Je suis ton roi, disait-il, tu es mon esclave. Tu obéis. » Ou bien il m'expliquait : « Ta famille, c'est tous des prolos. Tu n'as aucun droit à une vie propre. Tu es là pour me servir. »

Il lui fallait ce crime délirant pour réaliser sa représentation d'un parfait petit monde idéal. Mais en fin de compte, il attendait surtout deux choses de moi : reconnaissance et affection. Comme si son but derrière toutes ces cruautés était de contraindre un être humain à l'amour absolu.

À quatorze ans, je passai une nuit hors de mon sous-sol, et ce pour la première fois depuis quatre ans. Ce ne fut pas un sentiment de libération.

J'étais allongée, pétrifiée de peur, dans le lit du ravisseur. Il verrouilla la porte derrière lui et mit la clé sur l'armoire, si haute qu'il n'en atteignait lui-même le dessus que sur la pointe des pieds. Elle m'était donc inaccessible. Puis il se coucha près de moi et m'attacha les poignets à lui avec un collier de serrage.

L'un des premiers gros titres sur le ravisseur après ma libération fut : « La bête sexuelle. » Je n'écrirai pas sur cette partie-là de ma détention – c'est le dernier reste de sphère privée que je veux encore préserver, maintenant que ma vie en captivité a été émiettée en d'innombrables rapports, auditions, photos. Mais je veux dire au moins ceci : dans leur soif de sensation, les journalistes étaient complètement à côté de la plaque. Le ravisseur était à bien des égards une bête, et plus cruelle qu'on ne peut l'imaginer – sauf de ce point de vue. Bien sûr, il me soumit aussi à de petites brimades sexuelles, elles faisaient partie des tourments quotidiens, comme les bourrades, les coups de poing ou de pied dans les tibias, au passage. Mais lorsqu'il m'attachait à lui durant les nuits que je devais passer en haut, il n'était pas question de sexe. Cet homme qui me frappait, m'enfermait dans la cave et m'affamait, voulait des câlins. Contrôlés, ligotés avec des colliers de serrage : une bouée dans la nuit.

J'aurais pu hurler, tant ma situation était douloureusement paradoxale. Mais je ne poussais pas un cri. Tout près de lui, sur le côté, j'essayais de bouger le moins possible. Mon dos, comme si souvent couvert de bleus, me faisait tant souffrir que je ne pouvais pas m'allonger dessus, les câbles me coupaient la chair. Je sentais son souffle dans mon cou et me crispais.

Jusqu'au matin suivant, je restai ligotée au ravisseur. Pour aller aux toilettes, je devais le réveiller et il m'accompagnait, son poignet contre le mien. Lorsqu'il s'était endormi à côté de moi et que je restai éveillée le cœur battant à tout rompre, je me demandai si je ne pourrais pas casser les liens – mais j'abandonnai bien vite : si je tournais le poignet et contractais les muscles, le plastique ne couperait pas seulement mon bras, mais aussi le sien. Il se réveillerait forcément et constaterait aussitôt ma tentative de fuite. Aujourd'hui, je sais que la police aussi utilise des colliers de serrage lors des arrestations. Ce n'est pas quelque chose qu'une jeune fille affamée de quatorze ans peut rompre avec sa force musculaire.

Je gisais donc ainsi dans ce lit, pour la première, mais non la dernière fois, ligotée à mon ravisseur. Le matin suivant, je dus déjeuner avec lui. J'avais tellement aimé ce rituel étant enfant – à présent, cette mascarade consistant à devoir m'asseoir à la table de la cuisine et à prendre un verre de lait, avec deux cuillerées de céréales, pas une de plus, me donnait la nausée. Monde idéal – comme s'il ne s'était rien passé.

Cet été-là, je tentai pour la première fois de me suicider.

À ce stade-là de ma détention, je ne pensais plus à m'enfuir. À quinze ans, ma prison psychique était achevée. La porte de la maison aurait pu être grande ouverte, je n'aurais pu faire un pas. La fuite, c'était la mort. Pour moi, pour lui, pour tous ceux qui auraient pu me voir.

Il n'est pas facile d'expliquer ce que l'isolement, les coups, les humiliations peuvent faire à un être humain. Comment, après tant de mauvais traitements, le seul bruit d'une porte fait paniquer au point de ne plus pouvoir respirer, encore moins marcher. Comment le cœur s'accélère, le sang bourdonne dans les oreilles jusqu'à ce qu'un commutateur bascule dans le cerveau et qu'on ne ressente plus qu'un engourdissement. On est incapable d'agir, la raison défaille. La peur de la mort est définitivement ancrée, tous les détails de la situation au cours de laquelle on l'a ressentie pour la première fois – les odeurs, les bruits, les voix – sont bien inscrits dans le subconscient. Que l'un d'eux se manifeste à nouveau, une main levée par exemple, et la peur revient. Sans même que la main se pose sur la gorge, on se sent étouffer.

J'avais, pour des milliers de petites choses, la même peur panique que les survivants de bombardements lorsqu'ils entendent les pétards du nouvel an. Le cliquetis du ventilateur. Le noir. La lumière crue. L'odeur de la maison. Le frôlement de l'air avant que sa main ne tombe sur moi. Ses doigts autour de ma gorge, sa respiration dans mon cou. Le corps est en mode survie et réagit en s'autoparalysant. Au bout d'un moment, le traumatisme est si violent que même le monde extérieur n'est plus prometteur de salut, il devient au contraire un terrain miné.

Il se peut que Priklopil ait su ce qui se passait en moi, qu'il ait senti que je ne m'enfuirais pas lorsque, cet été-là, il me laissa pour la première fois dans le jardin en plein jour. Déjà, quelque temps auparavant, il m'avait permis quelques brefs bains de soleil : à l'étage du bas, il y avait une chambre avec une baie vitrée, que l'on ne pouvait voir de nulle part s'il baissait un store. Là, j'avais le droit de m'allonger sur une chaise longue et de prendre le soleil. Pour le ravisseur, cela devait être comme une « mesure de maintenance » : il savait qu'un être humain ne peut survivre longtemps sans soleil et veillait à ce que j'en aie de temps en temps. Pour moi, ce fut une révélation.

La sensation des rayons chauds sur ma peau pâle était indescriptible, je fermais les yeux. Le soleil dessinait des arabesques rouges sous mes paupières. Je somnolais et m'imaginais au bord d'une piscine découverte, j'entendais les voix joyeuses d'enfants et sentais l'eau rafraîchissante quand, tout chaud de soleil, on saute dedans. J'aurais donné cher pour pouvoir nager une seule fois comme le ravisseur qui faisait de temps en temps irruption en maillot de bain dans mon cachot. Les voisins, cousins éloignés des Priklopil, avaient la même piscine que lui – sauf que la leur était remplie et pouvait être utilisée. Lorsqu'ils n'étaient pas là et que Priklopil allait chez eux vérifier que tout allait bien ou qu'il arrosait leurs fleurs, il nageait parfois un peu. Je l'enviais terriblement.

Un jour de cet été-là, il me surprit en m'annonçant que j'avais le droit de me baigner avec lui. Les voisins étaient absents et comme les jardins des deux maisons communiquaient par un chemin, on pouvait aller à la piscine sans être vu depuis la rue.

L'herbe chatouillait la plante de mes pieds nus, la rosée du matin étincelait comme de petits diamants entre les brins. Je le suivis sur le chemin étroit jusque chez les voisins, me déshabillai et glissai dans le bassin.

Ce fut comme une renaissance. Sous l'eau, j'oubliais pour un instant la captivité, le cachot, l'oppression. Le stress se dissolvait dans le liquide frais et bleu. Je plongeais et me laissais remonter à la surface. Les petites vagues turquoise brillaient au soleil. Au-dessus de moi s'étendait un ciel bleu clair infini. Les oreilles sous l'eau, je n'entendais rien autour de moi qu'un léger clapotis.

Lorsque le ravisseur me demanda nerveusement de sortir de l'eau, il me fallut un petit moment avant de réagir. Je revenais de très loin. Je suivis Priklopil dans la maison, passai du vestibule à la cuisine pour rejoindre le garage puis le cachot en bas, où il m'enferma de nouveau. Pour un long moment, je n'eus à nouveau plus que l'ampoule, contrôlée par la minuterie, comme seule source de lumière. On en resta d'abord à cette unique fois, il s'écoula beaucoup de temps avant qu'il ne me laisse revenir à la piscine. Mais cela suffit pour me rappeler que, malgré tout mon désespoir et ma faiblesse, je voulais une vie. Ce souvenir me persuada qu'il valait la peine de tenir le coup jusqu'à ce que je puisse m'évader.

J'étais à l'époque infiniment reconnaissante au ravisseur de ces petites choses qu'il m'accordait, comme les bains de soleil ou la piscine des voisins.

Et je le suis encore aujourd'hui. Même si cela paraît étrange ; je dois reconnaître que, malgré mon martyre, il y eut aussi de brefs moments d'humanité durant tout le temps de ma détention. C'est aussi vrai pour le ravisseur, qui ne put se soustraire complètement à l'influence d'une enfant et d'une jeune fille avec laquelle il passait tellement de temps. À l'époque, je m'agrippais à toute manifestation d'humanité aussi légère fût-elle, parce qu'il me fallait absolument voir le Bien dans un monde auquel je ne pouvais rien changer, et en un homme avec qui je devais composer par la force des choses. Ces moments existaient, et je les savourais. Des moments où il m'aidait à peindre, dessiner ou bricoler et m'encourageait à toujours reprendre depuis le début l'ouvrage que je ne parvenais pas à faire. Il revoyait avec moi les matières scolaires que je manquais et me donnait des exercices de calcul qui allaient au-delà du programme, même s'il prenait ensuite un malin plaisir à agiter le stylo rouge, et même si dans mes rédactions, il ne s'intéressait qu'à l'orthographe et à la grammaire. Il faut s'en tenir aux règles. Mais il était là. Il prenait du temps, dont j'avais moi-même à profusion.

Je suis parvenue à survivre en refoulant et en repoussant loin de moi l'horreur, et à travers la terrible expérience de ma détention, j'ai appris à être forte. Peut-être même à développer des forces que je n'aurais jamais déployées en liberté.

Aujourd'hui, des années après mon évasion, j'hésite encore à dire que, au cœur du Mal, au moins de courts instants de normalité, voire de compréhension mutuelle, sont possibles. Ni dans la réalité ni dans les situations extrêmes il n'y a de noir ou de blanc, juste de très subtiles gradations qui font la nuance et qui pour moi étaient décisives. En pressentant ses sautes d'humeur, j'échappais peut-être à un mauvais traitement. En faisant constamment appel à sa conscience, je me suis peut-être épargné de pires choses. En le voyant comme un être humain avec une face très sombre et une face très claire, je pouvais rester moi-même un être humain, et il ne pouvait plus me briser.

Il se peut aussi que je me rebelle avec tant de véhémence pour ne pas être rangée dans le tiroir « syndrome de Stockholm ». Le terme a été inventé après le cambriolage d'une banque à Stockholm en 1973. Les braqueurs détenaient quatre employés depuis cinq jours. À la surprise des médias, il s'avéra qu'à leur libération les otages avaient plus peur de la police que de leurs ravisseurs, et qu'ils se montraient franchement compréhensifs envers eux. Certains des otages demandaient la grâce des criminels et allaient les voir en prison. L'opinion resta perplexe devant cette « sympathie » et fit de ce comportement une pathologie. Comprendre les ravisseurs serait maladif, *dixit* le rapport. Depuis, on évoque cette maladie tout juste sortie du four sous le nom de « syndrome de Stockholm ».

J'observe aujourd'hui la réaction de petits enfants qui se réjouissent de retrouver des parents qu'ils n'ont pas vus de la journée et qui ne leur réservent ensuite que des mots méchants, voire des coups. De chacun de ces enfants, on pourrait dire qu'il souffre du syndrome de Stockholm. Ils aiment les êtres avec lesquels ils vivent et dont ils sont dépendants, même si ceux-ci ne les traitent pas bien.

Moi aussi, j'étais une enfant au début de ma détention. Le ravisseur m'avait arrachée à mon univers et mise dans le sien. L'homme qui m'avait enlevée, qui m'avait pris mes parents et mon identité devint ma famille. Ma seule chance était de l'accepter comme tel, et j'appris à me réjouir de ses attentions et à refouler tout le négatif. Comme chaque enfant qui grandit dans un milieu familial bancal.

J'étais étonnée au début, en tant que victime, d'être capable de pratiquer cette différenciation, tandis que la société dans laquelle j'avais atterri après ma détention n'acceptait pas la moindre nuance. Elle ne m'accorde pas, ne serait-ce que de réfléchir sur un être qui fut le seul dans ma vie durant huit ans et demi. Suggérer même tout bas que le travail de deuil me manque susciterait l'incompréhension.

Depuis, j'ai compris que j'avais un peu trop idéalisé cette société. Nous vivons dans un monde où des femmes sont battues et ne peuvent fuir les hommes qui les maltraitent, bien que la porte leur soit théoriquement grande ouverte. Une femme sur quatre est victime de graves violences, une sur deux fait l'expérience au cours de sa vie d'une agression sexuelle. Ces crimes sont partout, ils peuvent se produire derrière chaque porte, chaque jour, et ils ne provoquent que chez quelques personnes des regrets superficiels et un haussement d'épaules.

Cette société a besoin de criminels comme Wolfgang Priklopil, pour donner un visage au Mal qui l'habite et le tenir à distance. Elle a besoin de ces images de caves transformées en cachots, pour ne pas avoir à regarder dans toutes ces maisons où la violence montre son visage lisse et bourgeois. Elle a besoin de victimes de cas spectaculaires comme le mien pour se décharger de la responsabilité des crimes quotidiens commis sur des victimes anonymes que l'on n'aide pas – même si elles réclament de l'aide.

En se fondant sur des crimes comme celui que j'ai subi, la société construit, en noir et blanc, les catégories du Bien et du Mal qui lui permettent de tenir debout. Il faut que le bourreau soit une brute pour pouvoir rester soi-même du bon côté. Il faut agrémenter ses méfaits de fantasmes sadomasochistes et d'orgies débridées jusqu'à ce qu'ils n'aient plus rien à voir avec sa propre vie.

Et la victime doit être brisée et le rester, afin que l'externalisation du mal puisse fonctionner. Une victime qui n'endosse pas ce rôle personnifie la contradiction dans la société. On ne veut pas voir cela, car il faudrait alors se poser des questions.

C'est pour cela que je suscite inconsciemment l'agressivité chez certaines personnes. Peut-être parce que le crime et tout ce qui m'est arrivé suscitent l'agressivité. Comme je suis la seule qui reste après le suicide du criminel, c'est à moi qu'on s'en prend, et de façon particulièrement violente lorsque je veux inciter la société à considérer que l'homme qui m'a enlevée était aussi un être humain. Un être qui a vécu parmi eux. Ceux qui réagissent sur Internet déversent directement leur haine sur moi, c'est la haine d'une société envers elle-même, qui doit accepter qu'on lui demande pourquoi elle laisse faire des choses pareilles. Pourquoi des gens parmi nous peuvent déraper à ce point sans que personne le remarque. Pendant plus de huit ans. Ceux qui me font face dans les interviews et les rencontres y vont subtilement : d'un petit mot, ils font de moi une victime pour la deuxième fois. Ils disent seulement « syndrome de Stockholm ».

8

Tout en bas

*Quand la douleur physique apaise
les tourments de l'âme*

*Cette reconnaissance envers l'être qui vous prive
d'abord d'un repas pour l'accorder ensuite avec
une prétendue générosité est certainement l'une des
expériences les plus marquantes des enlèvements et
des prises d'otages. Il est tellement facile de lier à
soi un être qu'on laisse mourir de faim.*

L'échelle était étroite, raide et glissante. Je tenais en équilibre une lourde coupe de fruits en verre que j'avais lavée en haut et descendais maintenant au cachot. Je ne voyais pas mes pieds et tâtonnais lentement pour avancer. Cela devait arriver : je glissai et tombai. Ma tête percuta les marches et j'entendis la coupe se briser bruyamment. Puis je perdis connaissance un instant. Lorsque je revins à moi et relevai la tête, je me sentais mal. Du sang gouttait de mon crâne chauve sur les degrés. Wolfgang Priklopil était juste derrière moi comme toujours. Il dévala les marches, me souleva et me porta dans la salle de bains pour nettoyer la plaie. Il ne cessait de ronchonner : comment peut-on être maladroite comme ça ! Quels problèmes je lui posais encore ! J'étais même trop bête pour marcher. Puis il me mit un bandage à la va-vite pour stopper les saignements et m'enferma au cachot.

— Je suis obligé de repeindre l'escalier maintenant, ajouta-t-il avant de verrouiller la porte.

En effet, il revint le lendemain matin avec un seau de peinture et peignit les marches de béton grises sur lesquelles on distinguait d'affreuses taches sombres.

Mes tempes battaient. Si je levais la tête, une douleur vive et percutante me traversait le corps et je voyais tout noir. Je passai plusieurs jours au lit sans presque pouvoir bouger. Je crois maintenant avoir eu un traumatisme crânien. Mais, pendant de longues nuits, j'avais cru m'être brisé le crâne. Pourtant, je n'osais pas demander un médecin. Priklopil n'avait jamais voulu entendre parler de mes douleurs auparavant et me punit aussi cette fois-ci de m'être blessée. Les semaines suivantes, il frappait de préférence à cet endroit lorsqu'il me maltraitait.

Après cette chute, il me fut clair que le ravisseur me laisserait plutôt mourir que d'appeler à l'aide en cas d'urgence. J'avais eu simplement de la chance jusqu'à présent : privée de contact avec le monde extérieur, je ne pouvais pas attraper de maladie. Priklopil était tellement anxieux de ne pas véhiculer de germes qu'à son contact aussi j'étais en sécurité. Toutes ces années de détention, je n'ai jamais eu que de légers refroidissements avec un peu de fièvre. Mais, pendant les gros travaux dans la maison, un accident aurait pu se produire à tout instant, et parfois je considère comme un miracle le fait de n'avoir récolté de ces maltraitances que des hématomes, des contusions et des éraflures et qu'il ne m'ait jamais brisé un os. Mais j'avais désormais la conviction que toute maladie grave, tout accident réclamant une aide médicale aurait signifié une mort certaine.

À cela s'ajoute le fait que notre « vie commune » ne prenait pas la forme qu'il s'était imaginée. La chute dans les escaliers et le comportement qu'il eut par la suite étaient symptomatiques d'une lutte acharnée qui devait se prolonger pendant les deux années qui s'ensuivirent. Une phase pendant laquelle j'oscillais entre dépressions et pensées suicidaires, et la conviction que je voulais vivre et que tout se terminerait bien dans peu de temps, et une phase pendant laquelle il tenta de combiner ses agressions quotidiennes avec le rêve d'une cohabitation « normale ». Ce qui lui réussissait de moins en moins et le torturait.

Lorsque j'eus seize ans, la transformation de la maison, à laquelle il avait consacré toute son énergie et moi toute ma force de travail, toucha à sa fin. La tâche qui avait structuré son emploi du temps pendant des mois et des années menaçait de disparaître sans compensation. L'enfant qu'il avait enlevée était devenue une jeune femme, c'est-à-dire l'incarnation de ce qu'il haïssait le plus profondément. Je ne voulais pas me sentir rabaissée en étant pour lui la marionnette dont il avait peut-être rêvé.

J'étais insolente, toujours plus dépressive et essayais de me soustraire à lui chaque fois que possible. Il lui fallait parfois m'obliger à sortir du cachot. Je sanglotais pendant des heures et n'avais plus la force de me lever. Il haïssait qu'on lui résiste et qu'on pleure, et ma passivité le rendait fou. Il n'avait rien à lui opposer. Il dut lui apparaître clairement qu'il avait non seulement enchaîné ma vie à la sienne, mais aussi la sienne à la mienne, et que toute tentative de briser ces chaînes serait fatale à l'un de nous deux.

Wolfgang Priklopil devenait de plus en plus nerveux au fil des semaines, sa paranoïa s'aggravait. Il m'observait d'un air méfiant, toujours prêt à ce que je l'attaque ou que je m'enfuie. Le soir, il sombrait dans de véritables crises d'angoisse, me prenait dans son lit, m'attachait à lui pour essayer de se calmer par la chaleur corporelle. Son instabilité grandissait, et je devais subir toutes ses sautes d'humeur. Cela ne l'empêchait pas de parler d'une « vie commune » bien plus souvent qu'auparavant, de m'informer de ses décisions ou de discuter avec moi de ses problèmes. Dans son désir de monde idéal, il ne semblait plus percevoir le fait que j'étais sa prisonnière et qu'il contrôlait le moindre de mes mouvements. Le jour où je lui appartiendrais complètement – lorsqu'il pourrait être sûr que je ne m'enfuirais pas –, nous pourrions vivre tous les deux une vie meilleure, m'expliquait-il, les yeux brillants.

De ce à quoi pourrait ressembler cette vie, il en avait une idée plutôt vague, mais sa position y était clairement définie : il se voyait dans toutes les variantes du seigneur à la maison. Pour moi, il avait réservé différents rôles : tantôt la femme au foyer et l'esclave de travail qui le déchargeait de tout, depuis les gros travaux jusqu'au ménage et la cuisine, tantôt la compagne sur laquelle il pouvait s'appuyer, tantôt le substitut de mère, la poubelle de ses états d'âme, le sac de boxe sur lequel il pouvait manifester toute sa colère et toute son impuissance. Ce qui ne changea jamais fut sa représentation selon laquelle j'étais complètement à disposition. Que j'aie une personnalité, des envies, voire de petites libertés ne faisait jamais partie de son scénario de « vie commune ». Ces rêves m'inspiraient des sentiments mitigés. Ils m'apparaissaient d'un côté profondément aberrants – quelqu'un de sensé ne peut s'imaginer une vie commune avec une personne qu'il a enlevée, maltraitée et enfermée pendant des années –, mais d'un autre côté, ce beau monde lointain qu'il me dépeignait commençait à s'ancrer dans mon subconscient. J'avais un désir très fort de normalité. Je voulais rencontrer des gens, quitter la maison, faire des courses, aller nager, voir le soleil quand je le voulais, parler avec quelqu'un, peu importe de quoi. Cette vie commune dans l'imagination du ravisseur, dans laquelle il m'accorderait quelques mouvements de liberté, dans laquelle je pourrais sortir de la maison sous sa surveillance, m'apparaissait certains jours comme le meilleur de ce que je pouvais m'octroyer dans cette vie. La liberté, la vraie, je ne pouvais plus vraiment me l'imaginer après toutes ces années. J'avais peur de quitter le cadre établi. Au sein de ce cadre, j'avais appris à jouer toute la gamme et toutes les tonalités. J'avais oublié le son de la liberté.

Je me sentais comme un soldat à qui l'on explique qu'après la guerre tout ira bien. Ce n'est pas grave si dans l'intervalle, il a dû payer d'une jambe, ça fait partie du lot. Devoir d'abord souffrir avant que ne s'ouvre à moi une « vie meilleure » était devenu une vérité incontestable. Mais on me répétait que j'étais mieux en captivité. Estime-toi heureuse que je t'aie trouvée, tu ne pourrais pas vivre dehors. Et puis, qui voudrait de toi. Tu peux m'être reconnaissante de t'avoir recueillie. Ma guerre commençait dans la tête. J'avais absorbé ces phrases comme une éponge.

Mais la plupart du temps, on était loin ne serait-ce que de cette forme de captivité relâchée que se dépeignait le ravisseur. Il m'en faisait porter la faute. Un soir à la table de la cuisine, il se plaignit :

— Si tu n'étais pas si têtue, nous pourrions vivre bien mieux. Si je pouvais être sûr que tu ne t'échappes pas, je n'aurais pas besoin de t'enfermer ni de t'attacher.

Plus je vieillissais, plus il me faisait porter la responsabilité de ma détention. C'était seulement ma faute, s'il lui fallait me frapper et m'enfermer. Si je coopérais, si j'étais plus humble et plus obéissante, je pourrais alors vivre en haut, dans la maison. Je lui opposais :

— C'est bien toi qui m'as enlevée ! Tu me retiens prisonnière !

Mais il semblait qu'il avait perdu depuis longtemps le souvenir de cette réalité. Et il m'entraîna avec lui dans cette voie.

Dans ses bons jours, cette image, son image qui devait devenir la mienne, devenait tangible. Dans les mauvais, il était plus imprévisible que jamais. Il m'utilisait comme paillasson pour ses humeurs misérables. Le pire étaient les nuits pendant lesquelles sa sinusite le torturait. S'il ne dormait pas, je ne devais pas dormir non plus. Sa voix retentissait pendant des heures au haut-parleur, il me racontait ce qu'il avait fait la journée, et attendait que je l'informe de chaque pas, chaque mot lu, chaque mouvement :

— Tu as fait du rangement ? Comment as-tu réparti ton repas ? Qu'est-ce que tu as écouté à la radio ?

Je devais répondre dans les moindres détails, au milieu de la nuit, et si je n'avais rien à dire, inventer quelque chose pour le calmer. D'autres nuits, il me torturait tout simplement : « Obéis ! Obéis ! Obéis ! » répétait-il sur le même ton dans l'interphone. La voix résonnait dans la petite pièce et envahissait les moindres recoins « Obéis ! Obéis ! Obéis ! ». Je ne pouvais l'occulter, même en enfouissant la tête sous l'oreiller. Elle était toujours là et me rendait folle. Elle me signalait jour et nuit que je ne pouvais m'abandonner. Dans les moments de lucidité, le besoin de survivre et de fuir était incroyablement fort. Au quotidien, je n'avais presque plus la force de mener ces réflexions jusqu'au bout.

La recette de sa mère était sur la table de la cuisine, je l'avais relue un nombre incalculable de fois afin de ne pas commettre d'erreur : séparer les blancs des jaunes, monter les blancs en neige, tamiser la farine. Il était toujours derrière moi à m'observer nerveusement.

« Ma mère ne bat pas du tout les œufs de la même manière. »

« Ma mère fait cela bien mieux. »

« Tu es vraiment trop maladroite, fais donc attention. »

Un peu de farine était tombé sur le plan de travail. Il hurla et me reprocha que tout allait trop lentement. Sa mère, elle, aurait... Je cherchais des forces, mais quoi que je fasse, cela ne lui suffisait pas.

— Si ta mère est si forte, pourquoi tu ne lui demandes pas à elle de te faire un gâteau ?

Cela m'était sorti de la bouche. Et c'était de trop.

Il frappa autour de lui comme un enfant têtu, envoya par terre le saladier avec la pâte et me jeta contre la table. Puis il me traîna dans la cave et m'enferma. C'était en plein jour, mais il ne m'autorisa pas à allumer la lumière. Il savait comment me torturer.

Je m'allongeai sur mon lit et me berçai doucement d'avant en arrière. Je ne pouvais ni pleurer ni m'évader dans mes rêves. Chaque mouvement faisait hurler en moi la douleur des hématomes et des contusions. Mais je restais muette, simplement couchée là, dans le noir complet, comme si j'étais sortie du temps et de l'espace.

Il ne revint pas. Je dus m'endormir par moments, je ne m'en souviens pas. Tout se chevauchait, les rêves devenaient délires, je me voyais courir le long de la mer avec des gens de mon âge. La lumière était éclatante, l'eau d'un bleu profond. Je volais avec un cerf-volant au-dessus du large, le vent jouait dans mes cheveux, le soleil me brûlait les bras. C'était un sentiment d'ouverture absolue, excité par le sentiment de vivre. Je m'imaginais sur une scène, mes parents étaient dans le public et je chantais à pleine voix. Ma mère applaudissait, sautait de son siège et me prenait dans ses bras. Je portais une magnifique robe moirée, légère et douce. Je me sentais belle, forte, saine.

Lorsque je m'éveillai, il faisait encore noir. Le réveil tiquait, monotone, seul signe que le temps ne s'était pas arrêté. Il fit noir toute la journée.

Priklopil ne vint pas le soir ni le matin suivant. J'avais faim, mon estomac grondait, je commençais à avoir des crampes. J'avais un peu d'eau au cachot, c'était tout. Mais boire n'aidait plus, je ne pouvais penser à rien d'autre qu'à manger. J'aurais tout fait pour un morceau de pain. Au cours de la journée, je perdis encore plus le contrôle de mon corps et de mes pensées. Les douleurs au ventre, l'état de faiblesse, la conviction d'avoir trop tiré sur la corde et qu'il me laisserait maintenant moisir misérablement. Je me croyais à bord du *Titanic* en train de sombrer. La lumière s'était déjà éteinte, le bateau gîtait lentement mais inexorablement. Il n'y avait plus d'échappatoire, je sentais monter l'eau froide et noire. Je la sentais sur les jambes, le dos, elle atteignait les bras, m'enveloppait le torse. Plus haut, toujours plus haut... Là ! Un rayon de lumière fugitif m'éblouit, j'entendis quelque chose tomber par terre dans un bruit mat. Puis une voix :

« Tiens, voilà quelque chose. » Puis une porte se referma. Il fit de nouveau tout noir.

Hébétée, je levai la tête. J'étais trempée de sueur et ne savais pas où j'étais. L'eau qui voulait m'emporter dans les profondeurs n'était plus là, mais tout tanguait. Je tanguais. Et au-dessous de moi, le vide, un vide noir que ma main tentait de saisir en vain. Je ne sais combien de temps je restai enfermée dans cette image, jusqu'à ce que je me rende compte que j'étais sur ma mezzanine. Une éternité sembla s'écouler avant que je ne trouve la force de chercher l'échelle et de descendre à reculons, un degré après l'autre. Arrivée au sol, j'avançai à quatre pattes. Ma main tomba sur un petit sac en plastique. Je le déchirai avec avidité et les doigts tremblants, si maladroitement que le contenu s'échappa et roula par terre. Je tâtonnai paniquée autour de moi, jusqu'à ce que je sente quelque chose d'allongé et frais sous mes doigts. Une carotte ? Je l'essuyai un peu de la main et mordis dedans. Il m'avait jeté un sac de carottes. Je glissai à genoux sur le sol gelé jusqu'à avoir cherché dans tous les recoins. Je les remontai une par une sur mon lit, avec à chaque fois l'impression de grimper au sommet d'une montagne. Mais cela me donna un coup de fouet. Finalement, je les avalai l'une après l'autre. Mon estomac grondait bruyamment et se crispait. Les carottes s'entrechoquaient comme des pierres dans mon ventre, la douleur était insupportable.

Le ravisseur revint me chercher deux jours après seulement. Sur les marches du garage déjà, je dus fermer les yeux tant la clarté, même crépusculaire, m'éblouissait. Je respirai profondément, consciente d'avoir survécu encore une fois.

— Tu seras bien sage, maintenant ? Il faut que tu t'améliores, sinon, je devrai t'enfermer à nouveau.

J'étais bien trop faible pour le contredire. Le jour suivant, je vis que la peau sur les faces intérieures de mes cuisses et sur le ventre avait pris une teinte jaune. Le carotène s'était emmagasiné dans les dernières fines couches de graisse sous ma peau blanche presque transparente. J'avais seize ans, je ne pesais que trente-huit kilos, et mesurais un mètre cinquante-sept.

La pesée quotidienne était devenue une habitude et j'observais l'aiguille baisser de jour en jour. Le ravisseur avait perdu toute mesure et me reprochait encore d'être beaucoup trop grosse, et je le croyais. Aujourd'hui je sais que mon indice de masse corporelle était à l'époque de 14,8. L'Office mondial de la santé a arrêté à 15 l'indice en deçà duquel on risque de mourir de faim. J'étais en dessous.

La faim est une expérience extrême absolue. Au début, on se sent encore bien : lorsqu'on lui coupe les vivres, le corps se donne de lui-même un coup de pouce. L'adrénaline passe dans le système, on se sent soudain mieux, plein d'énergie. C'est sans doute un mécanisme par lequel le corps veut signaler ceci : j'ai encore des réserves, utilise-les pour te mettre en quête de nourriture. Enfermé sous la terre, on ne trouve pas de nourriture, les montées d'adrénaline se déversent dans le vide. Après, l'estomac se met à gargouiller et on fantasme sur la nourriture. Les pensées ne tournent plus qu'autour de la prochaine bouchée. Puis on perd le contact avec la réalité, on sombre dans le délire. On ne rêve plus, on change simplement de monde. On voit des buffets, de grandes assiettes de spaghetti, des tartes et des gâteaux à portée de main. Un mirage. Les crampes qui parcourent le corps entier donnent l'impression que l'estomac se digère lui-même. Les douleurs que peut provoquer la faim sont insupportables. On ne le sait pas lorsque par faim on n'entend qu'un léger grondement d'estomac. J'aimerais n'avoir jamais connu ces crampes. À la fin, on faiblit. On peut encore à peine lever les bras, la circulation sanguine flanche et quand on veut se lever, on voit tout noir et on tombe.

Mon corps portait les marques caractéristiques du manque de nourriture et de lumière. Je n'avais plus que la peau sur les os, sur mes mollets blancs se dessinaient des traces bleu-noir. Je ne sais pas si elles étaient dues à la faim ou au manque prolongé de lumière – mais elles avaient l'air inquiétant, comme des signes cadavériques.

Lorsqu'il m'avait laissé jeûner longtemps, le ravisseur me remplumait lentement jusqu'à ce que j'aie assez de force pour travailler. Cela durait quelque temps parce qu'après une longue période de jeûne je ne pouvais plus ingérer que quelques cuillerées et l'odeur même de nourriture me donnait mal au cœur, bien que je n'aie fantasmé sur rien d'autre pendant des jours. Lorsque je lui paraissais à nouveau « trop forte », il recommençait à me priver. Priklopil me faisait jeûner dans un but précis. « Tu es bien trop insolente, tu as bien trop d'énergie », disait-il parfois avant de me retirer la dernière bouchée de mes ridicules repas. Dans le même temps s'aggravaient ses propres dérèglements qu'il reportait sur moi.

— Nous allons boire tous les jours un verre de vin pour prévenir les infarctus, m'annonça-t-il un jour.

Ce que, dès lors, nous fîmes. Ce n'était que quelques gorgées, mais le goût me répugnait, j'ingurgitais le vin comme un âpre médicament. Lui non plus n'aimait pas ça mais il se forçait à en boire un petit verre pendant le repas. Il ne s'agissait jamais pour lui d'un plaisir, mais d'instaurer une nouvelle règle à laquelle il devait – et donc moi aussi – strictement se conformer.

Ensuite, ce fut le tour des hydrates de carbone. « Nous allons observer un régime cétogène. » Le sucre, le pain et même les fruits étaient désormais interdits, je n'eus plus que des aliments gras et riches en protéines. Mon corps décharné supportait toujours plus mal ces traitements, même en petites proportions. Surtout lorsque j'avais été enfermée plusieurs jours et que je recevais en haut de la viande grasse et un œuf. Lorsque je mangeais avec le ravisseur, j'avalais ma portion le plus vite possible, car il n'aimait pas que je le regarde manger. Si j'avais fini avant lui, je pouvais peut-être espérer qu'il m'en donne encore un morceau.

Le pire était pour moi de devoir cuisiner en étant complètement affamée. Un jour, il me mit une recette de sa mère et une barquette de cabillaud sur le plan de travail. J'épluchai les pommes de terre, enfarinai le cabillaud, séparai le blanc des jaunes d'œufs et passai les morceaux de poisson dans le jaune. Puis je fis chauffer un peu d'huile dans une poêle, repassai le poisson dans la chapelure et le fis frire. Comme toujours, Priklopil, assis dans la cuisine, commentait mes faits et gestes : « Ma mère va dix fois plus vite. » « Tu vois bien que l'huile chauffe trop, espèce d'idiote. » « N'enlève pas autant de pomme de terre avec la peau, c'est du gaspillage. »

L'odeur du poisson frit se répandait dans la cuisine et me rendait à moitié folle. Je pris les morceaux de la poêle et les égouttai. L'eau me montait à la bouche : il y avait assez de poisson pour un véritable festin. Peut-être pourrais-je en manger deux morceaux ? Et un peu de pommes de terre avec ?

Je ne sais plus ce que je fis de mal. Je sais juste que Priklopil se leva soudain, me prit des mains les assiettes que je m'apprêtais à mettre sur la table et me cria :

— Tu n'auras rien du tout aujourd'hui !

À ce moment-là, je perdis le contrôle. J'avais tellement faim que j'aurais pu tuer quelqu'un pour un morceau de poisson. Je saisis l'assiette, en pris un morceau et essayai de me l'enfourner rapidement dans la bouche, mais il fut plus rapide et m'arracha le poisson de la main. Je tentai de piquer un deuxième bout, mais il me saisit le poignet et serra jusqu'à ce que je le lâche. Je me jetai par terre pour ramasser les restes tombés pendant la bagarre. Je parvins à mettre un tout petit bout dans la bouche, mais sa main s'enfonça aussitôt au fond de ma gorge, il me souleva, me traîna jusqu'au lavabo et appuya sur ma tête. De l'autre main, il me desserrait les dents et m'étouffait jusqu'à faire remonter le morceau défendu.

— Ça te servira de leçon.

Puis il prit lentement l'assiette et l'emporta dans le vestibule. Je restai tremblante dans la cuisine, humiliée.

Avec des méthodes de ce genre, le ravisseur me maintenait en état de faiblesse – et prisonnière d'un mélange de dépendance et de reconnaissance. On ne mord pas la main qui vous nourrit. Pour moi, il n'y avait qu'une main capable de me protéger de la mort par dénutrition, c'était aussi celle qui m'y conduisait systématiquement. Ainsi ces petites rations de nourriture m'apparaissaient-elles parfois comme de généreux cadeaux. Je me souviens si vivement de la salade de saucisses que sa mère faisait parfois le week-end qu'elle me paraît aujourd'hui encore comme un plat particulièrement raffiné. Lorsqu'au bout de deux ou trois jours au cachot j'avais de nouveau le droit de monter, il m'en donnait parfois de petits ramequins. La plupart du temps, il ne surnageait plus que les oignons et quelques morceaux de tomates dans la marinade – il avait déjà pioché la saucisse et les œufs durs. Mais ces restes me semblaient des repas de fête. Et lorsqu'il m'accordait une bouchée supplémentaire de son assiette, voire un morceau de gâteau, j'étais aux anges. C'est tellement facile de s'attacher un être qu'on laisse mourir de faim.

Le 1er mars 2004, s'ouvrit en Belgique le procès contre le tueur en série Marc Dutroux. Son cas m'était encore très présent à l'esprit. J'avais huit ans lorsqu'en août 1996 la police avait fait irruption dans sa maison pour libérer deux petites filles – Sabine Dardenne, qui avait douze ans, et Laetitia Delhez, qui en avait quatorze. Quatre autres filles avaient été retrouvées mortes.

Pendant des mois, je suivis à la radio et à la télévision le procès. J'appris le martyre de Sabine Dardenne et compatis lorsque, dans la salle d'audience, elle fit face au bourreau. Elle aussi avait été enlevée dans une fourgonnette. Le cachot dans lequel elle avait été séquestrée était encore un peu plus petit que le mien et l'histoire de sa captivité était différente. Mais elle avait vécu le calvaire dont me menaçait le ravisseur, et même s'il y avait des différences de taille, le crime découvert deux ans avant mon enlèvement aurait très bien pu servir de calque pour le plan malade de Wolfgang Priklopil. Mais rien ne le prouve.

Le procès me bouleversait, même si je ne me retrouvais pas en Sabine Dardenne. Libérée au bout de quatre-vingts jours de captivité, elle était encore en colère et savait qu'elle était dans son droit. Elle traitait son bourreau de « monstre » et de « salop » et exigeait des excuses, qu'elle ne reçut pas à l'époque en audience. La captivité de Sabine Dardenne avait été assez brève pour qu'elle ne se perde pas. Moi, à ce moment-là, j'étais déjà prisonnière depuis 2 200 jours et autant de nuits, ma perception était déjà faussée depuis longtemps. Intellectuellement, je savais parfaitement que j'étais victime d'un crime. Mais émotionnellement, par le contact prolongé avec le ravisseur dont j'avais besoin pour survivre, j'avais intériorisé ses fantasmes psychopathes. Ils étaient ma réalité.

J'appris deux choses de ce procès : premièrement, qu'on ne croit pas toujours les victimes de violences. La société belge semblait convaincue qu'un immense réseau se cachait derrière Marc Dutroux – un réseau qui s'étendait jusque dans les plus hautes sphères. J'entendais à la radio de quelles diffamations Sabine Dardenne était l'objet parce qu'elle n'alimentait pas ces théories et ne cessait d'affirmer qu'elle n'avait vu personne d'autre que Marc Dutroux. Deuxièmement, qu'on n'accorde pas indéfiniment de la pitié et de l'empathie aux victimes, et que ces sentiments peuvent même vite se muer en agression et en rejet.

À peu près à la même époque, j'entendis pour la première fois mon nom à la radio. J'avais mis une émission consacrée aux livres d'actualité de la chaîne culturelle Ö1, lorsque je sursautai : « Natascha Kampusch. » Je n'avais entendu personne prononcer mon nom depuis six ans. Le seul être qui aurait pu le faire me l'avait interdit. Le journaliste à la radio l'évoqua à propos d'un livre de Kurt Tozzer et Günther Kallinger. Le titre était *Spurlos – Die spektakulärsten Vermissten-Fälle der Interpol* (« Sans laisser de traces – Les cas de disparitions les plus spectaculaires d'Interpol »). Les auteurs parlaient de leurs recherches – et de moi. Un cas mystérieux, dans lequel il n'y avait aucune piste sérieuse et pas de cadavre. J'étais assise devant la radio et n'avais qu'une envie, crier : « Je suis là ! Je suis vivante ! » mais personne ne pouvait m'entendre.

Après cette émission, ma propre situation me parut plus désespérée que jamais. Assise sur mon lit, tout semblait soudain clair à mes yeux : je savais déjà que je ne pouvais pas passer toute ma vie ainsi et je venais de comprendre que je ne serais plus libérée ; quant à fuir, cela me paraissait impossible. Il ne restait qu'une issue.

Je n'en étais pas à ma première tentative de suicide, ce jour-là. Simplement disparaître, dans un lointain néant où il n'y a plus de douleurs ni de sentiments, je voyais cela comme un acte d'autodétermination. Je n'avais presque plus le pouvoir de disposer de ma vie, de mon corps, de mes gestes. Pouvoir m'ôter cette vie-là me paraissait être mon dernier atout.

À quatorze ans, j'avais plusieurs fois essayé en vain de m'étrangler avec mes vêtements. À quinze ans, je voulais m'ouvrir les veines. Je m'étais enfoncé dans le bras une grande aiguille à coudre jusqu'à n'en plus pouvoir. La brûlure était presque insupportable, mais elle apaisait en même temps la souffrance intérieure que je ressentais. On est parfois soulagé lorsque la douleur physique dépasse par instants les tortures de l'âme.

Cette fois-ci, je voulais choisir une autre méthode. C'était l'un de ces soirs où le ravisseur m'avait enfermée tôt au cachot et je savais qu'il ne reviendrait plus jusqu'au lendemain. Je rangeai ma chambre, pliai proprement mes quelques tee-shirts et jetai un dernier regard sur la robe de flanelle dans laquelle j'avais été enlevée et qui pendait maintenant à un crochet sous le lit. En pensée, je faisais mes adieux à ma mère.

— Pardonne-moi. Je pars encore une fois sans un mot, murmurai-je, que veux-tu qu'il m'arrive ?

Puis j'allai lentement à la plaque de cuisson et l'allumai. Lorsqu'elle commença à rougir, j'y déposai des rouleaux de papier toilette vides et du papier. Il fallut un moment avant qu'il n'y ait de la fumée – mais cela fonctionna. Je montai jusqu'à mon lit et m'y allongeai. Le cachot se remplirait de fumée et je m'en irais tout doucement en somnolant, déterminée, je quitterais une vie qui n'était plus la mienne depuis longtemps.

Je ne sais combien de temps je restai allongée en attendant la mort. Il me sembla que c'était l'éternité à laquelle je me préparais justement, mais cela dut aller relativement vite. Lorsque la fumée suffocante atteignit mes poumons, je respirai d'abord profondément, mais ma volonté de vivre que je croyais perdue reprit le dessus de toute sa force. Chaque fibre de mon corps cherchait la fuite. Je commençai à tousser, me mis un coussin devant la bouche et descendis précipitamment l'échelle. J'ouvris le robinet d'eau, passai des chiffons sous le jet et les jetai par-dessus les rouleaux qui se consumaient sur la plaque. L'eau grésilla, la fumée mordante s'épaissit. Prise de toux et les yeux pleins de larmes, je parcourais la pièce avec ma serviette pour dissiper la fumée. Je réfléchissais fébrilement à la manière dont je pourrais dissimuler au ravisseur ma tentative de m'étouffer par le feu. Suicide, l'ultime désobéissance, le pire délit pensable.

Mais le lendemain, on se serait encore cru dans un fumoir. Lorsque Priklopil entra dans le cachot, il inspira, énervé. Il me tira du lit, me secoua et me cria dessus. Comment avais-je pu oser me soustraire à lui. Comment avais-je pu oser abuser ainsi de sa confiance. Sur son visage se reflétait un mélange de fureur sans borne et de peur. La peur que je puisse tout faire échouer.

9

Peur de la vie

La prison intérieure demeure

> *Coups de poing et de pied. Étouffer, écorcher, cogner le poignet, l'écraser. Jetée contre le chambranle, frappée avec un marteau et avec les poings dans la région de l'estomac (gros marteau). J'ai des hématomes sur : la hanche droite, l'avant-bras (5 × 1 cm) et le bras droit (env. 3,5 cm de diamètre), sur l'extérieur des cuisses gauche et droite (à gauche env. 9-10 cm de long et de couleur allant du noirâtre au violet, env. 4 cm de large) ainsi qu'aux épaules. Écorchures et entailles sur les cuisses, le mollet droit.*
> I want once more in my life some happiness
> And survive in the ecstasy of living
> I want once more see a smile and a laughing for a while
> I want once more the taste of someone's love.
> Extrait de journal intime, janvier 2006

J'avais dix-sept ans quand le ravisseur m'apporta au cachot une cassette vidéo du film *Pleasantville*. C'est l'histoire d'un frère et d'une sœur qui grandissent dans les années 1990 aux États-Unis. À l'école, les professeurs parlent du manque de débouchés, du sida et de la fin du monde menaçante à cause du réchauffement climatique. À la maison, les parents divorcés se disputent au téléphone pour savoir qui prendra les enfants le week-end, et avec les amis, il n'y a que des problèmes. Le garçon fuit dans le monde de la série télévisée des années 1950 : « Bienvenue à *Pleasantville* ! Morale et bonnes manières. Chaleureux accueil. "Chérie, je suis rentré !" Nourriture digne de ce nom : "Voulez-vous encore des gâteaux ?" Bienvenue dans le monde parfait de *Pleasantville*. Seulement sur *TV-Time*. » À Pleasantville, la mère sert le repas toujours au moment où le père rentre du travail. Les enfants sont bien habillés et marquent toujours au basket. Le monde n'est constitué que de deux rues, et les pompiers n'ont qu'une tâche : aller chercher les chats dans les arbres – car il n'y a pas d'incendies là-bas.

Après une dispute pour la télécommande, le frère et la sœur atterrissent soudain à Pleasantville. Ils sont prisonniers dans cet endroit curieux, où il n'y a pas de couleurs et où les habitants vivent selon des règles qu'ils ne peuvent comprendre. S'ils s'adaptent, s'intègrent dans cette société, il peut faire bon vivre à Pleasantville. Mais lorsqu'ils enfreignent les règles, les gentils habitants se transforment en meute furieuse.

Le film semble être une parabole de la vie que je menais. Pour le ravisseur, le monde extérieur était comparable à Sodome et Gomorrhe, partout guettaient les dangers, la saleté et le vice. Un monde qui incarnait pour lui ce contre quoi il échouait et dont il voulait se garder, et moi avec. Notre monde derrière ses murs jaunes devait être Pleasantville : « Encore des gâteaux ? » – « Merci, chérie. » Une illusion que je retrouvais dans ses discours : nous pourrions être si bien dans cette maison aux surfaces impeccables, qui brillent trop, et aux meubles qui étouffent presque par leur kitsch. Mais il continuait de travailler à la façade, investissait dans sa vie, ou plutôt « notre » nouvelle vie, qu'il malmenait de ses poings l'instant suivant.

Dans *Pleasantville* quelqu'un dit dans une scène : « Ma réalité, c'est seulement ce que je connais. » Lorsque je feuillette mon journal aujourd'hui, je suis effrayée de voir à quel point je me suis bien intégrée dans le scénario, avec toutes ses contradictions :

Cher journal,
Il est temps de t'ouvrir mon cœur sans retenue avec toutes les douleurs qu'il a pu endurer. Commençons en octobre. Je ne sais plus exactement ce qui se passa, mais les choses qui se passèrent n'étaient pas très belles. Il a planté les thuyas du Canada. Ils s'adaptent plutôt bien. Il n'allait pas très bien pendant un temps, et quand il ne va pas bien, il fait de ma vie un enfer. À chaque fois qu'il a mal à la tête et qu'il prend une poudre, il a des réactions allergiques et le nez qui coule très fort. Mais le médecin lui a donné des gouttes. En tout cas, ce fut très dur. Il y a eu plusieurs scènes difficiles. Fin octobre est arrivée la nouvelle chambre à coucher au nom ronflant d'Esmeralda. Les couvertures, les oreillers et les matelas étaient arrivés un peu avant. Le tout bien entendu antiallergique et stérilisable. Lorsque le lit est arrivé, j'ai dû l'aider à démonter l'ancienne armoire. Cela a pris environ trois jours. Nous devions démonter les pièces, porter les lourdes armoires à

glace dans le bureau, nous avons descendu les parois latérales et les planches de support. Puis nous sommes allés au garage pour vider toutes les caisses et déballer une partie du lit. Le mobilier est composé de deux tables de nuit avec deux tiroirs et deux poignées en laiton doré, deux commodes, une petite haute avec... (inachevé).

Des poignées en laiton doré, polies par la parfaite femme d'intérieur qui lui apporte à table le repas cuisiné selon la recette de sa mère encore plus parfaite. Si je faisais tout correctement et m'en tenais à mon chemin tout tracé dans ce décor, l'illusion fonctionnait un moment. Mais la moindre déviation de ce scénario, que personne ne m'avait donné à lire auparavant, était sévèrement punie. Son imprévisibilité devint mon plus grand ennemi, même lorsque j'étais convaincue d'avoir tout fait comme il le fallait, même quand je croyais savoir quels accessoires étaient requis à tel moment, je n'étais pas en sécurité contre lui. Je n'étais pas protégée de lui. Un regard trop longtemps dirigé sur lui, une assiette sur la table, qui hier encore était la bonne, et il piquait sa crise.

Un peu plus tard, on trouve dans mes notes :

Des coups de poing brutaux sur la tête, l'épaule droite, le ventre, le dos et le visage ainsi que sur les oreilles et dans les yeux. Des crises de fureur soudaines et incontrôlées. Hurlements, vexations. Bourrades en montant les marches. Étrangler, s'asseoir sur moi et me fermer la bouche et le nez, m'étouffer. S'asseoir sur les poignets, s'agenouiller sur les articulations des mains, me coincer les bras avec les poings. Sur l'avant-bras, j'ai des hématomes en forme de doigts, des écorchures et des griffures sur l'avant-bras gauche. Il s'asseyait sur ma tête ou, agenouillé sur mon torse, me frappait violemment la tête contre le sol. Cela plusieurs fois et de toutes ses forces, et j'en avais mal à la tête et la nausée. Puis une pluie de coups de poing incontrôlés, me lancer des objets et me jeter violemment contre la table de nuit. [...]

La table de nuit avec les poignées en laiton.

Puis il m'autorisait de nouveau des choses qui me donnaient l'illusion qu'il se souciait de moi. Il m'autorisa par exemple à me laisser repousser les cheveux. Mais cela aussi participait de la mise en scène. Parce que je dus les teindre en blond peroxydé, pour répondre à son image de femme idéale : obéissante, travailleuse, blonde.

Je passais toujours plus de temps en haut à faire la poussière, à ranger et à cuisiner. Comme toujours, il ne me laissait pas une seconde seule. Son désir de me contrôler totalement le poussa même à démonter les portes des toilettes : je ne devais pas me soustraire à son regard même deux minutes. Sa présence permanente me poussait au désespoir.

Mais lui aussi était prisonnier de son scénario. Lorsqu'il m'enfermait dans le cachot, il fallait qu'il me nourrisse. Lorsqu'il venait me chercher, il passait chaque instant à me tenir sous son joug. Les moyens étaient toujours les mêmes, mais la pression sur lui se faisait plus forte. Et que se passerait-il si même cent coups ne suffisaient plus à me tenir à terre ? Il échouerait lui aussi dans son Pleasantville. Et il n'y aurait pas de billet retour.

Priklopil était conscient de ce risque. C'est pourquoi, il faisait tout pour me mettre sous les yeux ce qui m'attendait si j'osais quitter son univers. Je me souviens d'une scène où il m'humilia tellement que je rentrai précipitamment me réfugier dans la maison.

Un après-midi, alors que je travaillais en haut, je le priai d'ouvrir une fenêtre, je voulais simplement un peu plus d'air, entendre le chant des oiseaux dehors, mais le ravisseur brailla :

— Tu demandes ça juste pour pouvoir crier et t'enfuir.

Je le conjurai de croire que ce n'était pas mon dessein :

— Je reste, je te le promets. Je ne m'enfuirai jamais.

Il me regarda, soupçonneux, puis il me prit par le bras et me traîna jusqu'à la porte de la maison. Il faisait grand jour, la rue était déserte, mais sa manœuvre était quand même risquée. Il ouvrit la porte et me poussa dehors, sans relâcher la pression sur mon bras.

— Vas-y, cours ! Va-t'en donc ! Voyons un peu jusqu'où tu vas aller avec ton allure !

J'étais pétrifiée d'effroi et de honte. Je n'avais presque rien sur moi et essayais de cacher mon corps le mieux possible de ma main libre. La honte qu'un étranger puisse me voir dans toute ma maigreur, avec tous ces hématomes et mes cheveux courts hirsutes était plus grande que le faible espoir que quelqu'un puisse voir cette scène et s'en étonner.

Plusieurs fois il me poussa ainsi nue devant la porte d'entrée en disant :

— Cours donc. Et voyons jusqu'où tu vas.

À chaque fois, le monde extérieur devenait plus menaçant. J'étais en proie à un grave conflit entre mon désir de connaître ce monde et la peur devant le pas à franchir. Je l'avais prié pendant des mois de m'autoriser à sortir un peu, et à chaque fois, j'entendais la même réponse :

— Qu'est-ce que tu veux, tu ne rates rien, c'est exactement comme ici. Et puis tu vas crier dès que tu seras dehors et alors il faudra que je te tue.

Lui, de son côté, oscillait entre la paranoïa maladive, la peur que l'on découvre son crime et ses représentations d'une vie normale, où l'on devait obligatoirement faire des sorties à l'extérieur. C'était comme un cercle vicieux, et plus il se sentait poussé dans ses derniers retranchements par ses pensées, plus il devenait agressif envers moi. Comme avant, il pariait sur un mélange de violence physique et psychique. Il piétinait sans pitié mes derniers restes de confiance en moi et me serinait toujours les mêmes phrases. « Tu ne vaux rien, tu dois m'être reconnaissante que je m'occupe de toi. Personne ne voudrait de toi, sinon. » Il me racontait que mes parents étaient en prison et que plus personne n'habitait chez nous. « Mais où veux-tu aller, si tu t'enfuis ? Personne ne veut de toi dehors. Tu reviendrais ramper chez moi, pleine de remords. » Et il me rappelait avec insistance qu'il tuerait quiconque serait par hasard témoin de ma tentative de fuite. Les premières victimes, m'expliquait-il, seraient probablement les voisins. Et je ne voulais certainement pas endosser cette responsabilité, n'est-ce pas ?

Il pensait à ses cousins de la maison voisine. Depuis que j'étais allée quelques fois nager dans leur piscine, je me sentais singulièrement liée à eux. Comme si c'étaient eux qui me permettaient ces petites escapades. Je ne les ai jamais vus, mais le soir, lorsque j'étais en haut, je les entendais parfois appeler leur chat. Leurs voix étaient sympathiques et chaleureuses. Sûrement des gens qui s'occupent avec amour de ceux qui dépendent d'eux. Priklopil essayait de réduire au minimum le contact avec eux. Ils lui apportaient parfois un gâteau, ou un petit quelque chose de leurs voyages. Une fois, j'étais dans la maison lorsqu'ils sonnèrent et je dus me cacher en vitesse dans le garage. Je les entendais à la porte, ils lui apportaient un plat qu'ils avaient préparé. Il jetait toujours ce genre de choses à la poubelle ; dans son délire hygiénique, il n'en aurait jamais mangé un morceau tant cela le dégoûtait.

Lorsqu'il m'emmena dehors pour la première fois, je ne ressentis aucune libération. Je m'étais tellement réjouie d'avoir enfin le droit de quitter ma prison, mais maintenant que j'étais assise à la place du passager, j'en étais paralysée. Le ravisseur m'avait précisément recommandé ce que je devais répondre si quelqu'un me reconnaissait :

— Tu dois d'abord faire comme si tu ne comprenais pas de quoi il parle. Si ça ne sert à rien, tu dis : « Non, vous confondez. » Et si quelqu'un te demande qui tu es, tu dis que tu es ma nièce.

Natascha n'existait déjà plus depuis longtemps. Puis il démarra la voiture et sortit du garage.

Nous longeâmes la Heinestraße : des jardins, des haies et des pavillons derrière. La rue était déserte. Mon cœur battait jusque dans ma gorge. Je quittais pour la première fois en sept ans la maison du ravisseur. Je traversais un monde que je ne connaissais plus que dans mon souvenir et de courts films que l'homme avait tournés pour moi des années auparavant. De petits extraits qui montraient Strasshof, très rarement quelques personnes. Lorsqu'il tourna dans la rue principale et s'inséra dans le trafic, je vis du coin de l'œil un homme sur le trottoir. Il marchait de façon étrangement monotone, sans s'interrompre, sans mouvement de surprise, comme un jouet remonté avec une grosse clé.

Tout ce que je voyais avait l'air factice. Et comme la première fois, quand à douze ans je m'étais retrouvée la nuit dans le jardin, des doutes m'assaillirent sur l'existence de tous ces gens qui évoluaient avec tant d'évidence, imperturbables dans cet environnement que, certes, je connaissais, mais qui m'était devenu totalement étranger. La lumière claire dans laquelle baignait ce spectacle semblait venir d'un gigantesque projecteur. J'étais sûre à ce moment-là que le ravisseur avait tout arrangé. C'était son film, son grand *Truman show*, les gens étaient des figurants, tout n'était que mise en scène pour me faire croire que j'étais dehors, tandis qu'en réalité, je restais prisonnière d'une cellule élargie. Je compris seulement plus tard que j'étais en fait dans ma propre prison psychique.

Nous quittâmes Strasshof, roulâmes un moment dans la campagne et nous arrêtâmes dans une petite forêt. Je pus sortir brièvement de la voiture. L'air sentait le bois et au-dessous de moi glissaient des taches de soleil sur les aiguilles de pin sèches. Je m'agenouillai et mis prudemment une main par terre. Les aiguilles me piquaient et laissaient des petits points rouges sur la paume des mains. Je fis quelques pas vers un arbre et posai le front sur le tronc. L'écorce fissurée était chaude de soleil et dégageait une intense odeur de sève. Exactement comme les arbres de mon enfance.

Sur le chemin du retour, nous n'échangeâmes pas un mot. Lorsque le ravisseur me fit descendre de la voiture et m'enferma dans le cachot, je sentis une profonde tristesse m'envahir. Je m'étais si longtemps réjouie de ce monde extérieur, je m'étais représenté ses sensations avec de si belles couleurs, et j'évoluais maintenant dans ce monde comme s'il était factice. Ma réalité était le papier peint de bouleaux de la cuisine, l'environnement dans lequel je savais me mouvoir. Dehors, je trébuchais.

Cette impression s'apaisa lentement la seconde fois où j'eus le droit de sortir. Le ravisseur avait été encouragé par mon attitude peureuse et humble lors de mes premières tentatives. Quelques jours après seulement, il m'emmena à la droguerie du coin. Il m'avait promis que j'aurais le droit d'y choisir quelque chose de beau. L'homme gara la voiture devant le magasin et me lança une nouvelle fois :

— Pas un mot. Sinon, ils meurent tous là dedans.

Puis il descendit, fit le tour de la voiture et m'ouvrit la porte.

Je le précédai dans le magasin. Je l'entendais respirer doucement juste derrière moi et imaginais qu'il tenait un pistolet dans la poche de sa veste pour tirer sur tout le monde si je faisais le moindre faux mouvement. Mais j'allais être bien sage. Je ne mettrais personne en danger, je ne m'enfuirais pas, je voulais juste happer un petit bout de cette vie si évidente pour les autres filles de mon âge : flâner au rayon cosmétique d'une droguerie. Je n'avais certes pas le droit de me maquiller – le ravisseur ne m'autorisait même pas de vêtements normaux –, mais j'étais parvenue à ce qu'il m'accorde quelque chose : choisir deux articles faisant partie de la vie normale d'une adolescente. Le fard à paupières était d'après moi un must absolu, j'avais lu cela dans les magazines pour filles qu'il m'apportait de temps en temps au cachot. J'avais regardé en long et en large les pages conseils de maquillage tout en m'imaginant comment je me ferais belle pour ma première sortie en discothèque. Riant et crânant avec mes copines devant le miroir, enfiler d'abord un chemisier, puis finalement un autre, ça va les cheveux ? Viens, il faut y aller !

Et je me retrouvais entre de longues étagères pleines d'innombrables flacons et bouteilles que je ne connaissais pas, qui m'attiraient comme par magie et me déconcertaient en même temps. Cela faisait tellement d'impressions, je ne savais où donner de la tête et j'avais peur de renverser quelque chose.

« Allez, dépêche-toi », entendis-je la voix derrière moi. Je pris en hâte du fard à paupières, puis je pris un flacon d'huile de menthe sur une étagère en bois garnie d'huiles aromatiques. Je voulais la laisser ouverte dans mon cachot dans l'espoir que cela couvrirait l'odeur de moisi. Pendant tout ce temps-là, le ravisseur resta collé derrière moi, ce qui me rendait nerveuse, je me sentais comme une criminelle que l'on n'a pas encore attrapée mais qui peut se faire pincer à tout instant. Je m'efforçai de me contrôler autant que possible jusqu'à la caisse. Une grosse femme nous y attendait, elle devait avoir la cinquantaine, ses boucles grises étaient un peu mal enroulées. Lorsqu'elle m'adressa un sympathique *« Grüß Gott ! »*, je sursautai. C'était le premier mot d'un inconnu depuis sept ans. La dernière fois qu'un autre que le ravisseur s'était adressé à moi, j'étais encore une petite fille dodue. Et voilà que la caissière me saluait comme une vraie cliente adulte. Elle me dit « vous » et sourit tandis que je déposais sans un mot les deux articles sur le tapis roulant. J'étais tellement reconnaissante à cette femme de me prendre en considération. J'aurais pu rester des heures à la caisse rien que pour sentir la proximité d'un autre être. Lui demander de l'aide ne m'effleura pas. L'homme était armé, comme je le croyais, à quelques centimètres seulement de moi, jamais je n'aurais mis en danger cette femme, qui pour un court instant m'avait donné le sentiment d'exister véritablement.

Les jours suivants, les mauvais traitements reprirent de plus belle. Régulièrement le ravisseur m'enfermait, furieux, et régulièrement je me retrouvais sur mon lit couverte de bleus et en lutte avec moi-même. Je n'avais pas le droit de me complaire dans la douleur. Je n'avais pas le droit de m'abandonner. Je n'avais pas le droit de laisser place à l'idée que cette captivité était la meilleure chose qui me soit arrivée. Je devais me répéter que ce n'était pas une chance d'avoir le droit de vivre chez mon bourreau, comme il me l'avait toujours seriné. Ses paroles s'accrochaient à moi comme des chausse-trapes. Lorsque je me recroquevillais de douleur dans le noir, je savais qu'il n'avait pas raison. Mais le cerveau humain refoule rapidement les blessures. Dès le jour suivant, je cédais volontiers à l'illusion que tout cela n'était pas si grave, et croyais ses exhortations.

Mais si je voulais un jour sortir de ce cachot, je devais me débarrasser de ces chausse-trapes.

I want once more in my life some happiness
And survive in the ecstasy of living
I want once more see a smile and a laughing for a while
I want once more the taste of someone's love.

À l'époque, je commençai à m'écrire quelques messages. Lorsque les choses sont couchées noir sur blanc sur le papier, elles deviennent plus tangibles. Elles atteignent un niveau auquel l'esprit peut plus difficilement échapper, elles sont devenues réalités. À partir de ce jour, je notai chaque mauvais traitement, sobrement et sans émotion. J'ai ces notes aujourd'hui encore, certaines sont couchées sur un simple bloc d'écolier de format A5, dans une belle écriture soignée. J'en ai écrit d'autres sur une feuille verte A4 aux lignes serrées. Aujourd'hui comme hier, ces notes ont le même but, car même *a posteriori* les petits moments positifs de ma captivité me sont plus présents à l'esprit que l'incroyable cruauté à laquelle je fus soumise pendant des années.

20. 08. 2005 Wolfgang m'a frappée au moins trois fois au visage, m'a cognée env. 4 fois avec le genou contre le tibia et une fois au pubis. Il m'a obligée à m'agenouiller, et m'a enfoncé un porte-clés dans le coude gauche, qui m'a laissé un hématome et une égratignure aux sécrétions jaunâtres. Ajoutons à cela les cris et les tortures. Six coups de poing sur la tête.

21. 08. 2005 Grognements du matin. Insultes sans raisons. Puis coups et fessée sur ses genoux. Coups de pied et bourrades. Sept coups sur le visage, un coup de poing sur la tête. Insultes et coups sur le visage, un coup de poing sur la tête. Insultes et coups, petit déjeuner sans céréales. Puis dans le noir chez moi en bas sans explications. Se moquer de moi. Égratigner une fois la gencive avec le doigt. Presser le menton et serrer la gorge.

22. 08. 2005 Coups de poing sur la tête.

23. 08. 2005 Au moins 60 coups sur le visage. 10-15 coups avec le poing sur la tête entraînant de fortes nausées, quatre coups brutaux du plat de la main sur la tête, un coup de poing de plein fouet sur mon oreille et ma mâchoire du côté droit. L'oreille prend une teinte noirâtre. Étranglements, uppercut qui fait craquer la mâchoire, env. 70 coups de genou, surtout dans les tibias et sur les fesses. Coups de poing dans les reins et sur la colonne vertébrale, la cage thoracique et entre les seins. Coups avec le balai sur le coude gauche et l'avant-bras (hématome brun noirâtre), ainsi que sur le poignet gauche. De nombreux coups dans l'œil si bien que je vois des éclairs bleus, etc.

24. 08. 2005 Coups de genou dans le ventre et les parties génitales (voulait me mettre à genoux). Ainsi qu'au bas de la colonne vertébrale. Coups du plat de la main sur le visage, un brutal coup de poing sur mon oreille droite (coloration bleu-noir). Puis plongée dans le noir, sans air ni nourriture.

25. 08. 2005 Coups de poing sur mes hanches et ma cage thoracique. Puis méchantes vexations. Noir. Je n'ai eu que sept carottes crues et un verre de lait de la journée.

26. 08. 2005 Coups brutaux du poing sur l'avant de ma cuisse et sur mes fesses (chevilles). Et coups sur les fesses, le dos, le côté des cuisses, l'épaule droite, ainsi que l'aisselle et la poitrine qui laissent de vives pustules rouges et brûlantes.

L'horreur d'une seule semaine, et il y en eut tant. Parfois c'était tellement dur que je tremblais trop pour tenir le stylo. Je rampais au lit, gémissant, redoutant que les images du jour ne me visitent aussi la nuit. Alors je parlais avec mon autre moi, qui m'attendait, me prendrait par la main quoi qu'il arrive. J'imaginais qu'il pouvait me voir à travers le miroir en trois volets installé au-dessus de mon lavabo. Il suffisait que je regarde assez longtemps, alors mon moi fort se refléterait sur mon visage.

La fois suivante, j'étais bien décidée à ne pas lâcher la main tendue. J'aurais la force de demander de l'aide à quelqu'un.

Un matin, Priklopil me donna un jean et un tee-shirt. Il voulait que je l'accompagne au magasin de bricolage. Mon courage retomba dès que nous prîmes la route de Vienne. S'il continuait par là, nous arriverions dans mon quartier. C'était le même chemin que j'avais emprunté le 2 mars 1998 dans la direction opposée, couchée sur le sol de la fourgonnette. À l'époque, j'avais eu peur de mourir. Aujourd'hui, j'avais dix-sept ans, étais assise à la place du passager et j'avais peur de la vie.

Nous traversâmes Süssenbrunn, à quelques rues de chez ma grand-mère. J'éprouvai une terrible nostalgie pour la petite fille qui passait ses week-ends chez elle. Cela me semblait révolu, datant d'un siècle lointain. Je revoyais les ruelles familières, les maisons, les pavés sur lesquels j'avais joué à la marelle. Mais je n'en faisais plus partie.

— Baisse le regard, m'ordonna Priklopil sans tourner la tête.

J'obéis immédiatement. La proximité avec les lieux de mon enfance me serrait la gorge, je ravalais mes larmes. Quelque part là-bas, à notre droite, débouchait le Rennbahnweg. Quelque part à droite dans la grande cité, ma mère était peut-être à cet instant assise à la table de la cuisine. Elle devait certainement penser que j'étais morte, alors que je passais en voiture à quelques centaines de mètres. Je me sentais abattue, bien plus loin d'elle que ces quelques rues nous séparant réellement.

L'impression se renforça lorsque le ravisseur obliqua pour entrer sur le parking du magasin de bricolage. À quelques mètres de là, ma mère avait souvent attendu au feu rouge pour tourner à droite, car l'appartement de ma sœur se trouvait non loin. Aujourd'hui, je sais que Waltraud Priklopil, la mère du ravisseur, habitait également à quelques centaines de mètres.

Le parking du magasin était bondé. Quelques personnes faisaient la queue devant une baraque à frites à l'entrée. D'autres poussaient leur chariot jusqu'à leur voiture. Des ouvriers en bleus de travail tachés portaient des lattes de bois. Mes nerfs étaient tendus à craquer. Je fixais la fenêtre. L'un d'eux allait bien me voir, allait bien comprendre que quelque chose clochait là-dedans. Priklopil sembla deviner mes pensées :

— Tu restes assise. Tu ne descends que lorsque je te le dis. Et puis tu ne me lâches plus d'une semelle et tu te diriges lentement vers l'entrée. Pas un mot !

Je le précédai dans le magasin. Il me dirigeait d'une légère pression, une main sur mon épaule. Je pouvais sentir sa nervosité, la chair de ses doigts tressautait.

Je laissais glisser mon regard le long de l'allée. Des hommes en habits de travail arpentaient les rayons, en groupes ou seuls, mais ils avaient une liste à la main et semblaient occupés. Auquel de ceux-là devais-je m'adresser ? Et que dire ? Je les dévisageais tous du coin de l'œil, mais plus je les regardais, plus leur visage se transformait en face grimaçante. Ils m'apparurent soudain hostiles et inamicaux. Des hommes mal dégrossis, concentrés et aveugles au monde extérieur. Mes pensées filaient à toute allure. Il m'apparut tout d'un coup complètement absurde de demander de l'aide à quelqu'un. Et puis qui me croirait – une maigre adolescente perdue, qui pouvait à peine faire usage de sa propre voix ? Qu'est-ce qui se passerait, si je m'adressais à l'un de ces hommes en disant : « Aidez-moi, s'il vous plaît. »

« Ça arrive souvent à ma nièce, la pauvre, elle est un peu dérangée – il lui faut ses médicaments », dirait certainement Priklopil, et tout autour on opinerait, plein de compassion, lorsqu'il me prendrait par le bras et me traînerait hors du magasin. Pour un moment, j'aurais pu éclater d'un grand rire dément. Le ravisseur n'aurait même pas besoin de tuer quelqu'un pour masquer son crime. Tout ici jouait parfaitement en sa faveur. Personne ne s'intéressait à moi. Personne ne me croirait si je m'écriais : « Aidez-moi ! J'ai été enlevée. » Caméra cachée, haha, le présentateur surgit de derrière les étagères avec un faux nez et dénoue la situation. Ou bien, donc, le gentil tonton derrière la fille bizarre. Des voix stridentes tournoyaient dans ma tête : « Mon dieu, le pauvre, une fille comme ça, quel boulet... Mais il s'occupe gentiment d'elle. »

— Je peux vous aider ?

La voix tintait comme une moquerie à mes oreilles. Il me fallut un moment avant de comprendre qu'elle ne venait pas du tourbillon de voix dans ma tête. Un vendeur du rayon sanitaire se tenait devant nous.

— Je peux vous aider ? répéta-t-il.

Son regard glissa rapidement sur moi pour se fixer sur l'homme derrière moi. Comme ce vendeur était innocemment aimable ! Oui, vous pouvez m'aider ! S'il vous plaît ! Je commençais à trembler, sur mon tee-shirt se formaient des taches de sueur. Je me sentais mal, mon cerveau ne m'obéissait plus. Qu'est-ce que je voulais dire, déjà ?

— Merci, ça va aller, dit la voix derrière moi.

Puis une main s'agrippa à mon bras. Merci, ça va aller, et si on ne devait pas se revoir : Bonne journée. Bonne soirée. Bonne nuit. Comme dans le *Truman show*.

Presque en transe, je me traînais dans le magasin. Passée, passée. J'avais laissé passer ma chance – peut-être n'en avais-je même jamais eu une. Je me sentais comme dans une bulle invisible, mes bras et mes jambes s'agitaient, s'enfonçaient dans une masse gélatineuse sans pouvoir en percer la peau. Je titubais dans les rayons et voyais des gens partout : mais je n'étais plus avec eux depuis longtemps. Je n'avais plus de droit. J'étais invisible.

Après cette expérience, je compris que je ne pouvais pas demander d'aide. Que savaient les gens là-dehors de ce monde absurde dans lequel j'étais prisonnière – et qui étais-je pour avoir le droit de les emmener là-dedans ? Qu'y pouvait ce gentil vendeur si j'avais débarqué précisément dans son magasin ? Quel droit avais-je de lui faire courir le risque que Priklopil disjoncte ? Sa voix était certes restée neutre et il n'avait rien trahi de sa nervosité, mais j'avais presque pu entendre son cœur battre à cent à l'heure dans sa poitrine. Puis sa poigne autour de mon bras, son regard dans mon dos, qui me transperçait tout au long de notre périple dans le magasin. La menace qu'il tire sur tout le monde. Et avec cela ma propre faiblesse, mon impuissance, mon échec.

Cette nuit-là, je restai longtemps éveillée. Je pensais à mon pacte passé avec mon deuxième moi. J'avais dix-sept ans, le moment où j'avais décidé d'honorer ce contrat approchait. L'incident dans le magasin m'avait fait comprendre que je devais y parvenir seule. En même temps, je sentais mes forces disparaître, je m'enlisais dans le monde étrange et paranoïaque que le ravisseur avait construit pour moi. Mais comment mon moi abattu, anxieux, pouvait-il devenir le moi fort qui devait me prendre par la main et me sortir de ma prison ? Je ne le savais pas. La seule chose que je savais, c'était que j'aurais besoin d'une force infinie et d'une autodiscipline d'acier. Peu importe où je devais les puiser.

Ce qui m'aidait à l'époque, c'étaient mes notes et les monologues avec mon second moi. J'avais commencé une deuxième série de fiches ; désormais je n'inscrivais plus seulement les mauvais traitements, j'essayais aussi de me donner du courage par écrit. Des paroles que j'allais chercher lorsque je rampais à terre et que je me lisais alors à voix haute. C'était un peu comme siffler dans une forêt sombre, mais cela marchait.

Ne pas se laisser abattre lorsqu'il dit que tu es trop bête pour tout.
Ne pas se laisser abattre lorsqu'il frappe.
Ne pas faire attention lorsqu'il dit que tu es une incapable.
Ne pas faire attention lorsqu'il dit que tu ne peux vivre sans lui.
Ne pas réagir lorsqu'il te coupe la lumière.
Tout lui pardonner et ne pas rester en colère.
Être plus forte.
Ne pas abandonner.
Ne jamais, jamais abandonner.

Ne pas se laisser abattre, ne jamais abandonner. Mais c'était plus facile à dire qu'à faire. Jusque-là, toutes mes pensées s'étaient concentrées sur l'idée de sortir de cette cave, de cette maison. C'était désormais chose faite et rien n'avait changé. J'étais aussi prisonnière dehors que dedans. Si les murs extérieurs étaient devenus plus perméables, mon mur intérieur était bétonné comme jamais. Il fallait ajouter à cela que nos « sorties » poussaient Wolfgang Priklopil à la limite de la panique. Déchiré entre son rêve de vie normale et la peur que je puisse le briser par une tentative de fuite ou simplement par mon comportement, il était de plus en plus nerveux et incontrôlé. Même lorsqu'il me savait bien gardée dans la maison. Ses crises de colère se multipliaient. Évidemment, il m'en attribuait la responsabilité et tombait dans un véritable délire paranoïaque. Mon attitude hésitante et apeurée en public ne le calmait pas. Je ne sais pas s'il me soupçonnait de simuler le manque d'assurance. Une autre sortie à Vienne, qui aurait dû mettre un terme à ma captivité, prouva à quel point j'étais incapable d'une pareille mise en scène.

Nous roulions dans la Brünnerstraße lorsque la circulation ralentit. Contrôle de police. Je voyais déjà de loin la voiture et les policiers en uniforme faire signe à des voitures de s'arrêter, Priklopil inspira profondément. Il ne changea pas de position d'un millimètre, mais ses mains se crispaient sur le volant jusqu'à faire ressortir les articulations. Extérieurement, il était très calme lorsqu'il arrêta le véhicule sur le bas-côté et ouvrit la fenêtre. « Permis de conduire et papiers de la voiture, s'il vous plaît ! » Je levai la tête avec prudence. Le visage du policier faisait étonnamment jeune sous le képi, son ton était ferme, mais courtois. Priklopil fouilla dans ses papiers tandis que l'agent le dévisageait. Son regard ne fit que me frôler. Dans ma tête se formait un mot, que je voyais flotter dans l'air comme un grand phylactère : « À l'aide ! » Je l'avais si clairement devant les yeux, pourquoi le policier ne réagissait-il pas ? Impassible, il prit les papiers et les examina.

À l'aide ! Sortez-moi de là ! Vous contrôlez un criminel ! Je clignais et roulais des yeux comme si je faisais des signes en morse. Cela devait donner l'impression que j'avais eu un accident. Ce n'était pourtant rien d'autre qu'un S.O.S désespéré, envoyé avec les paupières d'une maigre adolescente assise sur le siège passager d'une fourgonnette blanche.

Dans ma tête tourbillonnaient en vrac les pensées. Je pouvais peut-être tout simplement sauter de la voiture et m'enfuir ? Je pouvais courir vers la voiture de police, elle était juste sous mes yeux. Mais que dire ? Est-ce qu'on m'écouterait ? Et si on me repoussait ? Priklopil me récupérerait, s'excuserait mille fois pour ces désagréments et pour tout le cinéma de sa nièce dérangée. Et puis, une tentative de fuite, c'était le pire tabou que je pouvais briser. Si elle échouait, je préférais ne pas penser à ce qui me pendait au nez. Mais si ça marchait ? J'imaginais Priklopil devant moi : il appuie sur la pédale d'accélérateur et file en faisant crisser ses pneus. Puis il dérape et atterrit sur la voie d'en face. Un coup de freins, du verre brisé, du sang, la mort. Priklopil gît sans bouger sur le volant, dans le lointain les sirènes se rapprochent.

— Merci, c'est bon ! Bonne route !

Le policier sourit brièvement, puis rendit ses papiers à Priklopil par la fenêtre. Il ne se doutait pas d'avoir arrêté la voiture dans laquelle, presque huit ans auparavant, une petite fille avait été enlevée. Il ne soupçonnait pas que cette petite fille était séquestrée dans la cave de cet homme. Il ne soupçonnait pas à quel point il avait été près de découvrir un criminel – et qu'il avait failli être le témoin d'une fuite folle et désespérée. Un mot de moi aurait suffi, une phrase courageuse. Au lieu de cela, je m'enfonçai dans mon siège et fermai les yeux pendant que le ravisseur démarrait la voiture.

J'avais laissé passer probablement la plus grande chance de sortir de ce cauchemar. Après coup seulement, je me rendis compte qu'une option ne m'était même pas venue à l'esprit : parler tout simplement au policier. Mais la peur que Priklopil ne fasse du mal à toute personne avec qui j'entrerais en contact m'avait paralysée.

J'étais une esclave, soumise. Je valais moins qu'un animal domestique. Je n'avais plus de voix.

Pendant ma captivité, je rêvais régulièrement d'aller skier en hiver. Ciel bleu, soleil étincelant sur la neige recouvrant le paysage d'un vêtement poudreux immaculé. Le crissement sous les chaussures, le froid qui rougit les joues. Et après ça, un chocolat chaud comme après le patin à glace autrefois.

Priklopil était un bon skieur. Les dernières années de ma captivité, il allait régulièrement passer une journée en montagne. Tandis que je rangeais ses affaires dans le sac et que je vérifiais sa liste méticuleusement dressée, il était déjà excité. Fart à skis. Gants. Barre de céréales. Crème solaire. Baume pour les lèvres. Bonnet. Je brûlais d'envie lorsqu'il m'enfermait au cachot et quittait la maison pour aller dans les montagnes, glisser sur la neige au soleil. Je ne pouvais rien imaginer de plus beau.

Peu avant mes dix-huit ans, il parla plusieurs fois de m'emmener passer une belle journée au ski. C'était pour lui le plus grand pas vers la normalité. Il se peut qu'il ait aussi voulu réaliser un de mes vœux. Mais il voulait surtout avoir confirmation que son crime se voyait finalement couronné de succès. Si je ne lui jouais pas un mauvais tour dans les montagnes, il aurait tout bien accompli à ses yeux.

Les préparatifs prirent quelques jours. Le ravisseur passa en revue ses vieilles affaires de ski et me donna différentes choses à essayer. L'un de ses anoraks m'allait, un truc moelleux des années 1970. Mais il manquait un pantalon.

— Je t'en achète un, promit le ravisseur, on va en acheter un ensemble.

Il avait l'air tout excité et sembla heureux l'espace d'un instant.

Le jour où nous allâmes au Donauzentrum, mon sang circulait au ralenti. J'étais largement sous-alimentée et tenais à peine sur mes jambes en montant en voiture. J'éprouvais une sensation singulière à l'idée d'aller au centre commercial où je m'étais si souvent rendue avec mes parents. Il n'est aujourd'hui qu'à deux stations de métro du Rennbahnweg, autrefois on faisait quelques stations de bus. Priklopil se sentait visiblement très sûr de son coup.

Le Donauzentrum est un centre commercial typique des périphéries urbaines. Les magasins s'alignent sur deux étages, ça sent le pop-corn et les frites, la musique est bien trop forte et couvre cependant à peine les éclats de voix des innombrables jeunes qui se retrouvent devant les magasins faute de lieux de rencontre. Même les gens habitués à ce genre d'attroupements se sentent ici vite débordés et cherchent un peu de calme et d'air frais. Sur moi, le bruit, la lumière et tous ces gens formaient un magma impénétrable dans lequel je ne pouvais m'orienter. Péniblement, j'essayais de me souvenir. N'était-ce pas le magasin où avec ma mère j'avais... Un bref instant, je me revis petite fille en train de choisir des collants. Mais les images du présent se superposaient. Il y avait du monde partout : des jeunes, des adultes avec de grands sacs de couleur, des mères avec des poussettes, une grande confusion. Un labyrinthe plein de cintres, de tables à farfouille et de mannequins en vitrine présentant la mode d'hiver avec un sourire inexpressif.

Les pantalons du rayon adulte ne m'allaient pas. Tandis que Priklopil me tendait un vêtement après l'autre, une triste figure me regardait dans le grand miroir. Pâle comme la mort avec des cheveux blonds hirsutes sur la tête, j'étais si maigre que je nageais même dans le XS. Ces essayages successifs étaient une telle torture pour moi, que je refusai de refaire la même chose au rayon enfant. Priklopil dut tenir le pantalon devant moi pour vérifier la taille. Lorsqu'il fut enfin satisfait, je ne tenais quasiment plus debout.

J'étais soulagée d'être à nouveau assise dans la voiture. Sur le trajet de retour, ma tête était près d'exploser. Après huit ans d'isolement, je n'étais plus capable de digérer autant d'impressions.

Les autres préparatifs pour cette journée de ski gâchèrent un peu ma joie. Sur tout cela régnait une atmosphère bourdonnante, le ravisseur était agité, il me reprochait toutes les dépenses que je lui occasionnais. Il me fit calculer sur la carte régionale le nombre exact de kilomètres à parcourir jusqu'à la station et combien de litres d'essence seraient nécessaires pour le trajet. Plus le forfait pour le remonte-pente, les locations, peut-être quelque chose à manger – dans son esprit maladivement radin, tout cela représentait des sommes astronomiques gaspillées. Et pourquoi ? Pour que j'aille le faire tourner en bourrique, que je trahisse sa confiance.

Lorsque son poing s'écrasa sur la table, je fis tomber le stylo de frayeur.

— Tu ne fais qu'exploiter ma bonté ! Tu n'es qu'une moins que rien sans moi ! Une moins que rien !

Ne pas le croire lorsqu'il dit que tu ne peux pas vivre sans lui. Je levai la tête et le regardai. Je fus surprise de lire la peur sur son visage grimaçant. Cette sortie au ski représentait un risque énorme. Un risque qu'il prenait non pas pour exaucer un vœu que je formulais depuis longtemps, c'était une mise en scène pour lui seul, censée lui permettre de réaliser ses fantasmes. Descendre les pistes avec sa « partenaire », qu'elle l'admire parce qu'il skie tellement bien. La façade parfaite, une image de lui-même, alimentée par l'humiliation et l'oppression, par la destruction de mon moi.

Je perdis toute envie de participer à cette absurde pièce de théâtre. En allant au garage, je lui avouai que je préférais rester là. Je le vis se rembrunir, puis il explosa.

— Qu'est-ce qui te prend ? hurla-t-il, puis il leva le bras.

Il tenait à la main la barre de fer qu'il utilisait pour accéder à mon cachot. J'inspirai profondément, fermai les yeux et tâchai de me retirer intérieurement. La barre de fer me frappa de plein fouet sur la cuisse. Je me mis à saigner aussitôt.

Le jour suivant sur l'autoroute, il était tout excité. Moi, je me sentais juste vide. Pour me discipliner, il m'avait à nouveau fait jeûner et coupé l'électricité. Ma jambe me brûlait, mais j'allais mieux : tout va bien, nous allons à la montagne. Dans ma tête des voix hurlaient dans tous les sens.

Il faut que tu accèdes aux barres de céréales dans son blouson !

Dans son sac aussi, il y a à manger !

Parmi elles, une petite voix disait tout bas : tu dois t'enfuir.

Cette fois, tu dois y arriver.

Nous quittâmes l'autoroute à Ybbs. Les montagnes devant nous émergeaient petit à petit de la brume. À Göstling, nous nous arrêtâmes chez un loueur de skis. Le ravisseur avait particulièrement peur de ce grand pas à faire. Il est vrai qu'il devait m'accompagner dans un lieu où on ne pourrait éviter le contact avec les employés. Ils me demanderaient si mes skis m'allaient, et j'aurais à répondre.

Avant de descendre, il me répéta avec particulièrement d'insistance qu'il tuerait toute personne à qui je demanderais de l'aide – et moi avec.

Lorsque j'ouvris la porte, un sentiment d'étrangeté me submergea. L'air était froid et épicé et sentait la neige. Les maisons se blottissaient le long du fleuve et ressemblaient, avec leur cape de neige sur le toit, à des gâteaux surmontés de chantilly. De part et d'autre s'élevaient les montagnes. Le ciel aurait pu être vert, j'en aurais été à peine surprise, tant la scène me semblait surréaliste.

Lorsque Priklopil me poussa dans le magasin de location, l'air chaud et humide me frappa au visage. Des gens transpirant dans leur doudoune attendaient à la caisse, des visages joyeux, des rires, et au milieu le claquement des fixations des chaussures de ski. Un vendeur vint vers nous. Bronzé et jovial, le type professeur de ski avec une voix rauque et forte, qui débite ses blagues routinières. Il m'apporta une paire de chaussures de pointure trente-sept et s'agenouilla devant moi pour vérifier qu'elles m'allaient. Priklopil ne me quittait pas des yeux tandis que je disais au vendeur que je ne sentais pas de points de pression. Je n'aurais pas pu rêver endroit moins propice pour dénoncer un criminel. Tout n'était que détente, joie bruyante, professionnalisme et routine du rayon loisirs. Je ne dis rien.

— Nous ne pouvons pas prendre le téléski, c'est trop dangereux. Tu pourrais parler à quelqu'un, déclara le ravisseur en arrivant sur le parking de la station après une longue route incurvée. Nous allons directement sur place.

Nous nous garâmes un peu en retrait. De part et d'autre les pistes enneigées étaient très abruptes. Plus loin en face se trouvait un télésiège. On entendait en sourdine la musique du bar venant de la station de la vallée. Le Hochkar est l'une des rares stations de ski facile d'accès depuis Vienne. C'est petit, six télésièges et quelques courts remonte-pentes emmènent les skieurs aux trois sommets.

Les pistes sont étroites, quatre d'entre elles sont classées « noires ».

J'essayais de toutes mes forces de me souvenir. À quatre ans, j'étais déjà venue avec ma mère et des amis de la famille. Mais rien ne me rappelait la petite fille qui s'enfonçait autrefois dans la poudreuse en grosse combinaison rose.

Priklopil m'aida à enfiler mes chaussures de ski et à enclencher les fixations. Peu sûre de moi, je glissai avec mes planches sur la neige lisse. Il me poussa de l'autre côté de la bosse directement sur la pente. Elle me paraissait meurtrière, j'étais effrayée par la raideur des pistes. Skis et chaussures pesaient probablement plus lourd que mes jambes. Je n'avais pas les muscles nécessaires pour les guider et j'avais certainement déjà oublié comment faire. Les seules leçons de ski que j'avais prises dans ma vie, c'était à la garderie. Nous avions passé une semaine dans une auberge de jeunesse à Bad Aussee. J'étais peureuse, je ne voulais pas y aller tant le souvenir de mon bras cassé était vif, mais la monitrice était gentille et se réjouissait avec moi de chaque petit schuss réussi. Je fis doucement des progrès et le dernier jour je participai même à la grande course sur la piste d'apprentissage. À l'arrivée, je levai les bras au ciel et criai de joie. Puis je me laissai tomber en arrière dans la neige. Je ne m'étais plus sentie aussi fière et libre depuis longtemps.

Fière et libre – une vie à des années-lumière.

J'essayai désespérément de freiner, mais dès la première tentative, je perdis l'équilibre et tombai dans la neige.

— Qu'est-ce que tu fabriques, s'énerva Priklopil lorsqu'il s'arrêta à côté de moi et m'aida à me relever. Tu dois te pencher ! Comme ça !

Il fallut un bon moment avant que je ne parvienne à tenir sur mes skis pour que nous puissions avancer de quelques mètres. Ma détresse et ma faiblesse semblèrent rassurer le ravisseur au point qu'il décida de nous acheter malgré tout des forfaits. Nous prîmes la longue file de skieurs riant et poussant qui avaient hâte que le télésiège les délivre au sommet suivant. Entourée de tous ces gens en combinaisons colorées, je me sentais comme un être d'une autre planète. Je sursautais lorsqu'ils passaient tout près de moi et me touchaient. Je sursautais quand les bâtons et les skis se coinçaient, moi soudain prise parmi des étrangers qui ne me voyaient certainement pas, mais dont je croyais sentir les regards. Tu n'es pas de ce monde-là. Ce n'est pas ta place. Priklopil me poussa :

— Ne t'endors pas, avance, avance.

Après ce qui me parut une éternité, nous nous retrouvâmes enfin sur le télésiège. Je planais dans le paysage de montagne hivernal – un moment de calme, de silence dont j'essayais de jouir. Mais tout mon corps se rebellait contre ces efforts inhabituels. Mes jambes tremblaient, et je grelottais lamentablement. Lorsque le télésiège arriva, je fus prise de panique. Je ne savais pas comment sauter et me cramponnais de peur à mes bâtons. Priklopil râla, me prit le bras au dernier moment et me tira du siège.

Au bout de quelques descentes, un reste d'assurance me revint. Je pouvais maintenant me tenir assez droite pour profiter des courts trajets avant de retomber dans la neige. Je sentais mes réflexes revenir, et éprouvai pour la première fois depuis longtemps quelque chose comme du bonheur. Je restai debout pour profiter du panorama aussi souvent que possible. Wolfgang Priklopil, qui était fier de si bien connaître la station, me commenta les lieux. Depuis le mont Hochkar on pouvait voir l'Ötscher. Au loin, les chaînes de montagnes disparaissaient dans la brume.

— Là, c'est déjà la Styrie, dit-il doctement, et là de l'autre côté, on peut presque voir la République tchèque.

La neige étincelait au soleil, le ciel était d'un bleu profond. J'inspirai profondément et j'aurais voulu arrêter le temps. Mais le ravisseur me pressait :

— Cette journée m'a coûté assez cher, alors on va la rentabiliser !

— Il faut que j'aille aux toilettes ! Ça urge !

Priklopil me regarda énervé. Il ne lui restait plus d'autre choix que de me conduire à la baraque la plus proche. Il se décida pour la station de vallée, parce que les toilettes étaient dans un bâtiment séparé et qu'on n'avait pas à traverser un bar. Nous défîmes les skis, Priklopil me conduisit aux toilettes et m'enjoignis de me dépêcher. Il allait attendre et regarder attentivement l'heure. Je fus surprise qu'il ne me suive pas, il aurait toujours pu dire qu'il s'était trompé de porte. Mais il resta dehors.

Les toilettes étaient vides lorsque j'y pénétrai, mais une fois dans ma cabine, j'entendis une porte s'ouvrir. Je sursautai – j'étais sûre d'avoir été trop longue et que le ravisseur était venu me chercher. Mais lorsque je retournai en hâte au lavabo, je vis une femme blonde devant le miroir. J'étais, pour la première fois depuis ma captivité, seule avec un autre être humain. Je ne sais plus exactement ce que je dis. Je sais juste que je rassemblai tout mon courage et lui parlai. Mais tout ce qui sortit de ma bouche fut un faible pépiement.

La femme blonde me sourit gentiment, tourna sur ses talons – et s'en alla. Elle ne m'avait pas comprise. Je m'adressais à quelqu'un pour la première fois et c'était comme dans mes pires cauchemars : on ne m'entendait pas. J'étais invisible. Je ne pouvais espérer de l'aide.

J'appris plus tard que la femme était une touriste hollandaise et qu'elle n'avait tout simplement pas compris ce que je lui demandais. Mais à l'époque, sa réaction fut un choc pour moi.

Le reste de l'excursion se brouille dans mon souvenir. J'avais à nouveau laissé passer ma chance. Lorsque le soir je me retrouvai enfermée dans mon cachot, je fus désespérée comme jamais.

Peu après arriva le jour décisif : celui de mes dix-huit ans. C'était la date que j'attendais fébrilement depuis dix ans déjà, et j'étais fermement décidée à le fêter comme il se doit – même si cela devait avoir lieu en captivité.

Les années précédentes, Priklopil m'avait autorisée à faire un gâteau. Mais cette fois-ci, je voulais quelque chose de spécial. Je savais que son associé organisait des fêtes dans un hangar isolé. Priklopil m'avait montré des vidéos où l'on voyait des mariages turcs et serbes. Il voulait en faire un film publicitaire pour promouvoir le lieu. J'avais vu les images de gens faisant la fête, largement imbibés, sautillant en cercle dans d'étranges danses. À l'une des fêtes, un requin entier s'étalait sur le buffet, à d'autres des saladiers pleins de mets inconnus s'alignaient les uns à côté des autres. Mais ce sont surtout les gros gâteaux qui me fascinaient. Des œuvres d'art sur plusieurs étages avec des fleurs en pâte d'amandes ou une voiture en biscuit et en crème. C'est un gâteau comme ça que je voulais – en forme de dix-huit, le symbole de ma majorité.

Lorsqu'au matin du 17 février 2006 je montai dans la maison, il était effectivement sur la table de la cuisine : un 1 et un 8 en biscuit couverts d'une mousse rose sucrée et décorés de bougies. Je ne sais plus quels cadeaux je reçus à ce moment-là, mais il y en eut sûrement quelques-uns, car Priklopil adorait célébrer ce genre d'événements. Mais pour moi, ce dix-huit était au centre de ma petite fête. Il était le symbole de la liberté, le signe qu'il était temps de tenir ma promesse.

10.

Pour l'un, il ne reste que la mort

Ma fuite vers la liberté

J'avais allumé une bombe. La mèche brûlait, il n'était pas possible de l'éteindre. J'avais choisi la vie. Pour le ravisseur, il ne restait que la mort.

Le jour commença comme tous les autres – sur commande de la minuterie. J'étais sur mon lit en hauteur, lorsque la lumière du cachot s'alluma et me réveilla d'un rêve confus. Je restai allongée encore un moment et tâchai de distinguer un sens dans mes lambeaux de rêve, mais plus j'essayais de les retenir, plus ils m'échappaient. Seul un vague sentiment me resta, auquel je réfléchis étonnée. Une profonde résolution. Je n'avais plus ressenti cela depuis longtemps.

Au bout d'un moment, la faim me fit sortir du lit. J'avais été privée de repas du soir et mon estomac gargouillait. Poussée par l'envie de quelque chose à manger, je descendis l'échelle. Mais avant d'arriver à terre, je me souvins que je n'avais plus rien du tout : le ravisseur m'avait donné la veille un unique morceau de gâteau pour le petit déjeuner, que j'avais avalé le soir même. Frustrée, je me brossai les dents pour éliminer le goût légèrement acide de mon estomac vide. Puis je regardai autour de moi, indécise. Mon cachot était très en désordre ce matin-là, des vêtements gisaient un peu partout, sur mon bureau s'accumulaient les papiers. D'autres jours, j'aurais aussitôt commencé à ranger pour garder ma minuscule chambre aussi ordonnée que possible, mais ce matin-là, je n'en avais pas envie. Je ressentais une curieuse distance vis-à-vis de ces quatre murs, qui étaient pourtant devenus mon chez-moi.

Dans une courte robe rouge orangé dont j'étais très fière, j'attendis que le ravisseur m'ouvre la porte. Je ne portais d'habitude que des leggings et des tee-shirts tachés de peinture, un pull-over à col roulé du ravisseur pour les jours froids et quelques simples affaires propres pour les rares sorties auxquelles je l'avais accompagné les mois précédents. Dans cette robe, je pouvais me sentir comme une fille normale. Le ravisseur me l'avait donnée en récompense du jardinage. Au printemps suivant, pour mes dix-huit ans, il m'avait de nouveau fait travailler dehors sous sa surveillance. Il devenait imprudent, il y avait un risque permanent que les voisins me voient. Deux fois déjà, son cousin avait salué par-dessus la grille tandis que j'arrachais les mauvaises herbes. « Une aide », avait-il dit de façon lapidaire lorsque le voisin m'avait saluée. Celui-ci fut satisfait de cette réponse, et j'étais de toute façon incapable de répondre quoi que ce soit.

Lorsque enfin la porte de mon cachot s'ouvrit, je vis Priklopil d'en bas, debout sur les hautes marches de quarante centimètres. Une vue qui me faisait encore peur après tout ce temps. Priklopil avait toujours l'air si grand, une ombre surpuissante, déformée par la lumière électrique – comme un geôlier de film d'horreur. Mais, ce jour-là, il ne me parut pas menaçant. Je me sentais forte et sûre de moi.

— Est-ce que je peux enfiler une culotte ? demandai-je avant même de le saluer.

Le ravisseur me regarda, étonné.

— Il n'en est pas question, répondit-il.

Dans la maison, je devais toujours travailler à moitié nue et dans le jardin, je n'avais par principe pas le droit de porter de sous-vêtements. C'était l'une de ses méthodes pour me rabaisser.

— S'il te plaît, c'est beaucoup plus agréable, ajoutai-je.

Il secoua énergiquement la tête :

— Certainement pas. Qu'est-ce qui te prend ? Allez viens, maintenant.

Je le suivis dans le petit renfoncement et attendis qu'il ait lui-même franchi le passage. La lourde porte de béton ventrue, qui était devenue un décor important de ma vie, était ouverte. Lorsque je voyais ce colosse en béton armé, je sentais chaque fois une boule me serrer la gorge. J'avais eu une chance inouïe les années précédentes, un accident du ravisseur aurait signifié mon arrêt de mort. La porte ne pouvait s'ouvrir de l'intérieur et était introuvable de l'extérieur. La scène défilait sous mes yeux : je comprenais au bout de quelques jours que l'homme avait disparu. Je me voyais tourner comme une folle dans ma chambre tandis qu'une frayeur mortelle me saisissait. Avec mes dernières forces je parviendrais peut-être à casser les deux portes en bois. Mais cette porte de béton déciderait de ma vie et de ma mort. Je mourrais de faim et de soif devant elle.

C'était à chaque fois un soulagement de pouvoir ramper derrière l'homme par l'étroit passage. Une nouvelle matinée venait de commencer où il avait ouvert la porte, où il ne m'avait pas laissée tomber. Une nouvelle fois, j'étais sortie de ma tombe pour la journée. Tout en montant les marches jusqu'au garage, j'inspirais l'air dans mes poumons. J'étais en haut.

Le ravisseur m'ordonna de lui préparer deux tartines de confiture. L'estomac gargouillant, je le regardai mordre dedans avec plaisir. Ses dents faisaient de petites empreintes. Du pain délicieux et croustillant avec du beurre et de la confiture d'abricot. Je n'en eus pas une miette – j'avais déjà eu mon gâteau, après tout. Je n'aurais jamais osé lui avouer que j'avais déjà dévoré le morceau sec la veille. Après le petit déjeuner de Priklopil, je fis la lessive et allai à l'éphéméride dans la cuisine. Comme chaque matin, j'arrachai la petite feuille avec les chiffres en caractère gras et la froissai. Je regardai longtemps la nouvelle date : 23 août 2006. C'était le 3096ᵉ jour de ma captivité.

Wolfgang Priklopil était de bonne humeur ce jour-là. Cela devait être le début d'une nouvelle ère, le commencement d'une époque plus légère, sans soucis d'argent. Ce matin-là allaient se produire deux événements décisifs. Premièrement, il voulait se débarrasser de la vieille fourgonnette dans laquelle il m'avait enlevée huit ans auparavant. Deuxièmement, il avait mis une annonce pour l'appartement que nous avions rénové ces derniers mois. Il l'avait acheté six mois auparavant dans l'espoir que le loyer nous soulagerait de la continuelle pression financière que lui coûtait son crime. L'argent venait, me racontait-il, de son activité avec Holzapfel.

Mon dix-huitième anniversaire était passé depuis peu lorsqu'il m'avait réveillée un matin :

— Il y a un nouveau chantier. On file dans la Hollergasse.

Sa joie était contagieuse, et j'avais absolument besoin de nouveauté. Le jour magique de mon passage à l'âge adulte était passé, et c'est à peine si quelque chose avait changé. J'étais tout aussi surveillée et opprimée que toutes les années précédentes. Mais en moi quelque chose avait définitivement changé. Je ne me demandais plus si, tout compte fait, le ravisseur n'avait pas raison et si je n'étais pas mieux sous sa coupe que dehors. J'étais adulte maintenant, mon deuxième moi me tenait fermement la main, et je savais exactement que je ne voulais plus continuer à vivre ainsi. J'avais vécu l'époque de mon enfance comme esclave, punching-ball, femme de ménage et compagne d'un ravisseur et m'étais faite à ce monde tant que je ne pouvais faire autrement. Mais ce temps était révolu. Dans mon cachot, je me remémorai régulièrement tous les projets que j'avais échafaudés pour ce moment-là. Je voulais être autonome. Devenir actrice, écrire des livres, faire de la musique, me frotter à d'autres gens, être libre. Je n'acceptais plus d'être prisonnière *ad vitam aeternam* de ses fantasmes. Je n'avais plus qu'à attendre la bonne occasion. Peut-être que le nouveau chantier allait apporter quelque chose. Après toutes ces années pendant lesquelles j'avais été enchaînée à la maison, j'avais pour la première fois le droit de travailler dans un autre lieu. Sous la surveillance étroite du ravisseur, certes, mais tout de même.

Je me souviens encore exactement de notre premier trajet dans la Hollergasse. Le ravisseur ne prit pas le plus court chemin par l'autoroute, il était trop radin pour payer le péage. Il s'engagea donc dans le bouchon du périphérique de Vienne. C'était le petit matin, des deux côtés de la fourgonnette blanche se pressaient les retardataires du trafic matinal. J'observais les gens derrière leur volant. Depuis un petit bus à côté de nous, des hommes me regardaient avec des yeux fatigués. Ils étaient assis serrés les uns contre les autres, visiblement des travailleurs d'Europe de l'Est que des entrepreneurs bien de chez nous venaient chercher le long des routes aux sorties des villes et qu'ils redéposaient le soir. Je me sentis tout d'un coup comme ces saisonniers : pas de papiers, pas de permis de travail, exploitable à merci. Une réalité que ce matin-là, je ne supportai pas. Je m'enfonçai dans mon siège et m'abandonnai à mon rêve éveillé. Je suis avec mon chef, en route pour mon travail normal et réglementé – comme tous les autres banlieusards dans les voitures à côté de nous. Je suis une experte dans mon domaine et mon chef attache beaucoup d'importance à mes conseils. Je vis dans un monde adulte, dans lequel j'ai une voix que l'on entend.

Nous avions traversé presque toute la ville, lorsque Priklopil prit la Mariahilferstraße au niveau de la gare de l'ouest et s'éloigna du centre, puis il longea un petit marché, et nous obliquâmes finalement dans une ruelle, où il gara la voiture. L'appartement était au premier étage d'un immeuble délabré. Priklopil attendit longtemps avant de me laisser descendre, il craignait que quelqu'un ne nous voie et voulait me pousser sur le trottoir au moment où il n'y aurait personne. Je laissai glisser mon regard dans la rue : de petits garages, des marchands turcs de quatre-saisons, des snacks kebabs et de minuscules bars louches agrémentaient le tableau de ces vieux bâtiments gris de la fin du XIXe siècle, qui servaient déjà à l'époque de cages à lapins pour les masses d'ouvriers des pays de la Couronne. Le quartier était encore à notre époque essentiellement peuplé d'immigrés. Nombre de bâtiments n'avaient toujours pas de salle de bains, les toilettes se trouvaient sur le palier et il fallait les partager avec les voisins. C'est un de ces appartements qu'avait acheté le ravisseur.

Il attendit que la rue soit vide, puis il me poussa jusque dans la cage d'escalier. La peinture aux murs s'écaillait, la plupart des boîtes aux lettres avaient été forcées. Lorsqu'il ouvrit la porte en bois et me poussa à l'intérieur de l'appartement, je n'en crus pas mes yeux tant il était petit : dix-neuf mètres carrés – à peine quatre fois la taille de mon cachot. Une chambre avec une fenêtre, qui donnait sur la cour. L'air sentait le renfermé, les émanations corporelles, le moisi, la vieille graisse. Le tapis qui avait dû être vert foncé un jour avait pris une couleur gris-brun indéfinissable. J'inspirai profondément. Un dur labeur m'attendait là.

À partir de ce moment, il m'emmena avec lui dans la Hollergasse pendant la semaine. Il ne me laissait enfermée au cachot que les jours où il avait d'autres choses à régler. Nous sortîmes d'abord les vieux meubles usés de l'appartement pour les déposer dans la rue. Une heure plus tard, alors que nous quittions l'immeuble, ils n'étaient plus là : pris par des voisins qui possédaient tellement peu que même ce mobilier faisait leur affaire. Puis nous commençâmes les rénovations. Je passai deux jours entiers à retirer l'ancienne moquette. Sous une épaisse couche de saleté apparurent les traces d'une deuxième moquette dont la colle s'était si bien amalgamée à la sous-couche que je dus la racler centimètre par centimètre. Finalement, nous coulâmes une nouvelle chape de béton par-dessus, puis nous posâmes un parquet stratifié – le même que dans le cachot. Nous arrachâmes le papier peint des murs, lissâmes les fissures et les trous et collâmes de nouveaux lés qu'il fallut recouvrir de blanc. Dans la petite pièce, nous installâmes un coin cuisine miniature et une minuscule salle de bains, à peine plus grande que la douche et le tapis neuf devant.

Je trimais comme un forçat. Creuser, porter, poncer, mastiquer, porter le carrelage. Poser le papier peint au plafond debout sur un madrier en équilibre entre deux échelles. Extirper les meubles. Le travail, la faim et le combat perpétuel avec une circulation sanguine déficiente me prenaient tellement d'énergie que toute idée de fuite avait été reléguée très loin. Au début, j'avais encore attendu le moment où le ravisseur m'aurait laissée seule. Mais il n'y en avait pas. J'étais sous surveillance permanente. J'étais presque étonnée de voir le mal qu'il se donnait pour m'empêcher de fuir. Lorsqu'il allait aux toilettes dans le couloir, il mettait de lourdes planches et des poutres devant la fenêtre afin que je ne puisse pas l'ouvrir facilement pour appeler au secours. Lorsqu'il savait qu'il resterait plus de cinq minutes dehors, il vissait même les planches. Même ici, il me construisait une prison. Lorsque la clé tournait dans la serrure, je me sentais aussitôt remise au cachot. La peur qu'il lui arrive quelque chose et que je puisse mourir dans cet appartement me saisissait là aussi. Je respirais de soulagement lorsqu'il revenait.

Aujourd'hui, cette peur me paraît étrange. Je me trouvais dans un immeuble et j'aurais pu crier ou cogner contre les murs. Là, on m'aurait certainement retrouvée rapidement. Ma peur ne s'expliquait pas de façon rationnelle, elle était née dans le cachot et avait pris définitivement possession de moi.

Un jour, un inconnu entra dans l'appartement.

Nous venions de monter à l'étage le parquet stratifié, la porte était entrebâillée, lorsqu'un vieux monsieur aux cheveux grisonnants entra et nous salua d'une voix forte. Son allemand était si mauvais que je le compris à peine. Il nous souhaitait la bienvenue et voulait visiblement engager une conversation de bon voisinage, évoquant le temps et les rénovations. Priklopil me poussa derrière lui et le chassa de quelques mots secs. Je sentais la panique s'emparer de lui et me gagner. Bien que cet homme eût pu me sauver, j'étais presque oppressée par sa présence tant j'avais intériorisé la perspective du ravisseur.

Le soir, dans mon réduit, allongée sur le lit, je ne cessais de me repasser le film. Avais-je mal agi ? Aurais-je dû crier ? Avais-je une nouvelle fois laissé passer une chance décisive ? Il fallait absolument que je m'entraîne pour agir avec détermination la fois suivante. Je m'imaginais le chemin depuis ma place, derrière le ravisseur, jusqu'au voisin comme un saut au-dessus d'un gouffre. Je me voyais précisément prendre mon élan, courir jusqu'au bord du précipice et sauter. Mais j'avais beau faire, une image ne m'apparaissait pas : je ne me voyais jamais atterrir de l'autre côté. Même dans mes fantasmes, Priklopil me rattrapait à chaque fois par le tee-shirt et me tirait en arrière. Les rares fois où il ne parvenait pas à m'attraper, je restais en l'air pendant des secondes au-dessus du précipice avant de tomber dans le vide. C'était une vision qui me torturait toute la nuit. Un symbole signifiant que j'étais tout près, mais qu'au moment décisif, j'échouerais encore.

Quelques jours plus tard, le voisin nous aborda de nouveau. Cette fois-ci, il avait une pile de photos à la main. Priklopil me poussa aussitôt discrètement sur le côté, mais je pus distinguer quelques clichés. C'était des portraits de famille, sur lesquels on le voyait dans son ancienne patrie, la Yougoslavie, et la photo d'une équipe de football. Tout en tendant ses photos sous le nez de Priklopil, le voisin ne s'arrêtait pas de parler. À nouveau, je ne compris que des bribes. Non, il était impossible de sauter par-dessus le précipice. Comment me faire seulement comprendre de cet aimable monsieur ? Saisirait-il ce que je lui chuchoterais à un moment où je ne serais pas surveillée, moment qui ne s'offrirait de toute façon certainement pas ? Natascha comment ? Qui a été enlevé ? Et même s'il me comprenait, que se passerait-il alors ? La police ne le croirait certainement pas. Et même si une voiture de police se mettait en route pour la Hollergasse, le ravisseur aurait eu largement le temps de m'attraper et de me charger discrètement dans la voiture. Ce qui se passerait ensuite, je préférais ne pas y penser.

Non, cet immeuble ne m'offrirait aucune chance d'évasion. Mais elle viendrait, j'en étais plus que jamais persuadée. Il fallait juste que je la reconnaisse à temps.

En ce printemps 2006, le ravisseur sentit que j'essayais de lui échapper. Il était incontrôlé et colérique, ses sinus le torturaient régulièrement, surtout la nuit. Le jour, il multipliait les humiliations. Elles étaient toujours plus absurdes. « Ne réponds pas ! » fulminait-il dès que j'ouvrais la bouche, même lorsqu'il m'avait posé une question. Il exigeait une obéissance absolue.

— Qu'est-ce que c'est que cette couleur ? me lança-t-il une fois en désignant un pot de peinture noire.

— Noir, répondis-je.

— Non, c'est rouge. C'est rouge parce que je le dis. Dis que c'est rouge !

Si je refusais, une fureur incontrôlable s'emparait de lui et cela durait plus longtemps que jamais. Les coups tombaient peu après, il s'acharnait parfois si longtemps sur moi que cela me semblait durer des heures entières. Plus d'une fois je perdis connaissance avant qu'il ne me traîne de nouveau sur les marches de la cave, m'enferme et me laisse dans le noir.

J'avais beaucoup de mal à résister à un réflexe fatal : refouler les mauvais traitements plus vite que ne guérissaient mes blessures. Il eût été plus facile de m'y abandonner. C'était comme un tourbillon qui, une fois qu'il m'avait attrapée, me repoussait sans cesse dans le fond, tandis que j'entendais ma propre voix murmurer : « Mon petit monde à moi. Tout va bien. Il ne s'est rien passé. »

Il fallait que je résiste de toutes mes forces à ce tourbillon et que je me ménage de petites îles salvatrices, comme la feuille sur laquelle je notais désormais chaque maltraitance. Lorsque je regarde aujourd'hui ce bloc d'écolier sur lequel, d'une écriture bien soignée, j'ai reporté et illustré de dessins minutieux toutes ces brutalités, j'en ai le vertige. À l'époque, je les notais en prenant une grande distance, comme un travail scolaire :

15 avril 2006
Une fois il m'a frappé la main droite si fort et si longtemps que j'ai littéralement senti mon sang couler intérieurement. Tout le dos de ma main était bleu et rougeâtre, les hématomes atteignaient la paume de la main et en dévoraient toute la surface. Puis il m'a mis un coquard (à droite aussi), oscillant entre le rouge, le bleu et le vert, et qui est d'abord resté confiné au coin extérieur avant de gagner la paupière supérieure.

D'autres mauvais traitements de ces derniers jours, pour autant que je les aie encore en mémoire et que je ne les aie pas refoulés : dans le jardin, parce que je n'avais pas osé monter à l'échelle, il m'a attaquée avec des ciseaux de jardinage. J'ai une plaie verdâtre au-dessus de la cheville droite, la peau s'est ouverte facilement. Puis il m'a jeté un seau plein de terre contre le bassin, qui a laissé une affreuse marque rouge-brun. Une fois, par peur, j'ai refusé de monter avec lui. Il a arraché la prise du mur et m'a jeté dessus la minuterie et puis tout ce qu'il pu trouver sur le mur. J'en ai récolté une éraflure sanguinolente rouge vif au genou et au mollet. Puis j'ai aussi un hématome violet noirâtre d'environ huit centimètres sur le bras gauche, je ne sais plus d'où. Plusieurs fois il m'a donné des coups de pied et m'a battue, aussi sur la tête, et j'en sors à chaque fois avec des bosses douloureuses. Il m'a frappée deux fois la lèvre jusqu'au sang, et une fois jusqu'à ce que ma lèvre inférieure prenne la taille d'un petit pois (légèrement bleutée). Une fois, il m'a fait comme une ride à droite sous la bouche. Et puis ma joue droite est aussi ouverte (je ne sais plus à cause de quoi). Une fois il m'a jeté une caisse à outils sur les pieds, et j'en ai récolté de larges hématomes vert pastel. Il m'a souvent frappée avec une clé anglaise ou avec n'importe quoi d'autre sur le dos de la main. J'ai deux hématomes noirâtres symétriques sous les deux omoplates et le long de la colonne vertébrale.

Aujourd'hui il m'a tapée du poing sur l'œil droit, ça a fait comme un éclair, et aussi sur mon oreille droite, j'ai ressenti une douleur perçante, un tintement et un craquement. Puis il a continué à me frapper sur la tête.

Dans les bons jours, il continuait de se représenter notre avenir commun.

— Si seulement je pouvais croire que tu ne t'enfuiras pas, soupira-t-il un soir à la table de la cuisine, je pourrais t'emmener partout. J'irais avec toi au lac Wolfgang ou Neusiedl et je t'achèterais une robe d'été. On pourrait aller nager et skier en hiver. Mais pour cela, il faut que je puisse compter sur toi. Tu t'enfuiras, c'est sûr.

Cet homme qui m'avait torturée pendant huit ans me fit à cet instant infiniment pitié. Je ne voulais pas le blesser et lui accordai l'avenir rose bonbon qu'il espérait tant. Il avait l'air si désespéré, si seul face à lui-même et à son crime que j'oubliais presque que j'étais sa victime – et pas responsable de son bonheur. Mais je ne me laissai jamais complètement aller à croire que tout s'arrangerait pour le mieux si seulement je voulais bien coopérer. On ne peut obliger personne à obéir indéfiniment, et encore moins à aimer.

Malgré cela, je lui jurais dans ces moments-là de toujours rester avec lui et le consolais :

— Je ne m'enfuirai pas, je te le promets. Je resterai toujours avec toi.

Il ne me croyait pas évidemment, et cela me brisait le cœur de lui mentir. Nous oscillions tous les deux entre être et paraître.

J'étais présente physiquement, mais dans mon imaginaire je m'étais enfuie depuis longtemps, même si je ne réussissais toujours pas à me représenter l'atterrissage de l'autre côté. Arriver soudain dans le monde réel extérieur m'effrayait. Parfois, j'en venais à penser que je me suiciderais dès que j'aurais quitté le ravisseur ; je ne supportais pas l'idée que ma liberté le conduise pour des années en prison. Naturellement, je voulais protéger les autres de cet homme capable de tout, mais je ne garantissais même pas cette protection en concentrant son énergie sur moi. Il fallait que ce soit la police et la justice qui l'empêchent de commettre d'autres crimes, mais cette pensée ne m'apportait aucune satisfaction, je ne pouvais trouver de désir de vengeance en moi – au contraire : en le livrant à la police, il me semblait répéter le crime qu'il avait commis sur moi. D'abord il m'avait enfermée, puis je veillais à ce qu'il le soit lui-même. Dans ma vision altérée des choses, l'acte ne serait pas réparé, mais aggravé. Le mal sur terre ne serait pas allégé, mais démultiplié.

Toutes ces réflexions n'étaient en quelque sorte que la conclusion logique du délire émotionnel auquel j'étais en proie depuis des années. Délire causé par l'alternance permanente entre violence et pseudo-normalité du ravisseur, mes stratégies de survie et le refoulement de ce qui menaçait de me tuer jusqu'à ce que le noir ne soit plus noir et le blanc ne soit plus blanc, mais que tout devienne une brume grisâtre dans laquelle je perdais l'orientation. J'avais tellement intériorisé tout cela qu'à certains moments, trahir le ravisseur me semblait plus grave que trahir ma propre vie. Peut-être devais-je tout simplement me contenter de mon destin, pensai-je plus d'une fois lorsque je menaçais de sombrer et que je perdais de vue mes petites îles salvatrices.

D'autres jours, je me cassais la tête à me demander comment on m'accueillerait après toutes ces années. Les images du procès de Dutroux étaient encore présentes à mon esprit. Tout comme ses victimes, je ne voulais pas qu'on me dise quoi faire. Victime depuis huit ans, je ne voulais pas passer le reste de ma vie avec cette étiquette. J'imaginais très exactement comment je m'y prendrais avec les médias : de préférence, il fallait qu'on me laisse tranquille, mais s'il fallait absolument parler de moi, alors jamais avec mon seul prénom. Je voulais entrer dans la vie comme une adulte, et je voulais choisir moi-même avec quels médias je parlerais.

C'était un soir, début août, je dînais à la table de la cuisine avec Priklopil. Sa mère avait mis une salade de saucisses au frigo. Il me donna les légumes ; quant à la saucisse et au fromage, il en fit un tas sur son assiette. Je mâchais lentement un morceau de poivron dans l'espoir de tirer le maximum d'énergie de chaque fibre rouge. J'avais bien pris un peu de poids, je pesais alors quarante-deux kilos, mais le travail dans la Hollergasse m'avait vidée. Dans ma tête en revanche, j'étais bien réveillée. Avec la fin des travaux de rénovation venait de s'achever un nouveau chapitre de ma captivité. Quelle serait la prochaine étape ? La folie tout à fait normale de tous les jours ? La fraîcheur de l'été au bord du lac Wolfgang, agrémentée de maltraitances et d'humiliations, avec une robe en guise de susucre ? Non, je ne voulais plus mener cette vie.

Le jour suivant, nous travaillions dans la fosse de réparation du garage. Au loin, j'entendais une mère appeler son enfant. De temps en temps un bref courant d'air apportait un parfum d'été et de gazon fraîchement tondu tandis que nous rafraîchissions les protections du dessous de caisse de la vieille fourgonnette blanche. J'éprouvais des sentiments partagés en passant la couche de graisse au pinceau. C'était la voiture dans laquelle il m'avait enlevée et qu'il voulait maintenant revendre. Non seulement le monde de mon enfance était relégué dans un lointain inaccessible mais voilà que disparaissaient aussi les reliques des premiers temps de ma captivité. Cette voiture constituait le dernier lien avec le jour de mon enlèvement et je travaillais moi-même à le faire disparaître. Il me semblait qu'à chaque coup de pinceau je scellais mon avenir dans la cave.

— Tu nous as conduits dans une situation où seul l'un de nous peut survivre, dis-je soudain.

Le ravisseur me regarda, surpris. Je ne me laissai pas troubler.

— Je te suis vraiment reconnaissante de ne pas m'avoir tuée et tu t'es bien occupé de moi, c'était vraiment gentil de ta part. Mais tu ne peux m'obliger à vivre avec toi. Je suis un être à part entière, avec ses propres envies. Cette situation doit prendre fin.

Wolfgang Priklopil me prit le pinceau des mains pour toute réponse. Je voyais sur son visage qu'il était profondément effrayé. Toutes ces années, il devait avoir redouté cet instant, celui où il devenait évident que toute son oppression n'avait rien donné et qu'il n'était pas parvenu à me briser. Je continuai :

— Il est naturel que je parte. Tu aurais pu t'y attendre depuis le début. L'un de nous doit mourir, il n'y a pas d'autre issue. Ou tu me tues, ou tu me libères.

Priklopil secoua lentement la tête.

— Je ne ferai jamais une chose pareille, tu le sais très bien, dit-il doucement.

J'attendais qu'une partie quelconque de mon corps explose de douleur et m'y préparais intérieurement. Ne jamais laisser tomber. Ne jamais laisser tomber. Je ne me laisserai pas tomber. Voyant que rien ne se produisait et qu'il restait là devant moi sans bouger, j'inspirai profondément et prononçai la phrase qui changea tout :

— J'ai si souvent tenté de me suicider alors que c'est moi la victime ici. Il vaudrait bien mieux que tu te tues. Tu ne trouveras de toute façon plus d'autres issues. Si tu te tues, cela réglera tous les problèmes en même temps.

À ce moment, quelque chose sembla se briser en lui. Je lus le désespoir dans ses yeux lorsqu'il se détourna sans un mot, et je pus à peine le supporter. Cet homme était un criminel – mais il était aussi la seule personne que j'avais dans ce monde. Comme en accéléré, je revis défiler des moments isolés des années passées. Je défaillis et m'entendis dire :

— Ne t'inquiète pas. Si je m'enfuis, je me jetterai aussitôt sous un train. Je ne te mettrai jamais en danger.

Le suicide m'apparaissait comme la plus haute forme de liberté, la solution à tout, à une vie de toute façon fichue depuis longtemps.

J'aurais à cet instant vraiment voulu reprendre ce que j'avais dit. Mais c'était dit : je m'enfuirais à la moindre occasion. Et l'un de nous n'y survivrait pas.

Trois semaines plus tard, je fixais l'éphéméride dans la cuisine. Je jetai la page arrachée dans la poubelle et me retournai. Je ne pouvais me permettre de cogiter trop longtemps : le ravisseur m'appelait pour le travail. La veille, j'avais dû l'aider à rédiger l'annonce pour l'appartement de la Hollergasse. Il m'avait apporté un plan de Vienne et une règle. Je mesurai le chemin entre le logement et la station de métro la plus proche, vérifiai l'échelle et calculai combien de mètres il fallait marcher. Ensuite il m'appela dans le couloir et m'ordonna de marcher rapidement d'une extrémité à l'autre. Il arrêta son chronomètre. Puis je calculai combien de temps il fallait à pied jusqu'aux stations de métro et de bus les plus proches. Dans sa maniaquerie, Priklopil voulait indiquer à la seconde près à quelle distance se trouvaient les transports publics. Une fois l'annonce prête, il demanda à son ami de la mettre sur Internet. Il respira profondément et sourit :

— Maintenant, tout sera plus facile.

Il semblait avoir complètement oublié notre discussion sur la fuite et la mort.

Vers la fin de la matinée du 23 août 2006, nous allâmes dans le jardin. Les voisins n'étaient pas là et je cueillis quelques fraises de la plate-bande devant la haie de troènes et ramassai aussi les derniers abricots autour de l'arbre. Ensuite je lavai les fruits dans la cuisine et les mis au réfrigérateur. Le ravisseur m'accompagnait pas à pas sans me quitter des yeux un instant.

Vers midi, il me conduisit à la petite cabane au fond à droite du jardin qui était séparée d'un petit chemin par un grillage. Priklopil veillait consciencieusement à ce que la porte soit toujours bien fermée. Il fermait même lorsqu'il quittait les lieux un court moment, par exemple pour battre le tapis de sa BMW. Entre la cabane et la porte du jardin stationnait la fourgonnette blanche qu'on devait venir chercher quelques jours plus tard. Priklopil alla chercher l'aspirateur, le brancha et m'ordonna de nettoyer soigneusement l'intérieur, les sièges et le tapis de sol. J'étais en plein travail quand son téléphone portable sonna. Il s'éloigna de quelques pas de la voiture, couvrit son oreille de la main et demanda deux fois : « Pardon ? » Aux bribes de phrases que je distinguais à travers le bruit de l'aspirateur, j'en conclus que cela devait être une personne intéressée par l'appartement. Priklopil semblait très content. Plongé dans sa discussion, il se retourna et s'éloigna de quelques mètres vers la piscine.

J'étais seule. Pour la première fois depuis le début de ma détention le ravisseur m'avait quittée des yeux. Je restai pétrifiée un instant devant la voiture, l'aspirateur à la main, et sentis un engourdissement s'emparer de mes jambes et de mes bras. Ma poitrine était comme prise dans un corset de fer. Je pouvais à peine respirer. Lentement je baissai la main tenant l'aspirateur. Des images confuses me traversaient la tête : Priklopil revenant et ne me trouvant pas, me cherchant et devenant fou. Un train qui déboule. Mon corps sans vie. Son corps sans vie. Des voitures de police. Ma mère. Le sourire de ma mère.

Puis tout alla très vite. Dans un geste d'une violence surhumaine, je m'arrachai au sable mouvant qui paralysait mes jambes. La voix de mon second moi me martelait : si tu avais été enlevée hier, tu courrais maintenant. Comporte-toi comme si tu ne connaissais pas le ravisseur. C'est un étranger. Cours. Cours. Bon dieu, cours !

Je laissai tomber l'aspirateur et me précipitai sur la porte du jardin. Elle était ouverte.

J'hésitai un instant. Devais-je aller à droite ou à gauche ? Où y avait-il du monde ? Où était la ligne de chemin de fer ? Je ne devais pas perdre la tête maintenant, ne pas avoir peur, ne pas me retourner, seulement partir. Je courus le long du petit chemin, tournai dans la Blaselgasse et courus vers les jardins qui s'étendaient le long de la route parallèle – des jardins ouvriers avec des cabanes construites au milieu. Dans mes oreilles, ce n'était que bruits confus, mes poumons me faisaient mal. J'étais sûre que le ravisseur se rapprochait à chaque seconde, je croyais entendre ses pas, sentais son regard dans mon dos. Un instant, je crus ressentir son souffle sur ma nuque. Mais je ne me retournai pas, s'il devait m'attraper et me jeter par terre, me ramener à la maison et me tuer, je m'en rendrais compte bien assez tôt. Tout sauf retourner au cachot. J'avais de toute façon choisi la mort, soit par le train soit par lui. La liberté de choisir, la liberté de mourir. C'était les choses folles qui me traversaient la tête tandis que je continuais de courir. Mais lorsque trois personnes vinrent à ma rencontre dans la rue, je sus que je voulais vivre. Et aussi que je vivrais.

Je me jetai sur eux et les apostrophai, haletante :

— Aidez-moi ! Il me faut un téléphone pour appeler la police ! S'il vous plaît !

Les trois me regardèrent étonnés ; un vieux monsieur, un enfant d'environ douze ans, et un troisième, peut-être le père de l'enfant.

— Ce n'est pas possible, dit-il. Puis ils me contournèrent et poursuivirent leur chemin. Le plus vieux se retourna encore une fois :

— Désolé, je n'ai pas mon portable sur moi.

Les larmes me montèrent aux yeux. Qu'étais-je pour ce monde là-dehors ? Je n'y avais pas de vie, j'étais une clandestine, une personne sans nom et sans histoire. Et si on ne croyait pas mon histoire ?

Je restai tremblante sur le trottoir, cramponnée à une grille. Où aller ? Je devais descendre cette rue, Priklopil avait certainement remarqué mon absence. Je fis quelques pas en arrière, entrai dans un jardin par une grille assez basse et allai sonner à la maisonnette, mais rien ne bougea, je ne voyais personne. Je courus encore, sautai par-dessus les haies et les plates-bandes d'un jardin à l'autre. Enfin je vis une vieille dame par une fenêtre ouverte. Je frappai contre le chambranle et appelai doucement :

— S'il vous plaît, aidez-moi ! Appelez la police ! Je suis victime d'un enlèvement, appelez la police !

— Que faites-vous dans mon jardin ? Qu'est-ce que vous voulez ? me cria une voix à travers la vitre, tandis que la dame me dévisageait, méfiante.

— S'il vous plaît, appelez la police ! Vite ! répétai-je essoufflée. Je suis victime d'un enlèvement. Mon nom est Natascha Kampusch... S'il vous plaît, appelez la police de Vienne. Dites-leur qu'il s'agit d'un enlèvement. Il ne faut pas qu'ils viennent en voiture de police. Je suis Natascha Kampusch.

— Et pourquoi venez-vous justement chez moi ? Je tressaillis, mais vis alors qu'elle hésitait.

— Attendez près de la haie. Et ne marchez pas sur mon gazon !

J'acquiesçai sans un mot, tandis qu'elle se détournait et disparaissait de mon champ de vision. Pour la première fois depuis sept ans, j'avais prononcé mon nom. J'étais revenue.

Je restai près de la haie et attendis. Les secondes passaient, mon cœur battait à tout rompre. Je savais que Wolfgang Priklopil me verrait et j'avais une peur panique qu'il disjoncte complètement. Au bout d'un moment, je vis arriver derrière les grilles des jardins deux voitures de police avec gyrophare bleu. Soit la dame n'avait pas transmis ma requête, soit la police n'en avait pas tenu compte. Deux jeunes policiers descendirent et pénétrèrent dans le petit jardin.

— Restez où vous êtes et levez les mains en l'air ! m'aboya l'un des deux.

Ce n'est pas comme ça que je m'étais imaginé mon premier contact avec la liberté. Contre la haie, les mains en l'air comme une criminelle, j'expliquai à la police qui j'étais.

— Mon nom est Natascha Kampusch. Vous devez avoir entendu parler de mon histoire. J'ai été enlevée en 1998.

— Kampusch ? répondit l'un des policiers.

J'entendais la voix du ravisseur : Tu ne manqueras à personne. Ils sont tous contents que tu sois partie.

— Date de naissance ? Adresse ?

— 17 février 1988, domiciliée au 27 Rennbahnweg, montée 38, septième étage, porte 18.

— Enlevée quand et par qui ?

— En 1998. J'ai été séquestrée dans une maison au 60 Heinestraße. Le ravisseur s'appelle Wolfgang Priklopil.

Il n'aurait pu y avoir de plus fort contraste entre l'enregistrement neutre des faits et le mélange d'euphorie et de panique qui me secouait littéralement.

La voix du policier, qui par radio vérifiait mes dires, ne pénétrait que lentement dans mon oreille. La tension me déchirait presque intérieurement.

J'avais parcouru quelques centaines de mètres à peine, la maison du ravisseur ne se trouvait qu'à deux pas. J'essayais d'inspirer et d'expirer régulièrement pour contenir ma peur. Je ne doutais pas une seconde qu'il lui serait facile de balayer de son chemin ces deux policiers. J'étais comme figée à la haie et écoutais anxieusement. Des chants d'oiseaux, une voiture au loin. Le calme avant la tempête. Les tirs allaient bientôt pleuvoir. Je bandai mes muscles. J'avais enfin sauté. Et étais arrivée de l'autre côté. J'étais prête à me battre pour ma nouvelle liberté.

URGENT
Affaire Natascha Kampusch : Femme affirmant être portée disparue
Police tente de déterminer son identité

Vienne (APA) – L'affaire Natascha Kampusch, disparue il y a plus de huit ans, prend une tournure surprenante : une jeune femme affirme être la petite fille recherchée depuis le 2 mars 1998. La police criminelle a enregistré les données pour vérifier l'identité de cette femme. « Nous ne savons pas s'il s'agit de la personne disparue ou d'une femme délirante », a déclaré à l'APA Erich Zwettler de l'office fédéral de police criminelle. La femme se trouvait l'après-midi à l'inspection de police Deutsch-Wagram en Basse Autriche. [...]
23 août 2006.

Je n'étais pas folle, et il m'était pénible qu'on puisse seulement envisager une chose pareille. Mais pour la police, qui devait comparer les photos d'une petite écolière rondelette avec la femme amaigrie qui se tenait devant eux, cela devait sembler fort probable.

Avant d'aller à la voiture, je demandai une couverture. Je ne voulais pas que le ravisseur me voie car je l'imaginais toujours dans les parages, ni que quelqu'un filme la scène. Il n'y avait pas de couverture, mais les policiers me protégèrent des regards.

Arrivée à la voiture je m'enfonçai profondément dans le siège. Lorsque le policier mit le moteur en marche et que la voiture démarra, une vague de soulagement m'envahit. J'avais réussi. J'avais fui.

Au commissariat de police Deutsch-Wagram, je fus accueillie comme une enfant perdue. « Je n'arrive pas à croire que tu sois ici ! Que tu sois vivante ! » Les policiers qui s'étaient occupés de mon cas se pressaient autour de moi. La plupart étaient convaincus de mon identité, seuls un ou deux voulaient attendre un test ADN. Ils me racontèrent qu'ils avaient cherché très longtemps, qu'on avait constitué des commissions spéciales qui avaient été remplacées par d'autres. Leurs paroles fusaient à mes oreilles. J'étais certes extrêmement concentrée, mais comme je n'avais plus parlé à personne depuis longtemps, j'étais dépassée par tout ce monde. Je me sentais sans défense et infiniment faible au milieu d'eux et commençai à trembler dans ma robe légère. Une policière me donna une veste :

— Tu as froid, habille-toi, dit-elle gentiment.

Elle prit aussitôt une place dans mon cœur.

Avec le recul, je m'étonne que l'on ne m'ait pas emmenée directement dans un endroit calme et que l'on n'ait pas attendu au moins une journée avant de commencer les auditions. Je me trouvais en effet dans un état vraiment hors du commun. Pendant huit ans et demi, j'avais cru le ravisseur lorsqu'il prétendait que des gens mourraient si je m'enfuyais, or c'était exactement ce que je venais de faire, et rien de la sorte ne s'était produit ; malgré cela, la peur me tenaillait si fort que, même au poste de police, je ne me sentais ni en sécurité, ni libre. Je ne savais pas non plus comment faire face à cette avalanche de questions et de compassion. Aujourd'hui, je pense qu'on aurait dû me laisser me reposer tout en prenant bien soin de moi.

À l'époque, je ne remis pas en question cette agitation : sans pause pour respirer ni un moment de calme, je fus conduite dans une pièce adjacente dès qu'on eut constaté mon identité. On confia mon audition à la gentille policière qui m'avait donné la veste.

— Assieds-toi et raconte-moi tout calmement, dit-elle.

Je regardai les lieux autour de moi avec perplexité. Une pièce avec beaucoup de dossiers et qui sentait un peu le renfermé, elle respirait l'efficacité professionnelle. C'était le premier endroit dans lequel je passais du temps après ma captivité. Je m'étais tellement préparée à ce moment et, pourtant, toute la situation me paraissait irréelle.

La policière me demanda tout d'abord si j'étais d'accord qu'elle me tutoie. Ce serait plus facile, pour moi aussi. Mais je ne voulais pas. Je ne voulais pas être « la Natascha » que l'on pouvait traiter et bousculer comme une enfant. Je m'étais enfuie, j'étais adulte et je lutterais pour être traitée convenablement.

La policière acquiesça et me demanda d'abord quelques petites choses avant de me faire apporter un brötchen.

— Mangez quelque chose, vous n'avez plus que la peau sur les os, me dit-elle.

Je tenais à la main le petit pain qu'elle m'avait tendu et ne savais comment me comporter. J'étais tellement désorientée que cette sollicitude, ces paroles douces me semblaient des ordres auxquels je ne pouvais me conformer. J'étais trop excitée pour manger et j'avais jeûné bien trop longtemps, je savais que j'aurais de fortes crampes d'estomac si j'avalais maintenant un brötchen entier.

— Je ne peux rien manger, murmurai-je, mais le mécanisme d'obéissance s'enclencha.

Telle une souris, je grignotai tout le tour du petit pain. Il fallut un moment pour que la tension retombe un peu et que je puisse me concentrer sur la discussion.

La policière m'inspira tout de suite confiance. Tandis que les hommes de l'inspection m'intimidaient et que je les affrontais avec la plus grande vigilance, je sentais que je pouvais me laisser un peu aller avec une femme. Je n'en avais pas vu depuis si longtemps que je la dévisageai, fascinée. Ses cheveux sombres avaient la raie de côté, une mèche claire se détachait. Sur sa chaîne pendait un cœur en or, et des boucles brillaient à ses oreilles. Je me sentais entre de bonnes mains.

Puis je commençai à raconter, depuis le début. Les mots jaillissaient. À chaque phrase, je m'allégeais d'un poids, comme si le fait de parler de ma captivité dans la sobriété d'une administration et de dicter cela en vue d'un procès-verbal retirait à l'horreur son pouvoir effrayant. Je racontai à quel point je me réjouissais d'une vie d'adulte autonome, que je voulais mon propre appartement, un travail, plus tard une famille. J'eus finalement presque l'impression de m'être fait une amie. À la fin de l'audition la policière m'offrit sa montre, j'étais ainsi de nouveau maîtresse de mon emploi du temps : il ne serait plus réglé par quelqu'un d'autre, ou par une minuterie me dictant quand il faisait jour et quand il faisait nuit.

— S'il vous plaît, ne donnez pas d'interviews, la priai-je lorsqu'elle s'en alla, mais si vous devez parler aux médias, dites quelque chose de gentil sur moi.

Elle rit.

— Je vous promets de ne pas donner d'interviews – de toute façon, qui viendrait me questionner ?

La jeune policière à qui j'avais confié ma vie ne tint parole que quelques heures. Dès le jour suivant elle n'était plus en mesure de faire face à la pression des médias, et révéla à la télévision les détails de mon interrogatoire. Plus tard, elle s'en excusa auprès de moi. Elle était vraiment désolée, mais comme tout le monde, elle était dépassée par la situation. Ses collègues de Deutsch-Wagram aussi firent montre d'une naïveté remarquable. Personne n'était préparé au battage provoqué par la nouvelle. Tandis qu'après le premier interrogatoire, j'exécutais le plan élaboré depuis des mois en vue de cet instant, au commissariat en revanche, personne ne s'était attendu à la situation. « S'il vous plaît, n'informez pas la presse », répétais-je sans cesse, mais ils ne faisaient qu'en rire, la presse ne met pas les pieds ici.

Mais ils se trompaient lourdement. Lorsque, l'après-midi, on s'apprêta à me transférer à la direction de la police de Vienne, l'immeuble était déjà cerné. J'eus heureusement la présence d'esprit de demander une couverture pour me couvrir la tête avant de sortir du bâtiment. Mais même en dessous, je pouvais deviner les tempêtes de flashs. « Natascha ! Natascha ! » entendais-je de tous côtés. Soutenue par deux policiers, j'allai aussi vite que possible à la voiture. La photo de mes jambes blanches couvertes d'hématomes sous la couverture bleue ne laissant apparaître qu'une bande de robe orange fit le tour du monde. Sur le trajet pour Vienne, j'appris qu'on recherchait activement Wolfgang Priklopil. On avait inspecté toute la maison, mais on n'avait trouvé personne.

— On a entrepris de vastes recherches, m'expliqua l'un des policiers. Nous ne l'avons pas encore, mais tout agent apte au service s'en occupe. Le ravisseur ne pourra pas filer, encore moins à l'étranger. Nous l'attraperons.

À partir de ce moment-là, j'attendis qu'on m'annonce le suicide de Wolfgang Priklopil. J'avais allumé une bombe. La mèche brûlait et il n'y avait aucune possibilité de l'éteindre. J'avais choisi la vie. Pour le ravisseur, il ne restait que la mort.

Je reconnus ma mère aussitôt, lorsqu'elle entra à la direction de la police de Vienne. 3 096 jours avaient passé depuis cette matinée où j'avais quitté l'appartement du Rennbahnweg sans dire au revoir. Huit ans et demi pendant lesquels j'avais eu le cœur brisé de ne pas m'être excusée. Toute une enfance sans famille. Huit Noël, d'innombrables soirées où j'aurais tant souhaité un mot de sa part, une caresse. Elle était maintenant devant moi, presque inchangée, comme un rêve qui se matérialise soudain. Elle sanglotait bruyamment, riait et pleurait en même temps lorsqu'elle traversa la pièce pour me prendre dans ses bras.

— Mon enfant, mon enfant, tu es revenue ! J'ai toujours su que tu reviendrais !

J'inspirai profondément son parfum.

— Tu es là, ne cessait de murmurer ma mère, Natascha, tu es là.

Nous nous étreignîmes longtemps, serrées l'une contre l'autre. Cette proximité m'était si inhabituelle qu'elle me tournait la tête.

Mes deux sœurs étaient juste derrière elle, elles aussi fondirent en larmes lorsque nous nous prîmes dans les bras. Peu après arriva aussi mon père. Il se précipita sur moi, me regarda incrédule et chercha d'abord la cicatrice que je m'étais faite enfant. Puis il me prit dans les bras, me souleva et sanglota.

— Natascha, c'est bien toi !

Le grand et fort Ludwig Koch pleurait comme un enfant et je pleurais avec lui.

— Je t'aime, murmurai-je tandis qu'il s'apprêtait à repartir bien trop tôt, comme toutes les fois où il m'avait ramenée à la maison à la fin du week-end.

C'est curieux comme les questions que l'on se pose après tant de temps sont insignifiantes : « Les chats sont encore vivants ? Tu es encore avec ton copain ? Comme tu fais jeune ! Comme tu fais grande ! »

Comme si on devait d'abord y aller par petites touches après tant de temps. Comme si on parlait avec un étranger qu'on n'ose approcher de trop près par politesse, ou parce qu'on ne sait pas quel sujet aborder. Pour moi, c'était une situation incroyablement difficile. Je n'avais surmonté toutes ces années qu'en me retirant en moi-même. Je ne pouvais changer si vite et ressentais un mur invisible malgré toute cette proximité physique entre moi et ma famille. Comme sous une cloche de verre, je les voyais rire et pleurer, tandis que mes larmes se tarissaient. J'avais vécu trop longtemps dans un cauchemar, ma prison psychique était encore là et se dressait entre moi et ma famille. Dans ma perception, tous les autres avaient la même tête qu'il y a huit ans, tandis que la petite écolière était devenue une femme adulte. J'avais le sentiment que nous appartenions à des bulles temporelles différentes, qui s'étaient brièvement rapprochées pour s'éloigner maintenant à une allure vertigineuse. Je ne savais pas comment ils avaient vécu ces dernières huit années, ce qui s'était passé dans leur monde. Mais je savais qu'il n'y avait pas de mots pour ce que j'avais vécu – et que je ne pouvais montrer les sentiments qui me submergeaient intérieurement. Je les avais enfermés depuis si longtemps que je ne pouvais ouvrir si facilement la porte de ce cachot, mon propre cachot.

Le monde dans lequel je revenais n'était plus celui que j'avais quitté. Et moi non plus, je n'étais plus la même. Plus rien ne serait comme avant – jamais. Cela m'apparut clairement par la suite, lorsque je posai une question à ma mère :

— Comment va grand-mère ?

Ma mère regarda par terre, gênée.

— Elle est morte il y a deux ans. Je suis vraiment désolée.

J'avalai ma salive et enfouis aussitôt la triste nouvelle bien loin sous la carapace que je m'étais faite durant toutes ces années. Ma grand-mère. Des lambeaux de souvenirs me hantaient. L'odeur de baume camphré et des bougies de Noël. Son tablier, le sentiment de proximité, la certitude que d'avoir pensé à elle m'avait aidée à traverser bien des nuits au cachot.

Après que mes parents eurent accompli leur « devoir » et m'eurent identifiée, ils furent conduits dehors. Mon devoir était maintenant d'être à disposition de l'appareil administratif. Je n'avais pas encore droit à un moment de calme.

La police fit venir une psychologue censée me soutenir les jours suivants. On me demandait constamment comment encourager le ravisseur à se rendre. Je n'avais pas de réponse. J'étais sûre qu'il se suiciderait, mais je ne savais ni comment ni où. J'entendis dire qu'on vérifiait la présence d'explosifs dans la maison de Strasshof. En fin d'après-midi, la police découvrit mon cachot. Des spécialistes en blanc passaient au peigne fin la pièce qui avait été ma prison et mon refuge pendant huit ans. Quelques heures plus tôt, je m'y étais réveillée.

Le soir, je fus conduite en véhicule civil dans un hôtel du Burgenland. Après les recherches infructueuses de la police viennoise, une commission spéciale du Burgenland avait repris mon dossier. J'étais maintenant placée sous leur protection. Il faisait nuit depuis longtemps lorsque nous arrivâmes à l'hôtel. Accompagnée de la psychologue, je fus conduite dans une chambre avec un lit double et une salle de bains. Tout l'étage avait été vidé et était maintenant gardé par des agents armés. On craignait la vengeance du ravisseur, qui restait introuvable. Je passai ma première nuit en liberté avec une psychologue dont les paroles se déversaient sur moi en un flot ininterrompu. J'étais à nouveau coupée du monde extérieur – pour me protéger, comme l'affirmait la police. Elle avait peut-être raison, mais moi dans cette chambre je devenais presque folle. Je me sentais enfermée et n'avais qu'un souhait : écouter la radio. Savoir ce qu'il était advenu de Wolfgang Priklopil. « Croyez-moi, ce n'est pas bon pour vous », ne cessait de m'opposer la psychologue.

Je bouillais intérieurement, mais me conformai à ses ordres. Tard dans la nuit, je pris un bain. Je me plongeai dans l'eau et tâchai de me détendre. Je pouvais compter sur les doigts des deux mains combien de bains j'avais eu le droit de prendre pendant ma captivité. Je pouvais maintenant me l'autoriser et y verser autant de sels que je voulais, mais je ne pouvais en profiter. Quelque part au-dehors, l'homme qui avait été le seul être humain de ma vie pendant huit ans cherchait un moyen de se suicider.

J'appris la nouvelle le jour suivant dans la voiture de police qui me ramenait à Vienne.

— A-t-on des nouvelles du ravisseur ? fut ma première question en montant en voiture.

— Oui, dit le policier avec prudence, il n'est plus en vie. Il s'est donné la mort à 20 h 59 à la gare du nord de Vienne en se jetant sous un train.

Je levai la tête et regardai par la fenêtre. Dehors défilait le paysage plat et estival du Burgenland. Une nuée d'oiseaux s'envolait d'un champ. Le soleil brillait oblique dans le ciel et baignait les prés de fin d'été d'une chaude couleur. J'inspirai profondément et étirai les bras. Un sentiment de chaleur et de sécurité envahit mon corps, partant du ventre jusqu'aux pointes de mes orteils et de mes doigts. Ma tête se fit légère. Wolfgang Priklopil n'existait plus. C'était fini.

J'étais libre.

Épilogue

*You don't own me, I'm not just one of your many toys
You don't own me*[1]

Je passai les premiers jours de ma nouvelle vie en liberté à l'hôpital général de Vienne, au département pédopsychiatrique. Ce fut une entrée longue et prudente dans la vie normale – et aussi un avant-goût de ce qui m'attendait. J'étais traitée au mieux, mais dans un service fermé que je n'avais pas le droit de quitter. Coupée du monde extérieur dans lequel je venais juste de me réfugier, je m'entretenais dans la salle commune avec des jeunes filles anorexiques et des enfants qui s'automutilaient. Dehors, au-delà des murs protecteurs, se déchaînait un orage médiatique. Des photographes grimpaient aux arbres pour parvenir à prendre la première photo de moi. Des reporters tentaient de se déguiser en infirmiers pour s'infiltrer dans l'hôpital. Mes parents croulaient sous les

---
1. *You don't own me*, chanson écrite par John Mandara et David White, interprétée par Lesley Gore.

demandes d'interviews. Les spécialistes des médias disent que c'est à l'occasion de mon histoire que les médias allemands et autrichiens, d'ordinaire plutôt en retrait, firent sauter les verrous. Dans les journaux, on publia des photos de mon cachot. La porte en béton était grande ouverte. Le peu de mes précieuses affaires, mon journal intime et mes quelques vêtements avaient été éparpillés sans ménagement par des hommes en combinaison blanche. Des étiquettes jaunes avec des numéros avaient été accolées à mon bureau et à mon lit. Ma vie privée si longtemps enfermée faisait maintenant les gros titres. Tout ce que j'avais encore pu dissimuler au ravisseur était jeté en pâture au public, qui se faisait sa propre vérité.

Deux semaines après mon évasion, je me décidai à raconter moi-même. Je donnai trois interviews : à la télévision autrichienne, au plus grand quotidien du pays, le *Kronenzeitung*, et au magazine *News*.

Avant que je ne fasse ce pas en public, on m'avait conseillé à plusieurs reprises de changer de nom et de disparaître. On me disait que je n'aurais sinon plus aucune chance de mener une vie normale. Mais qu'est-ce qu'une vie si l'on ne peut pas montrer son visage, si l'on n'a pas le droit de rendre visite à sa famille et qu'on doive renier son nom ? Quelle vie cela pourrait-il être, justement pour quelqu'un comme moi, qui avait lutté si longtemps pour ne pas se perdre ? Malgré toute la violence, l'isolement, le noir et toutes les autres tortures, j'étais restée Natascha Kampusch. Jamais je n'abandonnerais, après ma libération, ce bien le plus important : mon identité. J'apparus sous mon nom complet, à visage découvert devant les caméras, et donnai aussi un aperçu de ma vie en captivité. Mais malgré ma sincérité, les médias ne dételèrent pas, un gros titre chassait l'autre, des suppositions toujours plus farfelues donnaient le ton des comptes rendus. On eût dit que l'horrible vérité n'était pas assez horrible et qu'il fallait en rajouter, on me retirait ainsi l'autorité sur l'interprétation de ce que j'avais vécu. La maison dans laquelle j'avais passé tant d'années de ma vie était assiégée par des curieux, chacun voulait ressentir le frisson de l'horreur. L'idée qu'un admirateur pervers du criminel puisse acheter cette maison était pour moi une vision d'horreur. Qu'elle devienne un lieu de pèlerinage pour ceux qui y voyaient la réalisation de leurs fantasmes les plus noirs. C'est pourquoi je m'arrangeai pour qu'elle ne soit pas achetée et qu'elle me soit attribuée à titre de « dommages et intérêts ». Je récupérais ainsi une partie de mon histoire et en reprenais le contrôle.

Les premières semaines, je fus submergée par une vague de compassion. Je recevais des milliers de lettres de gens qui m'étaient totalement inconnus, et qui se réjouissaient de ma libération. Au bout de quelques semaines, j'allai dans une maison de convalescence près de l'hôpital, puis dans mon propre appartement quelques mois plus tard. On me demanda pourquoi je n'habitais pas chez ma mère, mais la question me parut si curieuse que je ne trouvai pas de réponse. C'était le projet d'être indépendante à dix-huit ans qui m'avait fait tenir toutes ces années. Je voulais maintenant mettre cela en pratique, voler de mes propres ailes et prendre enfin ma vie en main. J'avais le sentiment que le monde entier m'était ouvert : j'étais libre et je pouvais tout faire. Tout. Aller manger une glace par un après-midi ensoleillé, danser, reprendre ma formation scolaire. Je me promenais, étonnée, dans ce grand monde bruyant et bigarré qui m'intimidait et m'euphorisait, et je m'imprégnais avec avidité des moindres détails. Après un si long isolement, beaucoup de choses m'étaient encore incompréhensibles. Je devais d'abord apprendre comment le monde fonctionnait, comment les jeunes gens se comportaient les uns avec les autres, quels codes, quels gestes ils utilisaient, et ce qu'ils voulaient exprimer par leurs tenues vestimentaires. Je jouissais de la liberté et j'apprenais, j'apprenais, j'apprenais. J'avais perdu toute mon enfance et avais donc infiniment de choses à rattraper.

Petit à petit seulement, je remarquai que j'étais tombée dans une nouvelle prison. Les murs de mon nouveau cachot apparurent subrepticement. C'étaient des murs plus subtils, faits d'un intérêt public débordant qui évaluait chacun de mes pas et m'interdisait de prendre le métro ou de faire mes courses tranquillement comme tout le monde. Les premiers mois, un staff de conseillers organisa ma vie pour moi et me laissa à peine le loisir de réfléchir à ce que je voulais désormais faire. Avec mon apparition publique, j'avais cru pouvoir reprendre l'autorité sur mon histoire, mais je compris petit à petit que je n'avais absolument aucune chance. Le monde qui se battait pour m'avoir ne se souciait pas vraiment de moi. J'étais devenue une personne connue à travers un crime affreux. Le ravisseur était mort – il n'y avait pas de cas Priklopil. J'étais le cas : le cas Natascha Kampusch.

La compassion que l'on témoigne à une victime est trompeuse. On l'aime parce qu'on se sent supérieur à elle. Dans le premier flot de courrier, je reçus des dizaines de lettres qui provoquèrent en moi un sentiment mitigé : il y avait là beaucoup de harceleurs, des lettres d'amour, des demandes en mariage et des lettres perverses anonymes. Mais même ceux qui me proposaient de l'aide trahissaient ce qui les animait intérieurement. C'est un mécanisme humain de se sentir mieux quand on peut aider un plus faible que soi, une victime. Cela fonctionne tant que les rôles sont clairement distribués. La reconnaissance envers celui qui donne est quelque chose de beau ; mais lorsqu'elle est employée pour empêcher l'autre de s'épanouir, l'ensemble de l'entreprise prend un arrière-goût douteux. « Vous pouvez venir habiter chez moi et m'aider aux tâches ménagères, j'offre en échange le gîte et la pension. Je suis marié, mais nous nous arrangerons », m'écrivit un homme. « Vous pouvez travailler chez moi, et vous apprendrez à cuisiner et à faire le ménage », disait une femme à qui cette « contrepartie » semblait tout à fait suffisante. J'avais bien assez fait le ménage toutes ces années. Que l'on ne me comprenne pas mal. J'étais profondément touchée par tous les témoignages sincères de compassion et par tout intérêt sincère que l'on me portait. Mais cela devient difficile lorsqu'on réduit ma personnalité à une fille brisée et qui a besoin d'aide. C'est un rôle que je n'avais jamais endossé et dont je ne voulais pas non plus à l'avenir.

J'avais affronté toute l'insanité psychique et les obscurs fantasmes de Wolfgang Priklopil, je ne m'étais pas laissé détruire. Maintenant que j'étais dehors, voici ce que l'on voulait voir : un être détruit, qui ne se relèvera jamais, qui sera toujours dépendant de l'aide des autres. Mais du moment où je refusai de porter ces stigmates pour le reste de ma vie, l'ambiance changea.

Les gens prêts à m'aider, qui m'avaient proposé leurs vieux vêtements ou de faire le ménage chez eux, désapprouvèrent le fait que je veuille vivre selon mes propres règles. On répéta bientôt que j'étais ingrate, et que je voulais tirer profit de tout cela. On trouvait curieux que je puisse m'offrir un appartement, et on fit courir le bruit que je demandais des sommes exorbitantes pour des interviews. La compassion se mua petit à petit en rancœur et en jalousie – et parfois même en haine.

Ce qu'on me pardonnait le moins, c'était que je ne condamne pas le ravisseur, comme s'y attendait l'opinion publique. On ne voulait pas m'entendre dire qu'il n'y a pas de mal absolu, que ce n'était pas clairement noir et blanc. Bien sûr, le ravisseur m'avait volé ma jeunesse, m'avait enfermée et torturée – mais il avait aussi été pendant les années décisives entre ma onzième et ma dix-neuvième année ma seule personne de référence. En fuyant, je ne m'étais pas seulement libérée de mon bourreau, j'avais aussi perdu un être qui m'était proche par la force des choses. Mais on ne m'accordait pas de deuil, aussi difficilement compréhensible fût-il.

Dès que je commençais à faire un portrait nuancé du ravisseur, on roulait des yeux et on détournait le regard. Les gens sont désagréablement touchés lorsque leurs catégories du bien et du mal vacillent, lorsqu'ils se voient ainsi confrontés au fait que le Mal personnifié a un visage humain. Son côté sombre ne vient pas de nulle part, personne ne naît monstre. Nous devenons ce que nous sommes à travers notre contact au monde, aux autres. Et nous portons ainsi finalement tous la responsabilité de ce qui se passe dans notre famille, dans notre environnement. S'avouer cela n'est pas facile. C'est autrement plus difficile lorsque la personne qui vous met face à vous-même n'est pas celle que l'on attend. Avec mes propos, j'ai touché un point douloureux et avec mes tentatives de débusquer l'homme derrière la façade du bourreau et du maniaque de la propreté, j'ai récolté l'incompréhension. J'ai même rencontré l'ami de Wolfgang Priklopil, Holzapfel, pour pouvoir parler du ravisseur, parce que je voulais comprendre pourquoi il était devenu celui qui m'avait fait cela. Mais j'abandonnai rapidement ces tentatives. On ne m'autorisa pas cette forme de travail, que l'on taxa de syndrome de Stockholm.

Les autorités aussi changèrent petit à petit d'attitude envers moi. J'eus l'impression que d'une certaine façon, ils prenaient mal le fait que je me sois libérée toute seule. Ils n'étaient pas les sauveurs mais ceux qui avaient échoué toutes ces années. La frustration latente que cela dut engendrer chez les responsables resurgit en 2008. Herwig Haidinger, l'ancien directeur général de la police judiciaire, révéla que politiques et police avaient activement dissimulé les incuries de l'enquête après ma libération. Il publia les informations d'un maître-chien qui, six semaines seulement après mon enlèvement, avait désigné Wolfgang Priklopil comme étant le coupable – et dont la police n'avait pas tenu compte, alors qu'ils saisissaient par ailleurs les moindres perches dans leur enquête.

Les commissions spéciales, qui reprirent mon dossier, ne surent rien de cet indice décisif. Il avait été « égaré ». Seul Herwig Haidinger tomba dessus en épluchant tout le dossier après ma libération. Il fit aussitôt remarquer le dysfonctionnement à la ministre de l'Intérieur. Mais celle-ci ne voulait pas de scandale autour de la police si près des élections de l'automne 2006 et lui transmit l'ordre de laisser de côté ses investigations. Ce n'est qu'en 2008, après son rappel, que Haidinger fit connaître cette intervention en publiant, *via* le parlementaire Peter Pilz, le mail qu'il avait écrit le 26 septembre 2006, un mois après mon évasion :

« Monsieur le brigadier ! Le premier ordre que je reçus fut de ne pas faire de remous quant au deuxième indice (mot clé : maître-chien de Vienne). Obéissant à la direction de votre service, je m'en suis tenu – bien qu'en protestant – à cet ordre. Cet ordre comprenait une deuxième composante : à savoir d'attendre les élections au Conseil national. Cet événement aura maintenant lieu dimanche prochain. »

Mais après les élections non plus, personne n'osa remuer cette affaire, et on remit un couvercle sur l'ensemble des informations.

Lorsque Haidinger s'exprima en public en 2008, ses paroles déclenchèrent presque une crise d'État. On réunit une nouvelle commission d'enquête. Mais curieusement, l'objet de ces efforts ne porta pas sur les négligences, mais consista à remettre mes propos en question. On m'interrogea de nouveau sur d'éventuels complices et on me reprocha de les couvrir – moi, qui avais été à la merci d'un seul homme et qui ne pouvais rien savoir de ce qui s'était tramé autour de cela. Tandis que je travaille à ce livre, je suis encore auditionnée des heures entières. On ne me traite plus comme une victime, on me soupçonne au contraire de dissimuler des détails décisifs, et on spécule visiblement sur le fait que je puisse subir la pression de complices. Il semble plus facile pour les autorités de croire à une grande conspiration derrière un crime pareil que d'admettre qu'elle a ignoré pendant tout ce temps un homme apparemment inoffensif. Les nouvelles recherches furent arrêtées faute de résultat. En 2010, on classa le dossier. Les autorités conclurent qu'il n'y avait pas de complices, Wolfgang Priklopil avait agi seul. Je fus soulagée de cette conclusion.

Aujourd'hui, quatre ans après mon évasion, je peux respirer et me consacrer au chapitre le plus difficile du travail : tirer un trait sur le passé et regarder devant moi. Je constate que peu de gens dorénavant, le plus souvent anonymes, sont agressifs envers moi. La plupart des personnes que je rencontre me soutiennent dans ma voie. Lentement et prudemment, je mets un pied devant l'autre et j'apprends à faire de nouveau confiance.

J'ai appris pendant ces quatre années à redécouvrir ma famille et j'ai retrouvé une tendre relation avec ma mère. J'ai rattrapé mon diplôme de premier cycle du secondaire et j'étudie maintenant les langues. Ma captivité m'occupera toute ma vie, mais j'acquiers petit à petit le sentiment qu'elle ne me détermine plus. Elle est une partie de moi, mais elle n'est pas tout. Il y a encore tellement d'autres facettes de la vie que je voudrais connaître. Avec ce livre, j'ai essayé de refermer le chapitre jusqu'ici le plus long et le plus sombre de ma vie. Je suis profondément soulagée d'avoir trouvé des mots pour exprimer ces choses indicibles et contradictoires. De les voir imprimés devant moi m'aide à aller de l'avant avec assurance. Car ce que j'ai vécu me donne aussi de la force : j'ai survécu à la captivité dans le cachot, me suis libérée et suis restée debout. Je sais que je peux aussi être maître de ma vie en liberté. Et cette liberté commence maintenant seulement, quatre ans après le 23 août 2006. Maintenant seulement, avec ces lignes, je peux tirer un trait et dire véritablement : je suis libre.

Table

1. UN UNIVERS FRIABLE
   — *Mon enfance dans la banlieue de Vienne* 9

2. QUE VEUX-TU QU'IL M'ARRIVE ?
   — *Le dernier jour de mon ancienne vie* 47

3. UN VAIN ESPOIR DE SALUT
   — *Les premières semaines de cachot*............... 71

4. ENTERRÉE VIVANTE
   — *Le cauchemar devient réalité*...................... 113

5. LA CHUTE DANS LE VIDE
   — *Le vol de mon identité* 149

6. FAIM ET MAUVAIS TRAITEMENTS
   — *Le combat quotidien pour survivre*............. 179

7. ENTRE DÉLIRE ET MONDE IDÉAL
   — *Les deux visages du ravisseur*...................... 203

8. TOUT EN BAS
   — *Quand la douleur physique
   apaise les tourments de l'âme* 229

9. PEUR DE LA VIE
   — *La prison intérieure demeure* 249

10. Pour l'un, il ne reste que la mort
— *Ma fuite vers la liberté* 283

ÉPILOGUE 319

Photocomposition Nord Compo
59650 Villeneuve-d'Ascq

*Achevé d'imprimer par N.I.I.A.G.
en juillet 2011
pour le compte de France Loisirs, Paris*

N° d'éditeur : 64440
Dépôt légal : août 2011
Imprime en Italie